SMG|智造
INNOVATIONS

咖啡学校的二十堂课

上海广播电视台总编室 编

上海三联书店

出品人

王建军

主　编

陈雨人

编　委

孙　侃　姜雨薇　蔡梦婷
田　甜　阳欣哲　陈巍玮
韩婧雅　姜嘉敏　金　靖

参差百态才是幸福的本源

——罗素

目录 ▶

目录 ▶

一方天地

——《SMG智造：咖啡学校的二十堂课》书序

上海广播电视台台长　王建军

2012年的秋天，我和同事走进了北京中关村一幢极不起眼的大楼内，推开了"车库咖啡"的大门，顿时，热气腾腾的创业氛围迎面而来，引起我极大的兴趣。2014年9月，在我们上视大厦二楼的文创空间里，悄悄腾出了一块朝南的区域，我给它取名为"机房咖啡"，台总编室在这里开办了"咖啡学校"。这里的空间不算大，但通透感很强，阳光总是很充足，时不时举办的各类跨界讲座、技艺切磋、人文交流，也让这"一方天地"拥有了不少粉丝与拥趸。

从第一个主题系列讲座"我们的大师"起，这里就慢慢变成上海广播电视台内部一个"有意义的去处"。不同于大专院校里的那些学术讲座，"咖啡学校"的讲座主题受众面较广、层次感颇足，分享的内容也大都不太晦涩难懂，至少不需要你提前准备好知识学理，才能明白台上主讲嘉宾所使用的专业术语。而经常来听讲座的，除了那些年轻好学的记者导演，还包括那些资深的同行前辈，看得出来，他们对新知识的好奇和热爱并没有因为年龄的不同而有所差异。

对于媒体工作者来说，我们并不缺少打发无聊时间的方式，但是我们其实缺乏像"咖啡学校"这样能够轻松愉快分享知识的"有意义的去处"，因此，当"咖啡学校"甫一出现，很快吸引了身边同事们的关注，自然也就不足为奇了。我认为，这也正是"咖啡学校"赋予我们的第一个意义，那就是"开放"。在这里，我们开放空间，以此打破部门与部门、频道与频道之间的屏障；在这里，我们开放交流，以此打通上级与下级、老师与学生之间的隔阂。每一场讲座都是自愿报名的，与名利无关，而与兴趣爱好有关；每一位听者都对自身的参与有要求，自然促使他们真正地投入，热情地创造，主动融入其中。在这个开放的空间里，大家对于知识的互动，有地方可以拓展眼界，有渠道可以舒展想象。对于"忙与盲"的我们来说，这种真正自由的交流和精神的满足无疑是一种奢侈的享受，而在我们这样一家大型媒体集团里，拥有多少类似的开放学习空间，也许就可以说明我们拥有怎样的文化气质和怎样的创新人才。

对于创意工作者来说，近年来，鼓励创新、创意乃至于创业，蔚为风潮，这已不仅仅是政府推动的重要政策，而是几乎演变成为一项全民运动。但是，这股风潮的内涵意味着什么？如何才能成功发挥每个人或组织的创造力？大家都有不同的见解，似乎也有着一些迷思。我想，"咖啡学校"一直以来倡导的"跨界"概念，也应该是赋予我们的第二个意义。因为，在一场场关于"文学、历史、艺术、戏剧、舞蹈……"的跨界分享之后，我们发现人类创造的事物是如此博大精深，它并不是少数领域就能简单囊括的，它需要我们竭尽可能去触类旁通；我们也发现人类创造的能量其实遍布在我们所有人中间，它并不集中在少数人身上，"众人拾柴火焰高"或许是此刻最贴切的描述。有人说，"跨界"代表着一种新锐的生活态度和审美方式的融合，那么跨"人"之界，跨"物"之界，才有可能让我们的创造力真正做到天马行空，这也恰恰印证了，有时候，人类需要稍稍偏离自己的轨道，只为了更好地表达和找到自我。

所有的创造都是不断思考实践的结果，跟走路一样，一再重复，直到抵达目的地，因此，我觉得决定你是否成功的关键，不在于你跨出的步伐大小，而在于你究竟跨出了多少步。在浮躁情绪充斥影响的当下，"咖啡学校"以一种颇为清新与另类的方式，诞生于上海广播电视台;在新旧媒体"深度融合,整体转型"的当下,"咖啡学校"以一种既务虚又务实的形态,存在于上海广播电视台,这大概就是我们常说的"一方天地养一方人"吧!希望有更多的奇葩想法诞生在此地,诞生在 SMG。

葛颖 ▶

电影学者

亟待填平的审美裂隙： 对"二次元审美"现象的思考

自前年以来，越来越多的青春文化事件引发了激烈的观念纷争：电影《小时代》系列的热映、SNH48 星梦剧院开业、弹幕视频的火爆、上海地铁 2 号线跪拜现象……评论家们的神经被一次次轰炸却无从应对，纷纷将矛头指向资本对文化的绑架，斥其为逐利而催生、放大了一批似乎颇有问题的文化项目。确实，这些事件的背后都活跃着资本介入的影子，但催生它们的不是资本而是互联网。这些貌似孤立的个案都有着一个共同特征，即都与 ACG（动画、漫画、游戏）文化在互联网上孕育多年的一种新型审美有关，资本则扮演了将这种虚拟审美转化成现实消费的推手。在这个文化市场化的时代，资本的嗅觉常常快过评论家的直觉。早在三年前，国内动漫游戏行业及相关视频网站就已成为了资本的流向，只是当时并没有引起文化界足够的重视。也许评论家们真的应该学会追踪资本的舞步，它好像总能把我们带到风暴开始的地方。风暴不可怕，可怕的是我们对它的路径和能量一无所知。从此角度而言，本文试图就当前冒头的审美分裂的现象进行采样分析，对导致纷争的来自互联网的新型审美作一番简要的梳理，以期更多有责任感的文化界人士的共同关注和群策群力，从而将风暴的破坏力转变为驱动文化创新发展的动力。

互联网为网络一代提供的显然不仅仅是一个更加便利的阅读平台，而是对青春文化的可持续性及由此累积的文化力量，具有了决定性的意义。

二次元在日语中的原意是二维、平面，后来被用来专指 ACG 文化所构筑的虚拟世界，以实现与三次元所指涉的现实世界的对立。这种对立最显而易见的就是表现形态上的对立，故常使人自以为是地将二次元世界理解为三次元世界的翻版、简版，加之 ACG 作品的主体受众是青少年，将之定义为过家家似的主流文化的拟像似乎是毋庸置疑的。也就是说，支撑二次元世界的根本逻辑其实来自三次元，二次元世界只是三次元世界经过一番包装后的改头换面，目的是为了将现实逻辑、主流价值以孩子们喜闻乐见的方式传达给他们。因而就需要一个容易盛放幻想的非实体世界，甚至刻意注入一些桀骜不驯的元素。就像青春痘终将会随着成长消失，少年梦即便带刺亦无需多虑，它终究会在主流文化不断的规训中结痂为一段青春记忆。这就是长期以来我们对青春文化的基本判断，并由此坚信二次元世界不可能对拥有压倒性优势的三次元世界构成挑战。然而互联网的出现却令以上定见彻底失效了。

网络一代的青春从根本上不同于之前所有的青春，乃是由于他们的青春不是传统媒介塑造的。当我们年少时不得不经由传统媒介来获知世界，主流文化便无时无刻不烙印于我们，并将青春的躁动与叛逆保持在它的可控范围。互联网表面上是主流文化在新媒体时代的又一个传播平台，实际上它的结构先天是"去中心"的，如同蜂巢，它抹平了主流文化的权威感，为无数另类视角、异见歧见提供了存在和传播的可能。新世纪以来，随着个人电脑的普及，上网渐成一种生活方式，尤其青少年人群，他们愿意花更多的时间在互联网上。这不是没有缘由的。从人际交往的角度而言，互联网消弭了空间距离，好比将所有人拉进一个屋子，它化解了青少年囿于青涩在现实交际中裹足不前的困境。同时，网上资讯驳杂、包罗万象，每个人都可以根据自己的兴趣进行分拣和屏蔽，它彻底切断了网络一代对传统媒介的需求。互联网有效地分离了资讯、知识与主流价值观的捆绑，使孩子们既可以获知世界，又成功地避开了惹人厌烦的说教（父母的化身），他们对规训的逆反从此不必偿付无知作为代价。

2001 年，一桩看似偶发的事件为青春文化着床互联网提供了契机。是年由辽宁人民艺术剧院译制的日本动画片《天鹰战士》在全国各地方电视台播映。这部于 1995 年 10 月首播于日本东京电视网（TXN）、本名为《新世纪福音战士》的动画片，因其表现了深层的社会问题而在日本引起强烈反响，被视为里程碑式的伟大作品。正因之，这部动画片其实早已通过各种管道流入国内，以盗版光碟的形式四处传播，并迅速培养了一批忠粉。而当该片拟在官方电视台播出时，一些"青少年不宜"的内容被过滤出来，在译制过程中从剧情到台词进行了"必要"的删改，连原主题曲《残酷天使的纲领》也被中文版的《美丽天使行动纲领》替换。面对心爱的作品被如此糟蹋，孩子们群情激奋，BBS 上人群聚集，骂声一片，呼吁联合起来抵制该剧的电视版本。

这一事件至少形成了三个影响深远的结果。首先，孩子们对传统媒体产生失望情绪，导致日渐疏离传统媒体。其二，BBS 的裹卷效应使网络人气激增，在网络空间中筹建自主的动漫平台呼之欲出。果然，2002 年底《圣斗士星矢·冥王篇》在日本首播，互联网上很快便出现了该片的中文字幕版，这个速度超越了盗版商，动画互联网时代的序幕就此拉开。其三，《新世纪福音战士》由于这场论争成为了网络一代逆反情绪的象征，在不断的膜拜和一次次精读中，该片的艺术特色被反复辨识，奠定了二次元审美的一种基调。

文化的生长是需要场域的，互联网为网络一代提供的显然不仅仅是一个更加便利的阅读平台，而是护佑了由同好聚集、交流碰撞引燃的创建自身文化的内生动力。在那些阻隔了主流文化射线的网络深处，漂浮着无数幽暗的蜂房，千奇百怪的念头在其中如幼蜂般成长。再古怪的想法都有可能得到积极的响应，大到对宇宙形成的猜测，小到对某个动画人物造型的恋物。这些蜂房各自独立又彼此缔结，无时无刻不在网络的四维空间中排列组合，甚至相互耗散、相互洞穿，仿佛胚胎内不断分裂的细胞。只供给养分，绝不做筛选，任其自行生长自然淘汰，还从来没有一代人的青春能将稚嫩的思想嵌入如此完美的子宫。这就有可能打破青春文化以往的宿命：总是来得迅猛也去得彻底，不及完满便已退潮，充满了一次次的经验断裂。每一代青春文化都会遭遇主流文化以不再适龄为由的强制拆迁，在传统媒介时代，这种悲哀源于没有属于自己的场域。正因此，互联网的出现对青春文化的可持续性及由此累积的文化力量，便具有了决定性的意义。

二次元审美的核心是由互联网的虚拟属性与青春的特质共谋的一种世界观。它用萌化、少女化、拟人化的手段，软化了现实世界冰冷坚硬的运行法则，带有强烈的游戏感和青春乌托邦色彩。

某种程度上讲，审美其实就是世界观。只是它从头到脚插满了大大小小情绪性的标签，显得比世界观更加生动且更容易辨识。二次元审美有太多的标签，但它的核心是由互联网的虚拟属性与青春的特质共谋的一种世界观。这种世界观确信在网络中有一个与现实世界相对立的异世界，是一个与现实世界同样真实存在的时空场。它未经污染，有待建构，一切施予它的想象性劳作也同样真实存在。当然，异世界不会凭空生成，建构它的材料来源于现实世界。但作为对立的存在，它一定会按照自己的逻辑对现实材料进行筛选、变形和重组，这个逻辑就是审美。由于在相当长一段时期中，审美主体对材料的选择多集中于ACG领域，故此我们将这种审美命名为二次元审美。

新房昭之的作品较为生动地显现了二次元审美的一些重要特征。2009 年出品的《化物语》改编自西尾维新的同名轻小说，将日本民间传说中的鬼怪与青春校园题材进行嫁接，叙事策略和表现形态都与以往同类作品大异其趣。《化物语》中的鬼怪多被界定为问题少女的心魔，心魔又多是因为少女们无法调和与家庭成员、社会的关系，或无法正视青春期的生理变化而被鬼怪侵入所致。有意思的是，鬼怪附体使她们的个性愈加有了魅力，心灵的伤痛反倒外化成了少女角色的独特造型和精彩的动作设计。片中还出现了大量的吐槽（从对方的行动或言谈中发现一个有趣的切入点，发出感慨或者疑问），男主人公对少女们乖张行径喋喋不休的议论，几度影响了剧情的连续性开展，导致寻妖除妖的情节主线最终沦为影片叙事的副部主题，而展现一个个少女的病态之美上升成了主部主题。观众突然意识到大量吐槽的设计也正是为了帮助我们发现并理解这种美之为美。此类二次元少女形象激起了孩子们热烈的反响，成了他们的自我形象在异世界中的投射。

《化物语》的动画表现形态可被描述为"后印象式"笔法。深度空间的压缩、凸显线条感的造型、强烈的对比色运用、大量的高反差低调场面、插画风格的静态镜头，甚至还时不时拼贴几幅消色处理的实景照片，以及让御宅族们（ACG 的深度玩家）为之定格细读的满屏文字。一切新奇手段的使用都是为了从"无限逼近三次元"的写实动画理念中得以突围，由客观再现走向主观表现，还二次元创作以二次元空间的特长。相比现实世界的冷漠外表，新房昭之采取的笔法是为了使他的动画世界充满情绪，每一处场景甚至每一个物件都会呼吸，似乎自行揭示着它们的性格，这就使环境与人物的交互达到了一个高度。

孩子们从他的作品中嗅到了一股与现实世界迥然有别又异常生动的气息，它呼应了异世界期望与现实真实对立存在的诉求。正是大量此类作品的进入，引发了网络深处经久不息的读解与讨论，孩子们基于这些图像素材的审美生产由此展开。一个具体的表征便是出现了二次元审美关于"萌属性（令人激动的角色特质）""萌用语"的总计六十多个类别的大约一千个标签。这些标签是对二次元角色全方位扫描后的特征概括，也是孩子们在异世界中思考人生、思考世界、互相交流的工具，是一种十分独特的审美体验。以下罗列部分条目，并解析其中几例：

性格标签：傲娇、傲沉、病娇、酷娇、冰美人、天然呆、天然萌、地味子、高飞车、热血少女、无铁炮、路痴、毒舌、腹黑、女王、女神……

"傲娇"指外冷内热，心口不一。表现为：平常说话带刺，态度强硬高傲，但在一定的条件下害臊地黏腻在身边，属于相对比较别扭的性格。

"无铁炮"指女孩子给人一种万事不放心上、无忧无虑、天然开朗的感觉，也因其开朗总是能排除旁人心中的迷茫。但是她们也常做出蠢事而不自知，让人觉得无可奈何，因此常常充当"笨蛋""发呆"的角色。而一旦她们认真或难过起来，却又极其惹人怜爱。

发型标签：双马尾、马尾、长直、姬发式、麻花辫、短发、呆毛、包子头、盘发、环形辫、双螺旋、遮眼发、剪刀头、中长发、卷发、妹妹头、齐刘海、下双马尾、高额头、尾扎长发、公主辫、碎发……

"呆毛"或称接收天线，系独立于前发和后发之外的一缕或几缕甚至是一团头发，发起自头顶，动作量远大于其他头发，类似于昆虫触角的作用，主要是用来表现人物的心态起落，也常被作为一种装饰用途。呆毛表现出的是创作者对该人物本身的怜爱之情，并不等于有呆毛的就一定是天然呆。

"双螺旋"又称电钻、弹簧、竖卷等。这种发型大多垂直并逐渐卷曲向下，通常以双马尾竖卷或多个竖卷以上的形式出现。有着比较典型的西洋化风格，且比较古朴，所以通常使用这种发型的角色多为拥有古典气质的女王（强势女性）或大小姐，抑或是活泼开朗的经典少女人物。前者多具有傲娇、腹黑（有心机）或毒舌（出言尖刻）等性格属性，个别可能具有态度恶劣、脾气暴躁的特点；后者则或活泼可爱，或温柔贤淑。

嗜好标签：宅女、同人女、腐女、拜金、吃货、工作狂、睡神、Cosplay……

"吃货"指喜欢吃各类食物的人，有品味的美食爱好者。有吃货属性的人多数时候很呆很萌，嘴里总是叼着吃的东西。

表情标签：星星眼、心形眼、尖括号眼、圈圈眼、扑克脸、一滴汗……

"尖括号眼"就是眼睛变成了两个尖括号，如大于号和小于号，特别可爱特别萌。配合不同的嘴部表情，可以表达喜爱（＞3＜）、痛苦、委屈（＞n＜）等。

这些形象而有趣的标签满含着对人对物的别样观察和表达，为我们辨识二次元审美提供了方便。从本质而言，二次元审美其实是一种建立在二次元作品对现实世界曲折呈现上的经验，它用萌化、少女化、拟人化的手段，软化了现实世界冰冷坚硬的运行法则，带有强烈的游戏感和青春乌托邦色彩。如果我们把互联网的虚拟世界比喻成包围现实生活的浩淼宇宙，这种审美经验就仿佛是游荡其中的暗物质，它确实存在且数量巨大，虽然你目前可能看不见也摸不着。

资本推动的二次元浪潮正通过两个大的路径向现实世界袭来，并已构成对现实的细节改变。

2010 年 3 月 9 日，一场名为"初音之日"的演唱会在日本东京举办。2500 张门票瞬间被一抢而空，更有超过 3 万名拥趸通过付费网络直播观看了整场演唱会。这位人气爆棚的歌手名叫初音未来，是一个身高 1 米 58，体重 42 公斤，拥有一头葱色长发的 16 岁美少女。她可能会永远保有这种青春靓丽的形象，因为其实她是由一套语音合成软件开发的一名虚拟歌手，她的形象是插画家根据动漫人物的造型风格设计出来的。那场发生在真实时空中的演唱会，使初音未来成为了全球第一个运用全息投影技术举办个人演唱会的虚拟偶像。当翘首以待的忠粉们目睹 3D 虚拟人物完美登场，袅袅婷婷地来到他们面前，这种震撼就如同耶稣降临人间。这个时刻必将载入史册，现实世界第一次迎来了一位二次元王者活生生地归来。

显然，初音事件所反映的并不仅仅是当代科技的神奇，它甚至有可能挑战现实伦理。如果我们在 2008 年尚可以将日本宅男高太下一发起联署，要求就"与动漫人物结婚进行立法"的行为，视作是一种来自异世界的恶作剧，那么两年之后，这种愿望起码已经具备了现实的视觉操作性。一场借助全息投影技术的结婚仪式完全可能在教堂中真实举行，他和他的二次元新娘可以并肩面向来宾，接受所有的祝福。这就不得不引起我们高度的警惕了。事实上，经过多年构建的异世界已然不再是一个隐身于互联网深处的乌托邦，随着少年们长大成人，并且拥有了经济能力，二次元审美一定会以一种消费倾向的姿态转化为重塑现实世界的力量。

2004 年，意大利哲学家安东尼奥·奈格里在清华大学发表了题为"帝国与后社会主义政治"的公开演讲。他提出非物质性劳动正在成为一种新的生产方式，且构成对以工业劳动为代表的传统生产方式的霸权。所谓非物质性劳动生产的不是物质产品，而是想法、知识、信息、文本、语言、形象、情感、关系等非物质产品。他进一步指出，这种新的生产方式已经占据了全球的强势地区，它逼迫许多工业和制造业生产部门向全球的从属地区转移。也就是说，当代生产的格局出现了低端与高端的分野，工业劳动生产物质，非物质劳动生产影响力，影响力左右了人们对物质生活的选择，是决定性的，而影响力中有很大一部分就是审美。这种理论在阐明生产方式嬗变的同时，无疑赋予了孩子们在异世界中的想象性劳作以现实的身份。从此角度而言，青春文化在互联网中无干扰地连续性生长，归根结底是在生产网络一代的非物质性财富，它为他们返身现实世界占有与支配物质提供了路线图。

从态势上看，二次元审美正通过两个大的路径向现实世界袭来，并已构成对现实的细节改变。其一，形象生产及其衍生产品。ACG 作品中的经典人物形象与经典空间气氛，被分拆成各种造型元素，成为三次元真人的个性符号和空间标示。这不仅直接催生了美拍、美图秀秀、美颜相机等视像工具类网络产品，更引导了现实中服装、配饰、美容美发、家居装潢、演出市场、电影等行业的产品变革。其二，关系生产及其衍生产品。从较早的BBS、博客，到QQ空间、QQ秀、微博、9158、YY，并进一步迭代出现微信、陌陌、友加、炼爱等基于移动互联网的社交类网络产品。这些异世界中不断进化的交往方式，正在迅速改变现实世界中人群的组合、离散规则，以及与之相关的空间样式，由此导致通信、交通、餐饮、酒店、旅游业的产品升级。

这就不难让我们对那些引发争议的青春文化事件有所认识了。《小时代》说白了就是一个以二次元审美为核心的三次元形象产品。它的角色设计采用了女王、无铁炮、女神、地味子（勤勉乖巧）等典型的二次元性格标签。人物造型与场景造型也极尽萌化之能事。情节取二次元魔法少女剧的经典套路，重在表现闺蜜间的情感纠葛。矛盾的解决依靠变身带来的力量，只是对变身进行了三次元式的修改。这样的作品的主流消费群当然是谙熟二次元符号的网络一代，虽然影片山寨感十足，他们的欣喜乃在于第一次在大银幕上找到了二次元审美的代言人，护犊之心油然而生。而对其他观众而言，影片严重缺乏现实合理性、故事拙劣、人物可笑，简直不堪卒视。两种诉求其实是驴唇不对马嘴。

我们不能任由审美分裂持续扩大，而是应该将网络一代的文化特质纳入主流文化的战略框架，二次元审美的漏洞正是主流文化与之和解的入口。

毫无疑问，世界终将属于网络一代。这不仅是代际轮替的自然规律，也是新媒体时代新的生产力对新型生产关系的吁求。问题是文化权力的交棒存在多种形式。如果两种代表性文化严重对立、深刻隔阂，彼此你死我活的争斗会让所属地区付出极大的社会成本。这显然是谋发展、图复兴的中国社会不愿接受的。网络一代目前尚没有能力担当文化的主导角色，但并不意味着我们就可以任由这些青春文化事件背后的审美分裂持续扩大，它将无可挽回地造成两代人在文化上的心结。不管未来他们接棒时的文化核心还是不是二次元审美，烙下的心结将会危及过渡的平稳展开。心结宜解不宜结，我们应该将二次元审美及其代表的网络一代的文化特质纳入主流文化的战略框架，理性地研判它们的优势与不足，寻找和解的途径，化解误会与歧见。

二次元审美作为一种虚拟审美，在互联网的虚拟平台上有着得天独厚的存在优势。从文化属性上讲，它是一种关于逃避的文化。异世界本质上是一个容纳少年烦恼与无因反抗的桃花源。虽然它对现实世界的矛盾与冲突有着曲折的呈现，但其提供的解决方式往往是一厢情愿或浪漫诗意的。其实在主流文化中也有关于逃避的设计，人毕竟是脆弱的，尤其在工作、生活压力陡增的现代社会，每个人都需要时常放松一下。当然，这种设计于主流文化只是一种配属功能。因而当两者同时面对纷繁复杂的现实问题，长短自不待说。我并非完全抹杀二次元审美应对现实的能力，只是它原本就是为虚拟平台设计的，当它被资本推向了现实平台，这款文化产品先天是有漏洞的。而且，二次元审美源生于日本，虽经港台地区文化及大陆本土文化多年来的落地转化，但它的异国性仍然清晰可辨。这会使它与中国现实的进一步对接存在诸多口径上的失配。

我们可先从文化产品二级消费市场的沙龙型活动着手，为两种文化搭建一个沟通的实体平台。所谓文化产品的二级消费，指的是在有专家（或作者）现场引导的情况下，对文化产品进行深度消费。比如各类文化讲座、主题活动、鉴宝节目、课程视频等等。当前在上海的文化消费格局中，一级市场满足的主要是看热闹、图新鲜的消费心理；二级市场对应的则是摸门道、求解惑的进一步需求。专业知识社会化是发达都市市民文化的一道景观。网络一代本来就是各类知识的玩家，他们是此类视频网上点击的主体人群，也间或参加一些现场活动。调查表明，影响他们参与现场活动的第一要素是活动地点的空间情调，然后依次是活动形式的趣味性，参与人群的年龄等。因此，如果能将年轻人喜欢出没的咖啡馆、特色商品店、书吧等场所和文化的二级消费挂钩，再辅以移动互联网的新型社交工具进行信息发布，将会使网络一代更多地参与到实体活动中来。毕竟，专家生动的现场讲解和即时互动要比独自面对冷冰冰的电脑屏幕来得有趣。这种由消费倾向决定的沙龙型活动如今已有不少成了沪上年轻一族休闲的乐土。

我们号召更多的评论家、文艺家、学者投入到此类活动中，与网络一代近身接触，去尝试这种点对点的直面交流。这将有助于我们熟悉他们的语言和思维，然后以一种合适的修辞为他们呈现传统文化与当代主流文化的魅力所在。同时这也将是一次对我们自身的检验。当我们离开了熟悉的主流语境，你的说服力和感染力会不会大打折扣；面对现场的质疑、反诘，你能不能保持风度、循循善诱，孩子们将用脚给你投票。但凡参与过此类活动的文化界人士都会有所感触，"孩子们不简单"、"我们不能再自说自话"是听到最多的感慨，甚至有人调整手头上正在进行的研究与创作方向。如果更多的文化精英可以走出书斋走向前沿，无疑会为主流文化进一步寻求更加务实和有效的和解方案提供多维视角。

一直以来，海派文化对外来先进文化敏锐的感知力与极强的消化力，是我们这座城市得以在整个中国文化版图上领风气之先的实力。当今之世，互联网正深刻地改变着人们的生活，几乎每个想要握有全球文化话语权的国家都在努力应对互联网带来的变局。作为题中应有之义，如何面对"脑洞大开"（想象力超凡）的网络一代，就成了各国主流文化人士寻求事业增长以及地区文化提升全球竞争力的切入点。不久前，56 岁的法国电影人吕克·贝松制作的影片《超体》，挟狂卷海外票房之威，又在中国大陆掀起一轮观影热潮。这部情节简单却颇具二次元审美特征的影片，似乎再次表明年龄不是问题，勇于迎向新现实的态度才是王道。而且，《超体》大热，继续书写着地区文化可以通过构建偶像型的年轻形象，向世界传达一种文化活力，进而夺得文化领导地位的策略。互联网的出现确实搅乱了世界文化的传统强弱格局。近年来，伴随着中国经济的起飞，互联网在国内的基础建设之快，堪称世界之最。我们没有理由不利用这次重新排序的大好机遇。从此意义而言，上海若能再次肩负起这份文化担当，不仅将使这座城市的文化魅力陡增，更将使整个国家的软实力再上一个台阶。

高博文

国家一级演员，上海
评弹团副团长，中国
曲艺家协会理事，上
海大学兼职教授

评弹与当代社会的缘

什么是评弹？

大家都知道，在台上，我们评弹演员主要是说书，讲话。我知道在座各位，绝大多数是平时不怎么听评弹，或者没有听过评弹，或者不了解评弹的。评弹是一门文化，我想从它的艺术特性、地域特性来讲，还是能讲一点名堂出来的。

今天我用哪一种语言来讲呢？其实纠结了很长时间。苏州评弹，讲的是苏州话，用上海话讲比较亲切。所以我用上海话和普通话交织着进行。

评弹是曲艺，不是唱戏。戏剧跟曲艺是两码事，唱戏的话我们知道京剧、越剧、昆曲，在台上穿好戏服，一人一角是唱戏。评弹是曲艺的范畴，跟相声是一个范畴。

评弹与江南社会的关系

我们说评弹融入到了江南的生活当中，所以我今天的题目是"评弹与当代社会的缘"。这个"缘"是不可分割的，社会再怎样发展，评弹不会淘汰。为什么呢？因为我们纵观一下历史，评弹是怎么来的？评弹发源于苏州，苏州这个地方，没有人说不喜欢的，苏州这样一种园林、古镇，苏州人的生活方式，大家都喜欢，喜欢程度有高低而已。

为什么评弹在江南有这样一种特定的地位？虽然目前的评弹从整个发展和受众来说，跟过去是不能比的，但是评弹在江南还是有它丰厚的基础的。我们认为，评弹不仅是观察江南社会的窗口，它与江南社会更是不可分割、相互影响的，缺失了评弹因素，我们心中的江南将不复存在。

为什么讲这么严重呢？因为评弹，我一直认为不但是一个表演的曲种或者一个艺术样式，它其实是一种文化，是一门融入到江南人生活方式当中去的曲种。江南，大家知道的、印象深刻的，有园林、古镇、水乡，你走在青石板上，小雨滴滴答答，跨一座小桥，在园林里面曲径通幽，这是江南独特的。所以世界各地的人到江南来，苏州园林、水乡古镇是必去的。评弹生在从整个中国来讲最富裕、最有文化内涵的一个地方。

在明清两代，我们统计了一下江南的文人，明清两代的状元有百分之四十几出在江南，江南的文人特别多。江南人的性格跟其他地方的人有所不同，江南人比较精致、比较低调、比较细腻。特别是清代，很多文人在做了官之后，他知道为官的险恶，一些人不愿意为官。很多文人也好，为官者也好，都有一种归隐于世的心态。所以苏州造了很多园林，将来大家到苏州去，我可以给你们一些推荐，到苏州拙政园，这是大的园林。你到苏州小巷子里面去，打开一扇门，有一种意想不到的感觉。在里面喝喝茶、晒晒太阳，阴天也好，晴天也好，各有各的感受。

所以这些文人雅士到苏州以后，造了很多这种不大张旗鼓、隐在市井当中的小园林，或者是一些很有特色的园林。园林是死的，要让它活起来，苏州出了两样东西，昆曲和评弹。说书、评弹，就融入到这些文人雅士的生活当中。一对或者一个说书先生,说古论今,才子佳人,娓娓道来,跟整个的建筑、整个的园林是契合在一起的,整个气场是一样的。

我到苏州园林去,或者朋友的私家园林让我们去玩玩,走进去的时候,或者在古镇青石板上面走的时候,我会一边唱,一边走,觉得我们评弹的唱腔跟着园林这些古建筑的气韵在走。

跑码头跑出的吸引力

评弹不单单是唱。评弹,顾名思义,评话弹词。评话是只说不唱,弹词是有说有唱,但主要的功能是说书,长篇连续说书。大家知道过去在江南,都是一个个小镇,每个小镇上面最热闹的、最具有代表性的人文的集散地是什么地方? 就是茶楼,这个茶楼就是一个书场,就是一个小社会。

因为过去媒体的传播力没有那么强,传媒的力量还没有那么强大。每个镇需要传播一些讯息,传播外来的一些新鲜的东西,就靠说书先生,我们叫做跑码头。我们演出到外地都叫跑码头。从上海到苏州、苏州到无锡、无锡到常州、常州到嘉兴、嘉兴到杭州,我们评弹基本的表演地域就在"苏锡常、杭嘉湖"。这几个地方,中国历代来讲是最富庶的,是鱼米之乡。

说书先生从上海的这个码头到苏州,或者从苏州到太湖边上一个小镇,他带去的是什么? 是这个城市最新的东西。说书先生在那一说,茶馆、茶楼里的一些士绅、开店的业主在那边,一经传播,就知道最近上海发生了什么事情,苏州发生了什么事情。所以当时一个说书先生,他们在社会上的功能性,不单单是唱得好听。

所以我们到一个地方演出,过去是一个月、两个月,现在是半个月。比如说我为什么安排在今天来和大家交流,是因为我 16 日开始要演出,从 16 日到 30 日是不能停的,每天的故事要连续下去。说起来是讲一个长篇的故事,但是这个故事当中所包含的东西其实就是一个社会。哪怕故事里是帝王将相、才子佳人,其实讲的都是人情世故、伦理道德。一个演员怎么靠你的嘴巴把虚构的故事讲得绘声绘色，讲得人家明天还想来听？一是靠你的艺术表现力，今天我们不谈这个，我们谈评弹的故事本身。

我们说书的编排跟江南的民族建筑以及园林也有着结构布局上面相通的美学原则。我们知道中国的古建筑，特别我们江南建筑——现在的讲法是房子有几百个平方、是不是复式的，但是古时候我们是用"进"，讲一进、两进、三进，然后有一根主轴，所有的堂、厅、室都在主轴的边上，一层一层地推进。

评弹中我们所说的书，比如长篇的《珍珠塔》，故事的推进也是和这种古建筑的风格一样的。听众为什么昨天听了，今天还要来听？因为我们评弹有一种关子。什么是关子？卖关子。我们每天要结束之前会留有一个很大的悬念，勾住听众。

这个关子哪里来？整个社会，充满着人与人之间在性格、思想、感情等各方面的矛盾，一部长篇故事就是反映社会生活的。很多人认为评弹就是讲故事，但不光是讲故事，实际它是一种多种时空的表演。有一些剧作家说评弹跟布莱希特的表演体系很像，我们说是"跳进跳出"，有的时候演绎情境，有的时候跳出情境分析。评弹有五种审美观，评弹叫做"理、细、趣、奇、味"，语言必须要通达、流畅、条理分明，要将你表现的内容很准确、透彻地娓娓道来，绘声绘色、惟妙惟肖，说理时条理分明，还得幽默诙谐。说书人在说故事的时候，必须要达到这五种境界，这个故事才好听，才能够吸引有识之士来听。如果只是单单讲述故事的话，吸引力有限。

评弹的艺术特色

正如之前说到的，评弹的说书表演中融入了整个社会人与人之间以及家庭当中的很多想法，所以人们会觉得评弹好听。这个好听不是因为情节的跌宕，而是体现"理、细、趣、奇、味"。有一位作家说评弹讲道理大多数是从市井传闻和乡邻谈天说地中产生的，是活生生的，充满生活的智慧。当然，也不免有一些俗气，只是这俗气是从生活中提炼的，因此不觉得丑，反而有一种脱俗的美。

现在我们到国外演出，很多比较成功的人，说"我家长辈让我听评弹，在我们家听评弹是家教的一部分"。我给中学生上课，告诉大家学了评弹就不会那么浮躁，会知道什么样的场合应该怎样表现自己、怎样介绍自己，应该怎样用最精练的、最有亲和力的语言，让别人觉得你的确与众不同。评弹能够帮助大家优雅、淡定、睿智，提升自身的能力。

为什么评弹有这样的作用？说书人在台上说一个故事，故事中有矛盾、有冲突，他们要像法官一样，帮助故事里的人去解决。说书先生在当中运筹帷幄，把这个事情清清楚楚告诉听众。所以我们说说书先生本身在表演当中就表现出一种淡定和睿智。这个睿智还表现在什么地方？

我举几个例子。比方说大家对《三国》很了解，但看《三国演义》的书跟听我们评弹的《三国》区别很大。《空城计》大家都知道。评弹当中，在讲述司马懿为什么不进空城时是有一个伏笔的，是《三国演义》当中没有的：诸葛亮草船借箭，司马懿意识到他是在用计。说书先生在这边种了一个根，让司马懿知道诸葛亮会玩计谋，也就是在之前的事情上种一个小的根，然后在后面有所体现。

我们刚才讲还有"细"，评弹的"细"太细腻了，我来讲一段《啼笑因缘》里对主角何丽娜装束的说白。何丽娜是官僚的女儿，所以她身上的打扮，说书先生用了特有的语言，描写她二十年代的打扮，这个叫做韵白。我们是怎么说的呢？"本来天然美貌再加人工装潢，胭脂花粉，来路货都是西洋，头发蓬松新式的电烫，一串日本人造珠的压发粒粒晶圆……"还有一段《西厢记·酬简》说到莺莺为了赴约，换鞋子、拿扇子和手帕之事，对鞋子手帕扇子都作了细致的描摹。评弹好玩在什么地方？好玩在语言当中有它的特色。

还有一种是趣，就是趣味，噱头。比如我有时候说到这边，"枕边觅取香罗帕"，说到这边就会跳出来。为什么要取香罗帕？古代女子要笑不露齿，我就会说现代社会不是了，大家都可以爽朗地笑。说书先生要有这个本事，忽而拉近，拉到现代社会，但这个说完，又马上进入角色里面。因此，好的说书是跳进跳出，有多种时空的表演。

现代社会为什么要听评弹？

评弹，为什么几百年以来那么简单的艺术，三十年前就有人说这个不行了，但直到今天依然存在？大家既然到了江南、到了上海，那么可以通过评弹对江南的文化，特别是我们的海派文化有所了解，也可以借此了解我们一度忽略的民族传统文化的内涵。

有的成功人士对评弹有特殊的推崇，说评弹对他们这一生的成功起到很大的甚至决定性的作用。这个作用哪里来？就是因为评弹是有"评"的。什么叫评？虚构的东西要讲出道理来。这个道理怎么说？听过评弹的人都知道，我们说书人在叙述一个故事的时候，有的时候会跳离角色，作为第三者来评定这个事情，有的时候又代表观众回答某些问题，有的时候又代表人物内心揣摩这个事情。

首先讲到陈云同志，他非常喜欢评弹，对评弹事业也给予了无微不至的关心。在他的传记当中有记载，国事繁忙的时候，他就会听几段评弹，放松一下神经。很多人说他非常沉稳，讲话思路非常清晰。我个人认为，这与长期听评弹也是有关系的。为什么？他从小听了那么多说书，这些书里面对社会、对政治、对伦理等各方面的分析，使得他看人、看事很准，讲话分寸的拿捏都很到位。这样一位政治大家对评弹的热爱，我想不单单是一种爱好。我们国家的很多外交家也很喜欢评弹，外交部经常会邀请评弹演员去演出。国务委员杨洁篪和前国务委员唐家璇都喜欢听评弹，而且兴致来了还会唱上几句。

现在大家都很忙，学一样东西，除了喜欢，还要有一点实际的作用，起码让人听了感觉轻松、放松。的确，评弹是一个慢节奏的艺术。如果评弹能够给大家的生活、工作上带来一些淡定、睿智的话，我想我们这个评弹艺术还是有作用的。生在江南这样一个非常好的地方，在上海这样一个精英汇聚的地方,对评弹有一些关注,是评弹的幸运。我们传统的戏曲现在碰到很多瓶颈。评弹这个艺术很好,需要继承和发展。我也希望大家听了我今天讲的以后,能够多给我们评弹出一些主意,帮助这么宝贵的艺术很好地传承下去。

问 & 答

问:我是听《啼笑因缘》那种很传统的评弹长大的,但您也说到评弹现在遇到发展的瓶颈,或者说受众面的普及有一点问题。您已经改良过评弹,做了一些跨曲艺的演出,那么在本子方面有没有进行过改良?比如说现在脱口秀很流行,结合评弹,短平快的,一天比如说 20 分钟,比较完整的故事叙述,有这样的探索吗?

高博文:对,我们也改过一些,我们有两个青年演员把《泰坦尼克号》改成评弹了,我们去了上海交通大学、上海师范大学,马上要去上海音乐学院演出,几次的反响都不错。前一段时间我们也把张爱玲的《半生缘》改成评弹了。但什么能动,什么不能动,什么你动得了,什么动不了,这个我们现在拿捏得还是有一点问题。从事传统文化的人,必须在传统文化的根基上面动脑筋。只要不把评弹本体拿掉,坚持说人物的内心,我认为都可以尝试。

问:你说到吃洋快餐的哈日哈韩的人跟评弹有距离,我们在座很多是哈日哈韩的,怎样使他们喜欢评弹、接近评弹?最好的路径是什么?

高博文:有一个人跟我讲过这样一句话,要做好新世纪的评弹演员,必须对现在新发生的一些事情,喜欢也好,不喜欢也好,至少要有了解。怎样吸引现在的青年?我觉得需要有应变能力,需要在语言上跟现在结合,讲他感兴趣的内容,要把评弹跟江南文化、海派文化、老上海文化结合起来。

问：能否介绍一下跟 SMG 戏剧频道合作的情况？

高博文：我们跟戏剧频道的合作是很好的，我们也需要媒体进行传承和发扬，对方言的传承也是有利的。浙江原来对评弹的喜好不亚于苏州和上海，但现在浙江电视里面没有评弹，广播里面没有评弹，把这个根拔了。浙江整个评弹界在想办法，怎么样挽救。我们不强求，年轻人喜欢那更好，能够把 40 岁到 60 岁这个年龄层的观众服务好，已经很不错了。

金宇澄 ▶

作家，茅盾文学奖得主，《上海文学》执行主编

影像城市的记忆：海上繁花

聊聊上海的文化节目

我刚从香港书展回来，简单说说对香港书展的印象。香港从来不是"文化沙漠"，尤其香港书展跟往届一样，是不遗余力展示一种尊重本土文化的自信，包括开设很多粤语讲座，人性化的服务，无微不至的现场管理，井井有条。

在这之前我去了巴黎书展，一位长住巴黎的朋友介绍说，巴黎书展是一个法国艺术家见面的地方，每年最重要的聚会地，不是一个叫卖打折的市场，书展从来不打折。场子里的声音确实很轻，每人打扮都很有个性，衣冠楚楚，电影的感觉。

巴黎最大的书店，中国一线作家的翻译作品仅占书架的两格，不少已经很旧了，打折也很少有人注意。日本翻译作品稍好些，大概五六格。表明巴黎的某种阅读情况。反观我们的书店，一直是有大量的进口书，从上世纪开始我们一直源源不断翻译西方作品，几代人都习惯并且如数家珍，因此关于文学和写作思维，很明显也接受了西方很深的影响。需要反思的是，我们是不是真的需要那么多进口书籍？

或许法兰克福书展更注重版权经营，巴黎书展是艺术家聚会。回上海时，我有位七十多岁单身汉朋友，送我不少精美的美术画册，结果机场过磅超重。他说法国人明显的特点是喜欢买书，每家都有很多书，人人喜欢书，他家的书也太多，正考虑将来怎么办，因此能送就送掉。在我来看，法国就是深度阅读或阅读过剩的国家。

说到正题，巴黎8频道的读书节目，给我这上海人强烈的印象，每天回房间打开电视，就看到一个人在沙发里念一本很厚的书，朴素的画面，全程不改变的机位，一个小时的读书节目，或坐或靠，各种随便的姿势，慢慢念，今天男的念，明天女的念，朗读相同的一本书，这样书卷气的节目，上海没有。

另一个例子是，法方准备买某中国版的儿童绘本，跟中方谈翻译，比如说，书中一只小山羊，用弹弓打一只小乌龟，法国人指出，这一幅不能翻译，要去掉，法国的儿童读物，不能有攻击的内容。再比如说，小山羊玩腻了弹弓，就卖给一只小猴子，法国人说，这一幅也不可以用，法国的儿童读物，不能提及贩卖内容。法国的出版法，在保护儿童方面有严格的限制规定。法国人的观念是：儿童是人一生中最需要保护的重要时期，这期间如果有这类不良引导，长大肯定要犯事，因此严格限制。法国的出版法，只保护儿童，不保护成年人，成年人自己负责。这是我第一次听说这样的规范。我们常会提到法租界，法国的风味，其实有借鉴意义的方面，并不在这些表面的东西。

说到保护儿童，讲一个段子：一个上海女人嫁给一个日本人，婚后她和丈夫孩子到上海玩，借住上海外公外婆家，上海女人发现她的小孩一到晚上7点，就躲到房间里去，不知为什么，后才明白是日本丈夫的决定，因为晚7点后的黄金时间，电视里会播《案件聚焦》或《新老娘舅》。这时间放送凶案或夫妻反目吵架的节目，丈夫非常吃惊，命令孩子到7点就不能看电视，不许到厅里来。我曾把这事告诉电视台的朋友，其实我们都清楚，这是有没有影视分级制度的区别。

但是作为文学创作，尤其从写小说的角度来说，《案件聚焦》经常报道生动的日常冲突，是有价值的，去年获奖的《白日焰火》，据说是编导半夜三更受一案件节目的启发，写成了这部电影。我也一直记得多年前《案件聚焦》的故事，讲一个已婚中年妇女跳舞，跟一单身男子出轨，最后被女人的儿子发现，导致男孩刺杀单身男，被害者临死前，面临公安调查，因为跟男孩的母亲有感情，就否认凶手是这男孩……这案子的人物和结构非常完整，三方都是合理冲突的矛盾，表露了真实社会的思考，凭空是想不出来的。我曾把这个素材介绍给三个小说作者，之后他们写出三个完全不一样的小说。说这些话的意思是，我并不是电视人，只是讲讲节目的问题。这是我的开场白。

《繁花》的诞生就像是"老女人怀孕"

> 静静地，我们拥抱在
> 用言语所能照明的世界里，
> 而那未形成的黑暗是可怕的，
> 那可能的和不可能的使我们沉迷……
>
> ——穆旦《诗八首》

《繁花》的《收获》版和单行本的内文，包括后记、封底，都引了穆旦的这首诗，据说原是爱情诗，却很能反映我在写作过程中，在语言世界折腾的感受，包括《繁花》成稿到最后印刷，修改二十遍的感受。有人提到我曾经说过，这本书的形成等于是老女人怀孕，我说过这样的话，长时间停止写小说，一直做编辑，是因为题材激发，形成了这部小说，等于一老妇人生下小孩，每天就会变着办法打扮这孩子。年轻妈妈生小孩很正常，老来得子，会有强迫症，感觉这小孩特别重要，特别好看，每天想的就是怎么买鞋子、买裙子，仔细打扮和充实这孩子。每一次出版社加印，我都仔细地修订，到现在为止还这样，十四次的印刷，每次都做。

小说的初稿，是每天写完贴在上海一个本地论坛上的，起因是我朋友介绍了这个沪语背景的网，我进去看看，也就写了帖子，开始只是议论电视台旁石门路的改造，议论吴江路忽然被推平。香港铜锣湾可以保存旧样式的热闹，同样小马路结构，商店人行街，吴江路最适合这类改造，很可惜没有，将来的新规划，大概是斜穿到恒丰路桥的普通八车道，中间放一点花，地域个性完全没有了……

这种议论完全是用上海话来表现的，对于我们一直受普通话教育的人，不管上海人还是湖南人，忽然脱离普通话思维，用家乡话写出来，是很少遇到的情况。这样磕磕碰碰每天写，发现挤在一起的话本语感，很有传统的味道，就这样写了小说的开始部分，意识到它是个小说，于是每天按小说去写，每天写三千字。

网上写作非常有意思。每天有人等着看，有五六十个人夸，等于原来独自在家唱歌，没人鼓掌，忽然变成你唱一首歌，就有人鼓掌，这是很重要的激励，越唱会越起劲，会超常发挥。因此初稿的这个半年，是我最疯狂的时期，吸引我一直写下去，茶饭不思，出门就想回家，什么人请饭都没意思，必须每天更新后续。包括到成都出差，一大早就到网吧里写，还不知道网吧要身份证，赶回宾馆拿，心里非常急，觉得非常刺激。因此事后我经常鼓励作者，可能的话，可以匿名到网上写小说，能够刺激你的发挥。

作家要建立自己的语言和文体

有人问为什么这样写？为什么用沪语？先要聊一聊关于普通话的话题。以前1930年代的作家，包括张爱玲，包括上海租界的小说家们，文字个性都很特别，一个原因就是，那时候没有统一的语言，写作语言显示了各地特色，各自方言的底子。推行普通话是1953年开始的，中国文字改革委员会当时召集一百多人投票,列出三种地方话,仿佛都有机会变成中国普通话。第一是以北京话为基础的普通话;第二是以西南官话为基础的普通话;第三种是以长江三角洲的吴语为基础的普通话,吴语曾经是苏州话,后变成江南最有代表性的上海话。这三种方言经过投票,北京话最高,大概 53 票,西南官话 51 票,吴语大概是 48 票,票数接近。第一次看到材料我想,万一票数有了偏差,万一上海话变成普通话,那该怎么办?太奇怪了。这样想也说明,我们本身对"以北京方言为基础"的普通话教育,已经根深蒂固,我这一代人以后,开口都是说普通话了,它的统一推行,对于国计民生有好处,但如果表现文学人物的语言生动,需要依赖方言的魅力才更有特色,做电视的都知道,历史人物剧的领袖只有讲老家方言,才更显示个性。

需要说明的是,目前上海话的情况跟过去很不一样。1840 年开埠,大量人口迁进上海,1930 年代上海只有三百多万人,最大数量人口迁徙,是改革开放后的上海,现上海已接近三千万人。1950 年代开始上海实行三十年的户口封闭,外人不能进入,上海青年却一直迁到外地。等 1980 年,改革开放,大量外来人口进入上海,情况完全变了,经济基础决定上层建筑,大量外地土豪来上海买房子,买十几二十套房子,大批干部来上海工作,大批大学以上文化程度的青年进入上海工作,大家又都是从小学接受的普通话。方言保护主义者说,你们为什么不学上海话?外来的朋友说,你们的上海话我根本听不懂,请你说普通话。他们有他们的道理,因为我们接受的教育里面,没有学习方言的课程。只有在旧时代,人到任何地方谋生,才会自动学讲当地语言,更尊重方言。比如《海上花列传》,可以全部是写苏州话。说明了当时的语言自由,大家对各地方言的识别度敏感,听力比现在强,传统官话或国民政府推行的国语,也没有强势的统一,这和几代人普通话教育的听力是不一样的。我去宣传部党校,会看到一块牌子:请你讲普通话。对此我很理解,普通话的观念已根深蒂固,它有沟通的好处,但作为文学的表现度,地方语言仍然是最活泼最生动的语言。

保护上海话的朋友中,有人反感《繁花》所谓的改良沪语,不是纯粹上海话，这是他搞错了，我并不是做上海字典，我的目标是文学，把一种方言按照录音录下来写出来，一般就不是文学。文学要建立一种语言，作家要建立一种自己的语言，一种文体。因此《繁花》作了大量修订和语言改良，目标是让非上海读者能看懂文学意义的"上海话"。这很艰难，也很有趣，很多字和词要改，要保持语言味道，上海话句式、语态、韵味要在其中，方言字和词可以同等置换，我试图把这本书做成"双语"——上海话读者在五句内可以自动读上海话，非上海的读者用普通话，也能通达。《繁花》的过程，就是每句用上海话、普通话反复读写的过程。

我们曾经经历了文言到白话的革命。白话包括了口语，胡适称它"活文字"，认为书面"文言"已经死亡，我现在的理解，规范的文字往往会失去活力。普通话是以北京话为基础，也就是一种人造的、进入字典的语言，从体现文学的丰富性上说，这样固定的语言没有时间的色彩，处于一种停滞状态。读《金瓶梅》的人物对话，可看到当时语态俗话的生动特征、时代特征，这些语言现在不说了，这就是文学保存下来的时空魅力，时间的魅力。也说明方言每时每刻在变，它是自然生成、自然变化的话，比方一个上海人到美国去了十年，回来后说的上海话，听起来味道就不大对。他是把十年前的上海话固定在了美国，没有了上海话变化的土壤，等回来再讲，已是老式上海话了。

再说说电视节目，看上海话方言类节目，常感觉不够生活化，比较旧气，节目中的主持人开口讲的味道，一般是沪剧或滑稽戏要求的所谓"标准"上海话，科班上海话，都是过去时的上海话发音，不是当下现实生活自然的味道。印象中最好的沪语节目，我觉得还是林栋甫的《三人谈》，他不是曲艺科班类的上海话，是与社会同步的话，是亲切自然的，是当下的上海话。什么是真正的上海话？有专业研究和考证，真正的上海话，我的答案：它是没有的，因为方言一直在流动，一直在变，一直处于存在一部分、淘汰一部分的演化中。钱乃融教授研究旧上海的语言，这有学术的价值，各历史时期的旧上海话是过去的声音，甚至是死去的声音，历史一直是在改变着地域的语言，《金瓶梅》和《红楼梦》保留着当时的语态，非常生动的部分，包括了这部分死去的语言。

此外在以前的 1980 年代，在文学形式、文学语言上下工夫，曾是很多小说家为之努力的目标，等到整个社会开始发展经济后，小说创作慢慢转向。1990 年代开始出现影视改编，是追求经济利益的年代，文学更多是追求一个好的故事，语言已不重要，只要能够改编成电视剧或者电影，不需要锤炼小说的语言，有精彩故事就够了。此外对于小说家来说，翻译到国外去的小说也开始多起来，译成法文或德文，和小说的语言没大关系。我们看的德国、法国小说，经过了中文翻译，根本也感觉不到德语和法语的文体的个性差别，只不过姓名上，俄罗斯的人物名字特别长，仅此而已。但小说家必须注重个性的语言，注重自己的文体，这是各国作家最强烈的属性要素。这个话题，从 1990 年代到现在，很少有作家、评论家关心，我是在小说编辑的位置上积累了这方面的疑问，所以借这本书，用几乎与当下相反的趣味做出来。王家卫导演说，这本书看不出有影视的倾向，我认为这是一种表扬。小说家一旦希望获得影视改编者的注意，对小说本身是有影响的。

《繁花》的兴趣不在文艺腔

《繁花》提出一个词是"不响"，这不是我的创造和发现，当你用上海话思维，这两个字肯定会写出来。在座每一位上海朋友，起码每天说"不响"超过五遍以上，比如"我妈妈不响"或"我领导不响"，转述一件事的结果，表明一种态度时，上海人往往就讲这两个字，非常简洁。汉语词典里有"一声不响"，因此我截了后面两字来用，大家能懂。《繁花》对方言的改良，还包括书里不出现"侬"（你），也不出现"伊拉"（他们）或"阿拉"（我们）。满纸如果有这样的上海词，普通话读者肯定不适应，产生阅读的障碍。这就是我对改良的底线。一般就要置换，"侬"字在汉语里就是"你侬我侬"，最常用。但是我不用，改成直接称呼姓名，上海人习惯直呼其名，但对于一部小说，没有常用的你、你们、我们、他们，很显然是用心良苦的工程。

再就是改去引起歧义的词，如上海话"豪稍"（赶快），外人肯定不懂，"快一眼"（快一点），像是跟人的眼睛有关……产生歧义的都不能用。"豆瓣"上有读者问，"什么是 15 支光电灯泡"。这是电量"瓦"的上海话，大概是从"烛光"——一瓦等于一蜡烛光的意思慢慢形成了"支光"，这就是我没意识到的阅读障碍。还有就是"哦"，上海人常用字，都改成了"吧"，这字不改，书里也就到处都是，肯定不好看。上海词"邪气"（非常），30 年代到现在，一直这样用，但邪恶的"邪"，我一直觉得刺眼，改成"霞气"，彩霞之霞，用在形容女孩子特别好看方面，如果写出"邪气漂亮"的女孩，普通话读，她一定是邪恶之美，是太妹。"霞气"才有效。类似这样的改动，真是如履薄冰，却必须去做。

这样的文字努力，是一种沟通的愿望，我以前到乡下劳动七年，经常用外人眼光来看上海，听到很多对上海的评价，有一些是准确的判断，有很多很多是误解。《繁花》的目标是通过文字，表现上海真正的生活。"豆瓣"上一位海外留学朋友说，他在新西兰图书馆借到了《繁花》，说了一大堆感慨："原来上海人是这样说话的，是这样生活的！原来这样啊。"很震惊。我很高兴，我希望就是这效果。

上海一直遭人诟病，是因为它一直是个了不起的城市，最引人注目的城市，在外地朋友的心里，其实说明了非常看重的心情。我生在上海，祖籍苏州，看了五四时代的文字，才知道苏州人当时已经最恨上海了。但到辛亥革命时期，所有有本事的苏州人，都跑到上海来发展，以至于成立苏州市政府，却找不到几个能干的人，都来了上海。这个城市并不只是现在重要。所以再怎么批评上海人，批评上海，都意味着对它有更多的期待，综合了一种难以一言蔽之的复杂的心情，包括大量误解，语言障碍使得各地人根本不知道上海怎样生活。《繁花》的任务是从最低市民层生活写起，让大家知道上海生活是什么样的情况。

上海词汇可以保留看得懂的部分，比如"黄鱼脑子"，鱼脑有两块石头，表示笨。"铁板新村"是吵架骂人的话，生动，单独用还容易看不懂，前面修饰"去火葬场，铁板新村"就懂了，这是上海话的生动特征。上海话厉害，上海女人骂人更厉害。《繁花》的兴趣不在文艺腔，很多触及边缘的极限，人物俗到一定程度，才有张力。

旧东西是一种文化意义上的磁铁

不知大家注意没有，《繁花》也引用了不少在五四时期被批判的鸳鸯蝴蝶派词句。这些句子在几十年前已经死亡，但华美依旧，通常我们只能在旧书里才能看到，我的感想是，不少传统的元素现在都没了。但是旧东西是一种文化意义上的磁铁，任何一个街区有一座旧建筑，才能集聚后代的目光。

记得上次参加"外滩圆桌会议"，阮仪三教授提出了不少旧城改造的问题。我提起外滩江沿过去的热闹景象，很多栈桥和很多小码头，高高低低的人和船的关系，现都一览无余了，经过十六铺，开车沿董家渡路走，简直像去到一个外地新城。传统风景，并不是保留有价值的大房子就可以了，对于外滩，起码该保留一段1970年代最著名的情人墙，哪怕在水线以下，退潮时我们可以看到，这是最著名的以前上海普通人谈恋爱的地方。另外是1950年代的江沿，近水栏杆与长椅，也应保留一截，这也是上海历史文化的重要细节。外滩原有的几个轮渡码头也消失了，旧的就想拆，我们为什么做不到香港天星小轮那样的细心保护？候船室保持1950年代风格的原貌，旧吊扇，旧式的椅子，该是多有文化韵味的事。南京路步行街，非常搞笑的那种有轨列车，幼儿园一样，完全可以恢复过去的有轨列车。包括外滩公园本有的一个小音乐亭，过去星期天都有小型西洋音乐演奏，为什么不能恢复，却听凭大妈自发的广场舞？

《繁花》的半文半白的语态，源自我父亲是苏州人，他很会讲话，一半苏州话一半上海话，非常生动。写这本书到后来，觉得驾轻就熟的是，耳边一直有个老头喃喃不绝在说，我记录下来就可以了。上海话有很多口音，这也是上海话的一种。我个人认为，上海话没有一个标准，在平常生活中,有苏北口音的上海话、苏州上海话、宁波上海话、绍兴上海话,甚至以前上海各个区的上海话都是不大一样的,因此小说在普通话和苏州口音的上海话中,反复地转换,是有文学意义的做法。连带小说中出现的民国描述,读者说的一种民国味,其实就是它脱离了标准语言的写作思维,更为自由的原因。

所谓的民国味,实际是30年代亭子间作家笔下各地口音的自由发声。他们集中在上海,没有普通话教育,每人都露出家乡文字的痕迹,包括胡兰成。二十年的编辑做下来,我知道当下语言文字的特征很弱,很多稿件把作者名字拿掉,根本不知道是什么人写的。如果我们把张爱玲小说的名字拿掉,会知道是张爱玲。语言对于文学,是作者的面孔。因此方言写作,尤其全方言思维的写作,我一直建议作者们可以试一下,如果用方言思维写三十多万字,可以说写到第十万字时就会非常痛快,写人物对话,根本不需要动脑筋,脑子里会浮现每个人讲的句子。《繁花》做出努力,避免翻译小说的文艺味,突出本土的江南元素。

还记得某西方翻译家说,现下翻译中国文学,他不需要查字典。这说法很惊人,因为小说家应拥有更多的词汇量才对。巴黎两家出版社谈这本书的翻译,包括近期法国汉学家何碧玉的意见,觉得《繁花》在内容上非常丰富和特别,但非常难译,它是一种浓缩的中文。内行人说,因为这个难度,翻译费就贵,篇幅也大。四百页译成法文大概要一千多页。法国书一般超过二十五欧元买的人就少了,《繁花》估计要五十欧元一本。瑟伊出版社编辑一度建议做压缩本,结果几个编辑读后说,没有可压缩的内容。我朋友解释说,一旦做了压缩本,就成了某种标准体,丧失了原有的浓度和味道。这一切对于我来说,不觉得沮丧,而是高兴,这部小说不是写给外国人看的,是为华文读者写的,给中国人看的。

《繁花》实验了简单标点和繁体字元素

各位手里的《繁花》是最新印次的,繁体字修订比较全。自从1960年代以后，繁体字不再使用了，却出现在这部小说里，人物凡提到的旧书、旧诗词、旧句子，都用繁体字，是我的主意，用来纪念这种美好的字体。简体中掺杂部分的繁体，显示了特别的趣味，没人会想到这么做。当然在去年夏天台湾推出的繁体版《繁花》里，我这个用意白费了，对岸全部的繁体字，把这种差别淹没了。因此只有大陆版的《繁花》，能凸显文本的特点。后来看到央视播出"汉字听写大赛"，屏幕里出现的那些美好的文字，现在一般都不用了。我觉得这个节目同样是向我们的传统文字致敬。

《繁花》的标点很简单，一般只用逗号、句号，不用问号、惊叹号、引号，这是接近传统之意。最近我发现，我们对唐诗宋词的标点印刷有明显的错误："床前明月光，疑是地上霜。"往往前一句是逗号，第二句是句号，但是在1950年代版《唐人选唐诗》里，每一句古诗都用句号，严格地说是"句读"，中国的标点。我的意思是说，中国最优秀的古诗，也要用西式标点划分和说明，这种文字标点的改革，对于我们优秀的经典文学起到什么影响？唐诗甚至出现西式的问号——很明显的问题是，中国古诗歌的句读与西式标点，在阅读感觉上应该是不一样的，这样改不应该，也是毫无敬意，应该恢复到原汁原味的样子。其实我们一直习惯改变遗产的内容，包括京剧或其他地方剧，我作为观众，感觉不到古代之气。日本对古典的保护完全是两个概念，比如"能剧"的演出，等于是出土文物展览，一千年之前什么样，什么言词、衣装，什么姿态，怎么走动，依旧不变，是玻璃罩子罩起来的那种小心翼翼的态度，票卖得非常贵。我只在"纳西古乐"刚刚发现时的报道里，才看到那种惊人的远古景象，老先生一个个坐在台上，僵直地演奏，一动不动拉琴吹笛，也许这种不自然的面貌，是遥远的一种古朴，让我们可看到古人和古乐。我问过一个音乐学院背景的琵琶演员，弹琴时她为什么总是摇头晃脑的，她说，这是老师教的，必须这样不停摇晃肩膀，才可以说明演奏者完全投入，用了全部的情感。纯中国的"纳西古乐"到欧洲演出，被报道为坟墓里面掘出的一种传统的美感，每个老先生弹琴的形象那样令人难忘……我们该怎么保护传统？怎么对待传统？这是题外话。

《繁花》使用简单标点，让我想到的是一百年前，中国出版物都还是依靠作者自己的圈点。话本的气氛，众多人物，挤在一起，大段大段的文字，不分行，也是向传统借鉴。《繁花》中黎老太太讲她一生的回忆，是四千字完整的一大段，这是中国式的做法，都与流行的翻译小说格式相反。这也归结到小说家需要建立一种自己的形式和语言，西方类似的体现个人的文本实验走得更远，比如福克纳的《喧哗与骚动》，十几页不用标点，狄更斯的文字常置语法于不顾，普希金说过一句名言：我不爱没有瑕疵的俄语，等于我不爱无笑的双唇。

"爱以闲谈而消永昼"

简单地讲，整本《繁花》就是闲谈，类似于谈话节目，如古人说的"爱以闲谈而消永昼"，不传播人生道理，只展开众说纷纭的现场。比如说，大小饭局的描写，意味着中国当下的特点，城市人的客厅基本已经不接待客人了，社交基本就是饭局和吃饭，中国特色是无数无意义的饭局，但是它重要的意义，是留在文学中，记录曾经的时间。我的意思是，假如某人有你三年前的饭局录像，你一定很想看，虽然时间过去了，回忆可以再现你当年的细节，把遗忘的内容重现出来，实现了一种意义。《海上花列传》列举大量的无意义内容，百年前无意义的聚会和分别，保存得原封不动，等于是玻璃罩子保存起来的原始现场。我的兴趣和努力，是要在小说中做到这一点。

《繁花》的人物关系图，是话剧制作方做的。《繁花》话剧计划演六小时，分三场或者两场，编剧请的是赵耀明先生。制作方想做成《狗镇》的式样，使用多个摄像头，局部演出内容直接放大在银幕上，半话剧半电影的做法，很厉害，让我不知所措。看这个人物关系表，人与人之间的关系几乎像杂草一样疯长，差不多是个乱局，与我们习惯的苏俄长篇的人物关系完全不同，说明了小说的任何可能性，小说意义的拓展。

网友也贴出一个好玩的人物分析表，每人有概括，有定义，非常有意思。这些人可能就生活在我们的弄堂里,在周边活动。"豆瓣"上对《繁花》的评论很热闹,去年评分一直在 9.0 分,现在是 8.8 分,代表了小说读者的眼光。

西方文学接近一种中心聚焦的思维,呈现一种独自的状态。中国人喜欢在一起吃,吵吵闹闹是中国元素,《繁花》一章新、一章旧的交替结构,分章数字的简写与繁写,密密麻麻的人声,并不符合传统西式长篇的大树结构,几乎是灌木结构,人物紧紧靠在一起,但大树和灌木其实同样有生命力。小说 1960 年代部分,跨度非常大,从少年到青年。1990 年代部分,时间其实很短,模糊,比如卖"大闸蟹",倒卖"塑料粒子",集体去常熟老板家玩的桥段,慢慢延伸到最后,却是半年的时间,汪小姐到常熟引发了怀孕,小孩还没生出来,小说就结束了。新旧这两部分起到了明显不对称的平衡,不是死板的左一块右一块有意分割。

《繁花》的经验是——创作必须做到极致,才可以给人留下深刻的印象,我是这么做的。

唐俊乔

著名笛子演奏家、教育家，上海音乐学院教授

竹笛的艺术空间：中国民乐如何走向世界

我与笛子的缘

我毕业于上海音乐学院，现在我是上海音乐学院的教师。二十多年了，我都在这片土地上成长、奋斗，对上海很有感情，它给了我很多梦想成真的机会。我的老家在辽宁鞍山——钢铁之都，我是一个土生土长的东北孩子。我家里许多亲人都干这一行，父亲、叔叔都吹笛子，在家乡的歌舞团、京剧团都比较有名气。在我睁开眼睛看世界的时候，就听到了爸爸的笛声，小时候我经常拿一根筷子模仿爸爸的样子，我爸爸说，你拿筷子干吗？给你一个小笛子吹吧！笛子最难的地方，是把一个个孔实实在在地堵严，小孩手很小，经常会漏风，也许是因为天天看爸爸吹，耳濡目染，我一吹就响。我爸爸说吹一遍音节，我按照音符一个个快速完成，这一点我父亲至今一提到就很得意。

从小爸爸给了我很好的引导和教育。我生活在我们鞍山的剧团的大院，话剧团、歌舞团、京剧团、曲艺团都在一起。我从小很羡慕搞艺术的叔叔、阿姨、漂亮姐姐，觉得他们特别美丽，特别洋气，特别不一样，音乐逐渐在我心中扎下了根，成为我想为之努力一生的梦想。

我九岁的时候凭借小笛子考到了鞍山市戏曲学校，鞍山戏曲学校主授的专业就是京剧表演，稍带一些昆曲，我就是吹昆笛的。刚进去很兴奋，月月还有补助，像上班一样赚钱了。演出的时候，昆曲演员在台上唱，伴奏的则坐在侧幕挡板后，我那个时候人小比较矮，就使劲往外挤，老恨不得把挡板踢开，因为我希望观众看到我，观众确实看到我了，总是被我吸引。有一个人的到来改变了我的一生，就是已故著名京剧表演艺术家袁世海先生。他那时是鞍山市戏曲学校的名誉校长，那一年他是来学校视察的，看看学生的学习进度。他在京剧中是唱花脸行当的，有一出特别有名的京剧折子戏叫做《钟馗嫁妹》，也是袁先生京剧艺术的代表作，小的时候记得那是出很吓人的戏，钟馗是鬼啊，还会在舞台上嘴中喷火，整出戏是用曲笛主伴奏。袁先生那天看的就是这一出，一个男孩子唱，我吹笛子伴奏，我觉得袁先生的眼睛好像一直在看我，我越吹越来劲儿。

演完了之后，袁先生指着我说："台旁边那个小丫头过来。"我就蹦蹦跳跳过去了，他对着大家说："嗬，这个孩子吹得真好！活灵活现。"然后问我："你会不会吹独奏曲啊？"我说："会！"我吹了首曲牌，还吹了首独奏曲《姑苏行》。等我吹完，袁校长热烈地鼓掌，并对全体老师和演员们说："我今天看演出，最受触动的是这个孩子，她虽然是伴奏，但吹得太有味道了，不但不怯场，还有很强的表现力！你们都该向她学习这种对舞台的欲望！"我特别高兴，因为被袁爷爷夸奖了。但高兴了几天后，就不高兴了。我爸爸看到我这个很神伤的小孩，很惊讶，就问我："你怎么了？"我说："爸爸，我不能在旁边吹笛子！我得站舞台中间吹。"爸爸现在都说他当年很吃惊一个九岁的孩子能说出这番话。第二年，他为我报名去考了沈阳音乐学院附中。

当年我考沈音附中的时候吹了两首在现在看来程度比较浅的曲目，

一首独奏曲，一首小曲，但就是那首小曲子还特出彩，乐曲描写一群玩具在跳舞。我当时的演奏打动了所有的老师，后来有人问我："你演奏的时候脑子里面想的是音符吗？"我说："我脑子里面想的都是玩具在起舞。"到今天，每年我也会面对招生，我也是特别看重材料，如果有两个孩子，一个吹非常难的曲子，另外一个吹的浅一些，但却演奏得特别灵活和富有感染力，我就会收后面这个孩子。

我在沈音附中学习了初中到高中六年，六年过后毕业时，我一心想考中央音乐学院，因为当时中央音乐学院的蒋志超老师（现已过世）很看重我，但上海音乐学院那年来到沈音设了一个考点，主考的徐超铭老师说了一句很打动我的话——你学的是民族音乐，南方才是中国民族音乐的根。我选择了上海，成为了当年上海音乐学院的一名本科生。上海来对了，从求学到工作，上海一直是我的福地。

我在上海已经生活了二十二年，超过了我在家乡待的年头，在上海音乐学院的学习让我一生都受益匪浅。我的授业恩师是赵松庭老师和俞逊发老师，都是南派的竹笛代表人物。我的演奏受俞逊发老师的影响最大，他是一位极有实力的演奏家，和他学习的时候我非常崇拜他，通过他的演奏和教导，我的笛艺精进。而赵松庭老师不光是一位笛子教育家，他也是一位思想家，他读过大学，但中途辍学了，因为环境、家庭，他喜爱笛子，跟家里决裂也是因为笛子，名门望族不允许吹笛子，他慢慢地从思想上和家里人脱离了。我跟他学习更多的是很多竹笛基础性的技术知识，同时在思想上，他给了我很多引导。赵老师总说我将来会有成就，但说他不知道自己能不能看到我成功那一天，常说人成功不容易，成功之后也不容易。我问为什么，他说：鲜花和掌声会迷乱人的心智，诋毁和妒忌会影响一个人的心情，但这些又都是会伴随着成功的，老师希望你有一日成为一代大家后，不管碰到什么都要懂得理性面对自己，面对自己真诚的内心。作为一个十七岁的孩子，我天天接受的是这样一种思想教育，那个时候只知道是老师关心我，并不是特别理解，到今天这么多路走来，我都理解了，很感激老师二十年前的教诲。

我记忆中印象最为深刻的一次演出是站在柏林爱乐大厅的舞台上演奏，吹完后七次谢幕，观众还不肯让你下台，激动之情难以言表，眼泪都要流下来了。在这个舞台上也曾经有过几位来自中国的西乐独奏家的演奏，固然是非常优秀的，而我站在那儿演奏的是中国民族乐器，身后是满台为我协奏的西洋乐器，那种自豪感自然不必言说。唱片公司和演出经纪公司的纷至沓来更是推波助澜，使我难免在那一刻有些飘飘然。可是当繁华卸去，我独自一人走在夜幕笼罩下的柏林小路上，我忽然就会记起赵老师说过的话，感叹老师留给我的教诲和记忆。我的一生这样的时刻很多，我随时提醒自己：路没有尽头，永远要努力。许多人说我这么年轻又成功，说你的事业太顺利了，但只有我自己知道并非一帆风顺，只是从来不会有困难让我止步，所以我的确是顺利的。

《卧虎藏龙》为我打开通向世界的大门

2000 年的时候我还在民族乐团，我们团的总监跟我说，谭盾想请你录音，其实对我来讲，为某个电影、电视、唱片公司录音只是事业中无数个工作中的一个。当年谭盾也不认识我，我也不认识他。他想录电影音乐，想找个最好的演奏家，上海很多的音乐家，包括很多老师，都给他推荐了同一个人，就是唐俊乔，谭盾以为唐俊乔是个老前辈。录音那天，我准时坐在外面等，但没有人叫我，后来谭盾自己出来了，问工作人员我怎么还不来。工作人员说应该是个大腕，肯定会迟到喽。我坐不住了，说：你们是找我吗？我是唐俊乔。谭盾看着我惊讶了一声：啊?！但瞬间他就调整好表情说：你好你好，谢谢你啊，我听说你很棒。其实他"啊"那一下我很不开心。

谭盾拿着谱子给我，让我在棚里先试试，说：请你先戴着耳机跟一遍吧。我看着他说：不用，直接录，你觉得不行就再来。我感觉说话时的表情肯定很不好。一曲吹毕，鸦雀无声，没有人开腔。我想完了，肯定是自己太狂了，他们不够满意。这时，我透过玻璃看到李安和谭盾在棚里站了起来，冲着我一起竖起了大拇指，录音室响起掌声，我的心一下松懈下来，表情也立马缓和了，很开心。

我和谭盾成为朋友和合作者后，向他提起第一次不算愉快的会面，他说你可不要怪我，我当时根本想不到唐俊乔是一个这么年轻的"女孩子"，当年我二十七岁。

录音过后几个月，电影上映了。一天深夜，谭盾打电话给我，他说：俊乔，恭喜你，你演奏的音乐获奥斯卡奖了！我哈哈大笑说：别逗了，看来是你获奖了，祝贺啊！他说他有了一个计划，要把电影音乐谱写成一部多媒体协奏曲。三个月后，谭盾再给我打电话，邀请我出演多媒体协奏曲《卧虎藏龙》，第一站是在英国伦敦巴比肯艺术中心，我和马友友一起演奏，伦敦交响乐团协奏，李安也来了。我很感激谭盾和李安，是知遇之恩，多媒体协奏曲的演出为我的演奏打开了通向世界的大门。之后我带着其他多部中国竹笛协奏曲，比如说作曲家郭文景创作，如今成为全球上演率最高的竹笛协奏曲《愁空山》等等。我的演奏生涯在那时开始了世界性的巡演。

巡演过程中也有很多难忘的时刻。全世界都知道法国人是很傲的，第一次和法国国家交响乐团合作时，总监向团员介绍了我，我用英语打招呼，首席都没回应的。我拿起笛子，音乐声响起，曲罢，听到身后沸腾的鼓掌与叫好。我回到后台休息的时候，首席和管乐声部的好多乐手来找我，这时就会说英语了，他们说我太喜欢你的音乐了，从你的音乐当中我们听到了中国，看到了中国。

那个时候我发现，语言有国界，但是音乐是无国界的。我很高兴能通过音乐语言让大家认识中国，认识中国的文化、中国的民族乐器，认识我。

笛子家族中都有哪些成员

我们中国的民族乐器有很多种，有竹笛，还有二胡、板胡、高胡，还有古筝、琵琶、扬琴、柳琴等等，都是中国的民族乐器。今天我主要讲民族管乐——笛子。笛子，可以独奏，也可以重奏，并在乐队中参加合奏，在合奏时也经常起到领奏的作用，是一件非常重要的民族管乐器。它的声音优美动听，华丽委婉。笛声一响，即可把观众带到美丽的乡间，广阔的草原……苍茫大地的美景尽可表现。

曲笛

笛子最普及的有这样几种。曲笛，它过去为昆曲伴奏，所以得名。曲笛的音色甜润委婉，柔美华丽。

梆笛

北方有一个剧种叫做梆子戏，为梆子戏伴奏的主要乐器之一也是笛子，变成独奏乐器后，这种音调属性的独奏笛就称为梆笛，也很普及。梆笛的音色嘹亮，清脆，

演奏加花手段方式很多。北方的音乐就像北方的语言一样，很有特色，口音明显，外地人听着有点拐来拐去的，这跟当地的地方风俗、人文特点和文化特征息息相关。

竹笛

竹笛在几千年前的中国就已经有了，中国有很多民族乐器其实是外来的，比如从西域等地区流传过来。而竹笛这件乐器是中国土生土长的乐器。这是有历史依据的，我国最早出土的文物中的笛子，和现在的形制基本一样，经考古专家考证，距今有八千多年的历史。

现在的竹笛基本都是采用竹子做的，笛管上面还有一个需要贴笛膜的膜孔，笛膜是从竹苇里得来的，苇子里面的膜采下来，贴在竹笛膜孔上面，吹出来的声音非常亮丽。

今天非常高兴跟上海电视台这么多朋友相聚在一起，度过一个愉快的下午，希望通过我的讲解，能够让大家对民族乐器笛子有一些了解，并喜欢上我们的民族乐器，喜欢上我们的竹笛艺术。

问 & 答

问：学生们在音乐学院体系里面能学习到什么？

唐俊乔：那就太多了，竹笛的曲目还是很多也很宽泛的，按照年纪循序渐进地学习，到了大学后，学习的曲目会更多，程度也更高深，一听就知道，在大学期间尤其会学习吹奏大量的协奏曲作品。研究生阶段会更注重理论研究，从竹笛乐器的历史发展到现状等等，各种角度都会进行研究和学习。专业院校里每个学习阶段都会有相应的不同的学习内容。

问：本次讲座的主题是中国民乐如何走向世界，您有着丰富的舞台经验和演奏经历，请问在创作方面您有什么样的打算？

唐俊乔：我写过一些偏于传统风格的作品，也移植改编过一些作品，最近正在琢磨一些东北民间音乐，想进行一些研究和创作。我想要创作一些跟时代接轨的音乐，但是作为独奏家，我始终认为我们创作的作品还是不能够跟专业的作曲家相比，因此，我也会邀请一些作曲家来为笛子创作新作品。说到中国民乐走向世界，除了我自己一直要在全球继续演下去，作为导师，我也会有意识地在各种场合、各种平台上推荐我的学生们，我演奏的很多作品，我都教授给他们，他们也到处去演奏，而且也演得相当不错呢。我还有一个为孩子们成立的唐俊乔竹笛乐团，也是希望让他们能在更多的舞台上绽放自己，展现自己，今年竹笛乐团在新加坡、马来西亚的巡演也是非常成功的。培养出优秀的下一代，一直是我的理想和目标，除了靠自己的能力和实力把中国的音乐传播出去，我也要培养出好的接班人。我今年已经四十多岁了，我很希望他们未来能够到达的领域是连我都没有探索过的，作为老师这是令我最高兴最欣慰的事情，一辈子都会很满足的事情。

问：我们家也有人会吹笛子，是我爸爸，我也问过爸爸，这个笛子早年是你自己学的还是自己吹着玩？他说他是自学的，在他的年代，笛子还是比现在更流行一些，喜欢的人很多。我也想问一下，因为您讲到梆笛和曲笛，我发现两把不太一样，我自己读初中的时候学过竖笛。还有其他形态吗？

唐俊乔：当然有，最普遍的还是梆笛、曲笛，按照调分的，我今天只是拿了两根笛子作为代表。在你父亲的那一辈，喜欢笛子、在家自学的人很多，很多人家都有把笛子，说明笛子有着非常广泛的群众基础。不光过去，现在在上海学习笛子的业余学生也很多的，我就是上海竹笛协会的会长，所以我是知道的。每年参加笛子考级的学生就有很多很多。

问：笛子的节奏您是怎么来把握的？

唐俊乔：不光是竹笛演奏，在中国民族音乐这个大的层面上，你的演奏技术有了，基本的演奏状态有了，左右我们的就是音乐思想了，说得更直白一点，就是情绪在指引我们。吹同一首曲子，昨天吹出来是六分钟，今天由于情绪变化可能会吹到七分钟，因为今天你的情绪恰巧比昨天忧伤。从演奏的角度来说，能做到这一步其实挺难的，通过音乐来传达出情绪、情感与心声，是一种境界了。

问：我特别喜欢《卧虎藏龙》这部电影，看了不下五遍，其中一段记忆深刻，就是玉娇龙找罗小虎的时候，里面有竹笛的声音。

唐俊乔：音乐就像人的灵魂一样，爱恨情愁都在里面，既有情侣之间的爱与恨、喜与乐，也会有打斗的情绪，音乐就是可以把导演想传达出的感觉呈现出来。所以一部电影的成功离不开音乐这个重要组成部分。

问：非常想知道您对长笛有什么样的印象。西方人更严谨一点，更正式化，有一个标准。在您看来，长笛和竹笛之间有什么区别？女子十二乐坊，这种中国民乐更加疯狂化或者西洋化的演奏方式，也想听听您的感受。

唐俊乔：长笛我也非常喜欢，长笛和中国竹笛的区别就是音乐表现出的文化背景啊，长笛就是西方文化、西方符号，西洋长笛，包括西洋的双簧管、小提琴，西洋的音乐都是在跟他们的文化相接。中国竹笛是中国的文化，从文化中产生很多具有特点的演奏加花，那西洋乐器中肯定是没有的。我吹长笛一吹就响，但就是竹笛味。举个例子，西洋的长笛就像是油画，中国竹笛是山水国画。这两者无法相接和统一。

关于十二乐坊的问题，数年前很多音乐家在谈到这个问题时，就比较不屑甚至排斥，认为这样的形式不能体现中国文化的内涵和底蕴，层次较低。我是一个严肃音乐家，但我的音乐思想是比较开放的。我认为十二乐坊也好，东方乐坊也好，只要有市场，就有存在的价值，这是一个现象，也是一个事实，要正视这个现象和事实。更不能因为他们有一定的市场，就觉得中国老百姓的欣赏品位低。我会看到事情好的一面，像这种音乐演出形式的存在，在一定程度上也吸引了很多从不关心民乐和民族文化的人，在一定程度上了解了中国乐器，这就是贡献。当然在这类音乐演出时，有的服装穿戴过于暴露，在这点上，我是非常不喜欢的。如果有一些观众是通过看这些乐坊的演出，对民乐有了些了解，进入了传统音乐这个门槛，我们倒是应该做好后面的事情，就是再引导他们进入民族乐器欣赏的高层次。这些年我一直在各地做讲座，也包含了这类观众，慢慢引导他们了解什么样的音乐是属于他们的，也是真正能够代表本民族的好的音乐。

    问：如果您手下的学生，在大三、大四这个阶段出去走穴，您怎么看？

    唐俊乔：我特别支持，演奏本来就是要面对观众的，在学习期间有机会去演出，是多好的艺术实践啊，为将来走上正式的工作岗位做好铺垫，我非常支持，但是不要影响正常的学业。

喻荣军 ▶

上海文广演艺集
团副总裁

你是我的孤独，兼谈家富和野兽

I：话剧是我的宿命

首先说我，刚才主持人介绍了我，我是上海体育学院毕业的，是属于那种绝对不务正业的学生。我毕业的时候是分到广州中山医科大学第一附属医院去做医生，但是我不太喜欢医院的环境，为什么？因为我的性格比较开朗，是属于那种莫名其妙就很快乐的人，但是医院的环境是比较压抑的，这可能不太符合我的个性。我在上大学的时候专业学得很好，我们专业的一等奖学金基本上都是我拿的，但是康复保健这个专业不是我选择的，我没有选择的权利。

我是从安徽的一个小村子里面走出来的，我们的那个村子里只有八户人家，附近有很多这样的小村子。从建国初到八十年代，我的父亲是那里小学校唯一的一个公办教师，他是我们那一带的知识分子，所有的人，不管是比他大的，还是比他小的，都叫他喻老师。我的母亲是一个地道的农民，我从小就在这样的家庭中长大。我在村子里的学校读小学，后来到镇上的中学读初中，然后到县城的中学读高中，到我考大学的时候我想上警校或是军校，那是吃国家饭。高考时我的分数挺高，在提前录取时我就报了中国公安大学，当时这个学校在我们巢湖地区只招一个人，但是我们上分数线的有二十三个人，体检完了以后就只剩下三个人，我的分数比第二名高了三十多分，我觉得应该会录取我，这肯定没问题。但是最后录取的人不是我，而是分数比较低的那个人，从那时候开始，我就知道其实社会并没有那么公平。

我没有考上这所学校，但是我的档案却被调过去了，这就出现了一个问题，一本、二本录取时都找不到我的档案，所以我的档案被打回来的时候，就只有被大专录取。可是上天是公平的，它在这里关上门，就在那里打开窗，那一年正值安徽发大水，很多学校奖励安徽省一些名额，因为很多分数比较高的考生没有被录取，就会用这些名额，而上海体育学院的康复保健专业在那年安徽省印的招生简章中被漏掉了，于是这个专业的两个名额也被放在奖励名额里。在招生的时候他们就看我的分数挺高的，怎么一本、二本和提前录取都没有录取，然后他们就问能不能找到这个人。因为我哥哥是在教育局工作，一个省招生办的人认识我哥哥，他看到我的名字和我哥哥的名字就差了一个字，翻开档案发现我果然是他弟弟，于是就打电话给我哥哥，说现在有一些给安徽的名额让你弟弟来选，有上海体育学院，有黑龙江、江西和甘肃的学校可以选，我就选了上海体育学院，原因很简单，我觉得上海是吃米饭的，其他的地方可能都是吃馒头的，我最怕吃馒头，于是就选了上海，然后就进了上海体育学院。

我进了体院之后，发现这是一个很好的地方，因为体院的人大多不是很爱读书，而我是比较喜欢读书的，在体院上学有着大量的业余时间，体院有一个图书馆，里面有很多的书，我是第一个把借书证用完了之后再换第二个借书证的人。一本借书证用完可以借三百本书，借完书之后，在借书卡上面会写上你的名字，我看了很多书，这些书的借书卡上的第一个名字都是我，我当时觉得挺爽的。我喜欢看书，也喜欢写东西。喜欢写东西是从我父亲那里学的，在我家，我大哥、二哥、三哥都喜欢写东西，我二哥写的小说堆起来比他的个子还高，但是没有一篇是发表过的，父亲总是激励我们兄弟几个写文章，所以我现在成为作家也是完成了父亲与我哥哥们的一个梦想。我的三个哥哥都是学文科的，只有我是学理科的，然后却到了体育学院，在体育学院学医学，毕业又没有做医生，然后兜了一个大圈子，又回到原点，写作对我来说也许就是一个宿命。

我后来到了话剧中心，主要原因是在大三的时候我看了一个话剧叫《奥赛罗》，这是我第一次看话剧，第一次知道话剧是讲普通话的。我的一个同学说话剧票很便宜，只有十五块钱还可以打折，他问我要不要看，我说看，然后他买票，我们四个同学一起骑车从五角场到静安寺这边来看演出。正好那次是首场演出，演完之后他们还有一个派对，我们就糊里糊涂地被邀请参加了，在那里我就认识了田水、尹铸胜，没想到一年后，我竟成了他们的同事。

之后，我又去人艺看了一回戏，因为那时我在华山医院的康复科实习，我的推拿技术不错，又肯使力气，所以医生们往往都让我去给病人推拿治疗。那个时候我记得陈燮阳，以及人艺、青话的好多演员都来进行治疗，治疗的时候我就经常给他们理疗和推拿，他们觉得这个小伙子很卖力，就有人给了我一张赠票，是一出小剧场话剧，叫《陪读夫人》。看了以后我就写了一篇评论，还就寄给了他们，这让当时人艺的艺术总监俞洛生知道了，他就是那个戏的导演，他问我有什么想法，我跟他说我想考上海戏剧学院的研究生，可是我去看过招生简章，除了《马克思主义原理》之外，其他所有的课程我都没学过。说者无心，听者有意。到我快毕业的时候，一天，我突然接到他的电话，他问我是不是真的想到戏剧学院读书，我说是。因为那时候，上海市文化局要在上戏办一个编剧培训班，每个剧院都可以推荐人去参加，俞洛生老师想到了我，不过要到上戏去读两年书，然后再到剧团来。我说可以。俞洛生老师说：你真的想去吗？我说想。于是，我就打电话给我爸爸说我要再读两年书，我爸爸当时就问我：谁给你钱呢？的确，我读书前两年的学费都是母亲在田间辛苦劳动挣来的血汗钱，再让家里出钱给我读书，真是不应该。可是大三那年，爸爸在银行的存折竟然中了大奖，正好可以为我交两年的学费。妈妈就说爸爸是好人，好人有好报。我考上大学已经是二十一岁了，毕业的时候已经二十五岁，然后再到上戏读两年书，已经是二十七岁了，再去工作的话，年岁真的是有点大了。后来我想，我真的是做了一件可能会让我开心的事，那个时候没钱也要任性一把。1995 年的时候，人们最不愿意工作的一个地方估计就是剧团了，那时候，有很多的剧团都倒闭了。可是过了两天，俞洛生老师又给我打电话，他说要不你先来剧院工作吧，剧院正缺一个搞宣传的人，他觉得我的文笔不错。他认为编剧不是教出来的，是需要实践，还得看自己的悟性。我当然很高兴，于是就进了话剧艺术中心，当时我就想，我先在这里做两年自己喜欢的事情，过两年实在不行的话，我还可以回去做我的推拿。毕业之前，我在《青年报》还曾写过一个专栏，就告诉大家怎么治疗高血压，如何运动和养生之类，以后在剧团待不下去的话，我说不定还可以去做记者，心里有底，也就真的决定去剧院了。

ME：我为什么开始写剧本

到了话剧团，我就开始做宣传，和各个媒体打交道，那个时候的媒体也只有六七家，我只要和这几家的记者打好交道就可以了。那时候演出也少，但是却没有观众，真正靠卖票维持的演出少之又少，在上海一年也就是一二十台新戏，只要有机会，我都会找票去看，许多演出我都看了很多遍。例如我们剧院演出的话剧《商鞅》，首轮演出六场，我连彩排一起看了七遍。刚进剧院的时候，剧院正好排了两个契诃夫的短剧，要去高校演出，我上班的第一个星期就把这个戏卖掉了三十多场，这个戏在高校演出了四十多场，我就看了四十多场，演员的台词和场上的灯光音效变化我都非常清楚。戏看多了，我也逐渐地想自己动手写剧本了，因为觉得剧本也就那样，自己也可以写，不是因为狂，而是因为无畏。当然，我开始写剧本，但我从来也没想过我写的剧本会上演，我只是写着玩玩，剧本被搬演那是很遥远的事情。

因为在剧院里做宣传工作，我了解了很多制作上的事情，比如说剧院为什么排这个戏，为什么选择这个导演，为什么选这个制作人，制作人为什么选这些主创，排练的过程怎么样，这个戏演出的效果如何，观众如何反应，专家们对这个戏的评价怎么样……这些情况，我作为宣传都必须去了解，而这些对我的创作会有很大的帮助，因为我比较熟知戏剧生产制作的每个环节。

我写剧本的状态和其他人不太一样，可能因为平时工作比较忙，我能够坐下来写剧本的时间其实并不多，但是我平时可以构思，即便是在工作当中，我也一直在构思很多不一样的题材。我可能会花几年的时间在构思，却会在很短的时间里把剧本写出来，构思的过程中也不断地改进，直到哪天不得不写的时候，才开始动笔。这是一个创作的习惯，可能是因为我自己工作的原因，不得以而为之。我有一个戏叫《WWW.COM》，这个剧本其实我只花了四个晚上就写完了，都是在凌晨两点以后写到早上六点钟左右，写完之后就排了，然后就演了。可有的戏我写了四年，花的时间很长，有的戏花的时间很短，不一定的。我写过五十多个剧本，今年可能还有四个新戏要上演，最近上演的《你是我的孤独》和《乌合之众》是我上演的第四十九和第五十个剧本。

关于中国目前剧本的创作情况，我认为现在中国演艺行业最大的问题就是剧本创作，剧本原创力不够。我们的导演还不错，演员非常不错，舞美也不错，但最差的就是剧本创作。出现这种情况有历史的原因，上个世纪九十年代戏剧不景气；也有现实的原因，现在不是没有人会写，其实能写的、会写的人很多，但是很多人都去写影视剧了，写影视剧赚钱。另外，很多会写的人不了解舞台，剧本的可操作性不强。而且许多人写了一个剧本也不见得就会被排演，这样一而再，再而三，他们就不再写了。现在在中国，编剧的权益得不到保障，舞台剧编剧没有经纪人，剧院和演出团体法律意识淡薄，剧本经纪的平台没有，更没有剧本交易的平台，所有这些因素让我们的舞台编剧严重缺乏。相比较于影视剧，舞台编剧的劳动付出与得到的回报不成正比，我花几年时间写一个剧本，所得到的稿酬还不如人家一集电视剧的。在 2002 年的时候，我曾经花了一个星期写了一个连续剧，整整七天足不出户，得到的报酬正好把我那时候租的房子给买了下来，一个星期的写作就买了一套房子，足见影视的诱惑有多大。我认为写电视剧在很多情况下，既是脑力劳动又是一个体力活，我不太喜欢。我还是喜欢舞台剧，这是上了贼船了，没办法。现在，每年也还有人找我写电视剧，但是我觉得电视剧离我比较远，我还是想在舞台上实现自己的价值，这是我自己比较熟知的东西，但是很多人因为这样的情况，就不再去写舞台剧了，因为写电视剧可以赚很多钱。我们有不少优秀的编剧，写过一两部舞台剧之后，就再也不写舞台剧了，别人总要生活吧。每每遇到这种情况，真的很无奈，但很理解。许多人都表示他们很热爱舞台，但坚持下来的却不多。

THEY：从剧本诸多要素来谈剧本创作

局限： 首先戏剧最吸引我的地方是什么，我认为就是它的局限性。对于很多人来说舞台的局限性让他们觉得束手无策，没有办法进行创作，这会让他的想象力没有办法打开，但是我一直认为舞台就是因为它的局限才会有魅力。舞台就那么大的空间，可正是因为舞台的局限，才打开了我们的想象空间，从而变得无所不能，局限会产生力量，就像是戴着镣铐跳舞，会更加有张力。对于我来说，舞台空间的局限魅力无穷，我就在这种束缚与局限之中寻找美，寻找力量，这就是舞台的魅力所在。我一直在写话剧，可我尝试着写过戏曲、肢体剧与舞剧，在那里会更加写意、凝练，有时候我觉得唱词、肢体、舞蹈会更加局限，可是它们产生的力量会更强。有时候在台上，只一句唱词，或是一个动作，就能让观众产生强烈的共鸣。例如，我在写芭蕾舞剧《简·爱》的时候，我希望开场的时候是空间，简·爱提着一只行李箱上场，她在舞台中央立住，然后打开行李箱，自己躲塞了进去，然后把箱子合上。只是一个动作，却把简·爱过去十几年的经历与渴望都表达了出来，它就会有力量。这样的表述是舞台的，而不是影视可以达到的。

技巧：就像窗户纸，一捅就破，但是很多创作者就是没有捅的勇气。技巧也是在创作过程中慢慢地摸索出来的。但如果技巧是从别人那里学来的，就要加以体会地去运用，否则反而会成为一种束缚，那技巧就永远是别人的了。

深刻：所谓深刻，就是深进去，刻两下。

拉出去：当在写作的过程中遇到瓶颈，没办法写下去的时候，可以尝试着拉出去，不在自己以前设置的规定情境之中徘徊，也许会有另一条路，有意想不到的效果。例如，《雷雨》和《日出》的第一场第二场之后，第三场就拉出去了，演完之后再拉回来就是第四场，这个是曹禺先生给我们的经验。

还有一个是外化的东西，就是你要用很多手段去进行创作，从你原有的想法当中跳出来，你突然会发现你的创作空间变得很大。

行动：这些我就不展开讲了，都是编剧老师们经常教的，我放在这里是因为这些都是我体会到的，因为我没有学过写剧本，也没人教过我写剧本，我只是把我对舞台的认识与了解运用在剧本创作当中。后来，我在上海戏剧学院教课，学生们把他们在课堂上学到的与我分享，而我给他们的是我的创作经验，这是一个相互学习的过程。例如，在戏剧之中，行动是什么？行动就是从做什么到为什么做，到怎么做。这其实是一个从目的到心理，再到动作的过程，也是一个从外到内，再到外的过程，我就明白了行动的组成有哪些了。

冲突：冲突也是这样，冲突就如同一出戏的心跳。它总是从障碍到矛盾，再到对立的过程，从目的到性格，再到意志，它体现的是从人与人的冲突，到人与内心的冲突，再到人与环境的冲突。

选材：这一点很重要，编剧一开始都是主动的，但是慢慢地就会变为被动的，我们的选择余地并不是很大，因为你想写的东西不见得就是别人感兴趣要排演的，那我们不能写了剧本不演啊，剧本创作之后不是用来读的，是用来演的，剧本只有经过排演与观众见面，才是真正完成了。我们作为编剧，总是要经历一个从我想写到别人要你写、从雇你写变成我要写的过程，这个时候你就要知道运作规律了，那么作为创作者，我要自我表达怎么办？我的建议就是在别人要我写的题材里面做我自己的文章。

例如，剧院要写一个关于肝胆医学专家吴孟超的戏，导演希望我来创作，但是我在把吴孟超的经历和事迹研究完之后，我发现他的一生就是给人治病。我发现在过去的一百年当中，我们的国家在不同的时期都会遇到不同的问题，也是在生病，这种生病跟吴孟超这个医生的治病是可以结合在一起的。比如说吴孟超刚出生的时候，正是新民主主义革命刚开始的时候，吴孟超的母亲是把他出生在冰冷的地上，这个情节很打动我，我就把他的出生和当时中国正经历的阵痛放在一起来写。然后在抗日战争的时候，我把我们整个中国在千疮百孔的情况下仍然不屈不挠的精神，和他读书时为中国未来而努力的情景放在一起来写。"文革"的时候，这是我们这个国家的伤痛，我就选了一个他医生生涯中的真实案例来写，一个安徽农民，他的肝上长了一个巨大的肿瘤，吴孟超却把他的肿瘤切掉了，这是一个医学的奇迹，我就把这个事例和"文革"这个我们国家的毒瘤放在一起来写。在改革开放的时候，我们又遇到一个大问题，就是我们一直追求经济的发展，我们的社会其实还有毒瘤，这个毒瘤是什么？那就是一切向钱看，金钱成为衡量人们成功与否的标准。我选的事情是吴孟超想建立东方肝胆中心，当时没有钱，他就和煤老板们一杯酒十万、二十万喝出来，他这个拼酒的过程我觉得很悲哀，在当代中国，一个知识分子要完成我们国家的一个梦想，要靠自己拼酒去换，这是我们当代的问题。所以我把这些都放在戏里面做，这样的话，这个戏就不只是做吴孟超了，而是通过吴孟超来说我们中国过去的一百年，这个戏的意义就广了，这就是在别人的题材里面做自己的文章。

结构：剧本的关键是结构，只有结构好了，作为剧作家，你才可能去表述你的立意，去编织故事。这是人们通常说的，西方是条状的美，东方是团状的美。但后来我发现其实也不全是这样，你说莫奈的画是条状的美，还是团状的美？因此别人的经验只是可以借鉴，但绝不能生搬硬套。这里还有一些别人的经验，可以给你进行指导，但是不能拿来就用：文无定法，戏无定法；小说的结构是一个大树，戏剧的结构是盖房子；小说是张扬的，它一直在求异，是野生野长的过程，但是戏剧却是收敛的，它一直在趋同，是经过人工栽培的植物；故事是用来讲的，而戏是用来演的。

人物：就像这幅画，并不清晰，但需要我们去描绘，戏剧都是一个从无到有的过程，所以它很难。我有一个戏叫《WWW.COM》，刚写出来的时候，拿给我们的一个导演看，那个导演看完之后说这个不是剧本，我问为什么，他说你剧本里的人说的都不是人话，后来我发现，我们给了他三个剧本，都给他拒掉了。后来，我发现我的剧里人物真的说的不是人话。能不能让他们说人话呢？结果我发现在特别的情境里面，人物就是要说特别的话，很多时候他们就不应该说人话。在《WWW.COM》里面，因为剧中的人物是在电脑上进行聊天，是书面语言，而且他们是在描述他们想象的情景，那是非常具有诗意的画面，我当然不能让他们说日常生活的话，那些话是需要进行提炼和加工的，那当然不是人话了。所以，我们一定要听别的意见，但一定还得自己去体会这些意见，加以分析，绝不能人云亦云。

改编：有一段时间我做了很多的改编，改编其实是一件吃力不讨好的事情，你做得稍微不好的话就会被人骂，因为观众都是带着对原来作品的印象进入剧场的。那么我如何找到我的出发点，找到我的角度去做呢？改编是冒风险的，但是改编是很有乐趣的。在过去的几年，我改编了许多作品，其实有许多是经典作品，如《红楼梦》《简·爱》《基督山伯爵》《推拿》等等。改编就是站在别人的肩膀上去进行攀登，不是爬得更高，就是摔得更惨。但是很多时候你找到这样的点，也不见得观众就会明白，因为这还要经过二度创作的过程。我经常说编剧写了一个戏，把剧本给了导演之后，编剧就死了，因为这个剧本跟你没有关系了。当然，这个戏放在舞台上的时候，导演也就死了，因为它全部扔给演员；当演员在舞台上演戏，观众在看戏时，演员也就死了，因为它交给观众了。从一开始，到导演，到演员，到观众，可能你的想法就被很多人再创作了，你就不知道是什么样的了，你也不知道有多少还是你原来的想法，这其实也是舞台创作的魅力所在，每次都是一次冒险，但这是很有意思的事情。

比如我写过一个话剧叫《光荣日》，是根据韩寒的小说改编的，但是我更喜欢韩寒的杂文，所以我把韩寒的杂文和韩寒的小说都拿过来进行改编，我把他的东西打碎，进行再创作。我想做一个任性的戏，即便有些观众看不懂，但是我知道这个戏是给哪些人看的，所以到最后你和观众发生的联系要清楚。

有很多人问我，会不会为观众写戏，我说我会为观众写，也不会为观众写，那么多年来，我和观众之间的关系有时候就像是一场战争。观众会慢慢了解我，有的时候观众会领着我走，有的时候我会领着观众走，有的时候观众会站起来骂我，有的时候观众会觉得我好，会喜欢我，恭维我，但是我知道他和我是什么样的关系，我到底想和哪些人产生共鸣。所以说我作为一个创作者，现在和观众到底是什么样的关系，和哪些有共鸣，这个就显得很重要。一个戏不可能讨所有人的喜爱，观众分流了，你非要给喜欢吃上海菜的人做湖南菜，做得再好也只是讨骂，所以，你既然是做了湖南菜，你又何必在乎那些吃上海菜的人的意见呢？

表现手段：我经常说你写剧本写不下去的时候，最好的手段就是装疯卖傻，醉生梦死，嬉笑怒骂，难得糊涂，这样你可能会找到更大的空间去进行创作。

MINE：我的作品

由于时间的关系，我选择几个戏来讲。我写的第一个戏是《天堂隔壁是疯人院》，我写的第二个戏是《去年冬天》，但是《去年冬天》是我演的第一个戏，因为这个戏比较平实，有真情实感，一般观众会喜欢，剧院也乐意排演这样的戏。2000 年的时候，剧院要推年轻人，于是就把一些年轻人聚在一起做了个戏，就是《去年冬天》。编剧是第一次写剧本的，导演是第一次做导演的，舞美设计是第一次做舞美的，演员当中也有第一次在剧院演戏的。没想到这个戏上演之后，连续演出三十多场，很火。那时候，剧院的戏一般只演几场，也没多少观众，一个戏连演这么多场，还是挺意外的。关于这个戏的题材，我那个时候发现一件很有意思的事情，就是很多上海人的小孩子都在国外，他们就属于空巢老人。很多外地人到上海工作，刚开始的时候都没有家，都在租房子。其实这两类人，他们都在各自寻找自己的家，于是我就把两个外地人和上海的一个老人放在同一个屋檐下，他们共同经历寻找家的过程，也各自走过自己心灵的冬天，他们从相互不了解到慢慢进行沟通，我就想写人与人之间的隔阂有没有沟通的可能性，因为又是在冬天，所以觉得很温暖。这个戏说的是亲情、友情和爱情。这个戏一演就是十五年，今年这个戏还会在上海演出，武汉、云南以前都在演，这个戏是我上演的第一个戏。

我的第二个戏就是我花了四个晚上写的戏《WWW.COM》，这部戏今年也会演，当时很想写一出反映上海当代年轻人婚姻与感情的戏，而时兴的网络给了我一个很好的载体。于是，一个简单的故事，承载的却是我对上海这个城市的关注。关于该剧，网络是载体，沟通与理解的话题，有关婚恋情感的故事，想说的却全是上海。也许网络会过时，但人们对于生活、婚姻、家庭的思考却始终存在。这个戏演了十五年，观众们看到的东西却不会变。城市都有性格，而表现在上海就是宽容与接纳。这个城市是女人们的天堂，到处充满着雌性激素，男人们温顺得跟绵羊似的，少了应有的血性与凶残。女人们有着出奇的魅力，聪明美丽，独立能干，而且享受生活。上海是属于夜晚的城市。白天，熙熙攘攘的人群会让人想起忙碌的钢筋森林里的行尸走肉，却没有心思欣赏这良辰美景。可是，到了夜晚，上海的魅力却是透出来的，无穷无尽，独具特色，霓虹闪烁，奢靡四溢。城市里的新贵，其物质掩盖下的生活却孤独异常。于是男人在寻求一种近乎于自私的关爱，有妻子，也有情人，却更向往精神上的知己。他有着动物本能的欲望，却没有动物来得纯粹。女人蛰伏在城市的夜里，却不清楚自己要干些什么。对于婚姻的过高期望令她失落，婚姻不是爱情的永久保单，爱情在欲望面前显得苍白而做作。那个时候只要你和电脑有一点关系，你就会很有钱，有钱就开始任性，他们就开始玩弄自己的生活，他们对爱情、对家庭的感觉和上一辈也是不一样的。其实网络是一个载体，更多的是谈人与人之间的沟通。过了很多年之后，中央电视台的春晚上有一个小品，其内容就和我这个戏很像，可见这样的内容还是有现实意义的。这个戏已经在十几个国家和地区演过，今年还会在土耳其上演。土耳其的演出很有意思，他们演我的戏从来不给钱。上一次土耳其的文化部有人来中国访问，还到访了话剧中心，我就跟他们说为什么你们国家的剧院演我的戏不跟我签合同，为什么不给我钱，后来他们跟我签了合同，但是，还是不给钱。

《谎言背后》这部戏，那个时候我写过一个广播剧是关于刑警 803 的，然后有人说你写得不错，再给我们写一个吧。我说特别想看你们刑警 803 是怎么审讯犯人的，他说不可以，但是你可以看看审讯犯人的地方，就是隔着一块玻璃，你可以看得到里面，里面却看不到外面，里面是一把椅子，聚光灯照着你，可以把你照晕掉，你就什么都交代了。我觉得这个相互审视的状态很好，当我回来坐地铁的时候，我发现地铁到站的时候那个玻璃窗后面，看着你的面孔都特别冷漠，这就是城市人冷漠的状态，人和人之间这种审视的状态比比皆是，就像今天你们都注意我这么长时间，我也注意你们这么长时间了。于是，我就写了两个男人的戏，一个警察和一个心理医生，心理医生的老婆被杀了，心理医生被作为嫌疑犯抓起来了，里面有关于救赎、等待、忠诚、背叛等等，结果这个心理医生的老婆就是这个警察杀的。用两个男人做一个演出，所有的话题都是关于女人，因为我觉得上海这个城市就是这样，我们男人谈论的所有话题就是关于女人，这个城市特别暧昧，空气里都飘浮着暧昧的气味。于是，我后来写过一个戏叫《香水》，还有一个叫《暧昧》，都是关于我对上海这座城市的感觉的。后来演的时候，有人说警察杀人这个不可以，导演就说改，怎么改？我说就让这个戏发生在南美，在厄瓜多尔的一个地方发生的故事，警察就可以杀人了。演的时候就出现了一些好玩的现象，有很多观众都以为我这个故事是根据外国的小说改编的。这个戏在美国也排过英文版，他们一直想到中国来演，是由两个黑人演的。其瑞典语版本已经翻好了，芬兰瑞典语国家剧院要排演，如今一个德国的经纪人要代理这个剧本的欧洲版权，德文版正在翻译之中。

《非常责任》是我写的第一个主旋律的戏。中间的经历也非常好玩。这个戏的导演要改每一个词，直到他能说得过去，他才排这个戏，然后，我就彻底放弃了，我说你说一句我改一句，然后从早上八点一直到晚上八点，整整十二个小时，他说我改，于是我又重新写了一个剧本。因为那个时候要抓安全生产，才做了这个戏，全是包场，票都出去了，但没有人来看。我去看首演的时候，发现台下全是我的安徽老乡来看，因为都是安排各个公司的农民工来看，剧场里稀稀拉拉的，我真的是崩溃了，做一个主旋律的戏真的是蛮崩溃的，后来我说，我早知道的话就写一个关于农民工的戏了。可是这个戏却是那些年里，我所有作品当中票房最高的一出戏，一轮票房竟然有 197 万。

《新倾城之恋》是香港话剧团约我改编的一台戏，之前他们已经演出过几轮，导演毛俊辉想做个新版，于是我就把戏的最后一场放在现代的上海，就是白流苏活到现在是什么样的状态。我选择了在上海大动迁搞拆房子的时候，拆迁队过来拆房子，房子前面有个在摘鸡毛菜的老太太，她说你可以拆房子，但是我有一个要求，你找一个拍照片的人来。过了半个小时，一个穿着旗袍、特别端庄的老太太走了出来，和刚才的那个摘着鸡毛菜的老太太完全是两个人。这是一个真实的新闻，我想这也许就是现在的白流苏，那种爱怨和历史都在里面了。那时候我们选了一首歌叫《走进新时代》，这个戏在香港演出的时候没有问题，但是在上海演出的时候就有问题了，当《走进新时代》这首歌放出来的时候，观众哄堂大笑，然后拍手，他们以为放错了。慢慢地观众开始安静下来。导演的想法就是一巴掌把观众从张爱玲的情绪当中打醒，这个就是我想表达的。后来评论来了，说你怎么可以放这首歌，就这一首歌就批评了好多。所以有时候，你的用心良苦到了观众解读的时候，就会差了十万八千里，这就是有趣的地方。现在有人问我,有很多人骂你,你会不会在意? 我说我早就过了那个阶段了,这是实话,因为喜欢不喜欢,成功不成功,可能不是我关注的地方,我更关心的是我想引起共鸣的那部分人,我创作的目的达到了没有,我自我探索的边界达到了没有,这是我感兴趣的地方。戏一演出,评论是观众的自由,何必为此而苦恼,但我会很在意有些人的意见,尤其是那些真知灼见,能让你学习提高的意见,对此,我往往会很感激。

《资本·论》这部戏比较复杂,马克思的《资本论》是一部经典,如何把它做成一个让观众都能看得懂的戏? 我们于是做了一个喜剧,以前是徐峥演的,到今年已经演到第六年了,《资本·论》还真是挺有意思的一个戏,因为每次演出,我们都会加一些新的东西进去,而现实社会当中发生的一些事情,一直在证明这个戏所论述的,包括最近王健林做《汉秀》、赵本山的事件,甚至包括习总书记的讲话,反正有很多东西和我们的这部戏都有关系。这个戏在设计的时候,演了十多分钟会有一个罢演桥段,演员说我不演了,因为我想融资,想把这个戏做得更大一点,就是在追逐资本的过程中慢慢地失去了自我,就是徐峥这个人物从演员变成一个制作人,变成总经理,变成 CEO,变成一个董事长,变成到华尔街去呼风唤雨的人,在整个追逐的过程中他实现自己的梦想,却丢掉了另一个梦想,整个过程都是和我们的生活有关系的。有一次在演"罢演"这一段的时候,发生了一件比较好玩的事情,有个观众以为演员真的在罢演,就说你不是真的想要钱吗,那我给你五百万,你给我好好地尊重艺术。这其实就是我们想表达的。然后有的观众就说你在干吗,他们是在演戏,然后这个观众发现自己被骗了,就更加生气了。这其实就是我们这个戏的目的,现在这个戏有很多与观众互动的地方,大家有空的话可以来看,一定会有不一样的收获。

《你是我的孤独》是我最近的一部新戏,讲的是王洛宾和四个女人的故事,包括三毛。其实海明威讲过一句话,他说创作归根结底是一件孤独的事情,王洛宾也是一个创作的人,我想王洛宾表面上是一个特别快乐的人,他也有很多有作为的地方,但是本质上这个人是一个孤独的人。在这部戏里我想寻找王洛宾的音乐与他人生故事之间的关联，发掘他作为创作者的心路历程。

YOU：我更想成为老虎，不想成为家畜

作为剧作家，每个人都有自己的追求，也有自己的底线，那么我的底线是什么呢？一不卖官家，二不卖商家。这个很难。我不要让编剧成为我的职业，现在我写一个剧本价格也不低，光靠写剧本养活我自己也没问题，那为什么我还要有一份工作？我就不想让编剧成为我的职业，更想让编剧成为我的兴趣。

大家知道野兽和家畜，我不想成为家畜，家畜是没有力量的，野兽是有力量的，我更想成为老虎，不想成为一头猪。目前，我正在写一个戏叫《一丝不挂》，关注的是中国当代的知识分子，写的是一头猪的一生，这头猪慢慢地会发现自己的宿命竟然是一碗红烧肉，在做祭祀的时候，那只猪头竟是自己最好的归宿。戏的名字叫"一丝不挂"，其实"一丝不挂"是个佛教用语，它的意思更多的是了无牵挂。

兴奋自信、出师不利、茫然失措、沮丧自疑、打算改行、怕人嘲笑、背水一战、渐入佳境、完成交稿，这是写剧本的一个过程，大多数人写剧本总归是有这样的一个过程。可这话不是我总结的，这是《沉默的羔羊》的编剧总结的，很多人很认同。可是我却不认同，我觉得写剧本是一个享受的过程，是一种释放，一种自我表达，更是一种自我探索。

谢谢大家。

问&答

问：作为一名编剧，也作为一名剧院的管理人员，两个身份怎么调节？在工作的二十多年里你有什么信念，或者是什么动力支持你不断创作？

喻荣军：这个问题很多人问过我，你作为创作者和管理者，中间是不是有冲突？对我来说不是什么冲突，我觉得应该是相互之间有促进，因为我很长时间做的工作是市场和营销以及观众的开拓，这样的过程会让我越来越了解观众，写作就有方向，也会产生共鸣，所以是相互促进的。第二个问题，根本没有什么信念，我觉得只是自己喜欢，创作对我来说，一开始是自我表达的东西，现在是一个自我探索的东西，我一直说自己有多少的可能性，这个可能性是和观众发生联系，和创作发生联系，我一直是很享受这个过程的。也有压力，我做过这样的事情，8月7号交剧本，到8月5号的时候一个字都没有写，这时候压力会很大，但还是可以在创作的过程中找到很多乐趣。

问：现在电子商务把票价都压得很低，对于话剧来说，你觉得这个平衡点已经找到了吗？或者说电子票务对话剧的兴旺和发展有什么影响？

喻荣军：这个是我的工作，这个要讲的话可以讲一个下午。有一点就是，电子商务一直在发展的过程当中，包括以前卖团体票，现在是微信购票和网络购票，有各种各样的可能性，我从自己的角度来说，我们不排斥这个，但是我们一定要知道自己怎么做。比如说我们提前一年卖票，我们会有一个优惠，当这个票卖不掉的时候做团票，这个我们是不做的，因为它会伤害到一年前购票的观众，而那些观众才是你真正想保护的观众。所以根据不同的利益，有不同的操作方法，从2000年到现在，这十五年当中，观众是一个一个被拉进剧场的，整个过程充满艰辛，但是特别有乐趣。我们话剧中心也做了很多调查，还有每个星期二八十元钱的公益票，还有五十元的特价票，但是我一定不会伤害观众的利益，尤其是那些和我们一起成长的观众，因为你伤害了他们，就不会有更多的观众走进来了。

问：您创作的《暧昧》《香水》我都看过，为什么您感觉上海是一个暧昧的地方？

喻荣军：第一个可能因为我是一个外地人，上海这座城市很浪漫，其实我对上海的认识不清楚，我一直是从外面打量这个城市。前两天有一个记者采访我说，你的心里永远是一块油菜地，我说是的，那就是我从小长大的地方，但是现在我在上海待的时间比在安徽待的时间还长。2003年的时候，一个偶然的机会，一下阳光明媚的下午，我到了上海的老城区，一个老大爷在阳光底下嗑瓜子，有一些人在大街上打羽毛球，那个时候就觉得这就是上海，是城市里人和人之间的关系。但是在这之前，我觉得男人和女人之间的感觉，在这座城市里面是非常暧昧的，是充满香水味的，这是我个人对这座城市的印象，所以我写了这个作品，但是这种印象一直在改变，我现在写的话，可能也会写得不一样了。

问：您怎么看待林奕华创作的《红楼梦》、先锋戏剧导演孟京辉等人的戏？他们似乎颠覆了话剧的概念，您是怎么看待这个问题的？

喻荣军：我觉得他们的戏给上海带来很多不一样的东西，我们是长久驻扎在上海的，我们拿上海纳税人的钱，我们要为上海的社区服务，所以我们做的大量的工作是基础培训的工作，培养观众的工作，而这些外来者没有这样的责任。另外，我们是一个国家剧院，是有自己的定位的，是要代表上海城市话剧发展水平的一家剧院，所以我们要有主流的戏，我们也要有一些市场的戏，我们还有实验探索的戏，各个方面的戏都要做。上海的市场应该是千姿百态的，我们一直是敞开怀抱，希望更多人到上海来做话剧，光靠一家做是远远不够的，上海的话剧市场远远没有打开。

问：你认为悬疑剧或翻译剧的火爆，对于原创剧来说是好事还是坏事？

喻荣军：这也是我们经常面对的问题。我曾经在话剧中心说过一句话，现在的话剧中心，只要演阿加莎的戏就可以一年都演满，那么我要话剧中心干什么？任何一家公司都可以做。因为翻译剧的风险总比原创剧的风险小很多，最难做的戏就是原创的戏，但是我们现在往往用经典戏的标准来要求原创戏，这是没有办法比的，不在一个层次上。还有一点就是，阿加莎这样的戏是大众的戏，是商业的戏，商业戏有商业的标准，但是剧场不能只有商业戏，剧场不能只有娱乐，剧场是一个思考的空间，剧场是你和灵魂对话的地方，剧场在城市里面起到的作用，有时候像教堂一样。但是我们现在的剧场里，更多的是喜剧、悬疑剧等等，观众是需要，但是剧场不仅仅是如此，话剧中心不能仅仅做这个。市场方面的戏我们要做，音乐剧、喜剧、阿加莎的戏都要做，但是艺术的戏、探索的戏、实验的戏也要做，否则你就没有方向，就没有可行性，就没有生命力。所以说，不同的剧院定位不一样，一家民营公司可以撒开了做，但是话剧中心绝对不可以这样做，当有一天话剧中心只演商业的戏，那话剧中心就失去它存在的意义了。

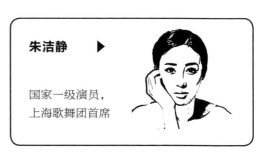

朱洁静 ▶

国家一级演员，
上海歌舞团首席

在最美好的时光里起舞

一名年轻的老舞蹈演员

在座的各位朋友们，大家下午好，刚刚主持人已经介绍了那么多头衔、奖项，其实我今天想把这些都抛下，在你们面前我就是一个舞蹈演员，就是一个舞者。我常常有一点自嘲地说我是一名年轻的老舞蹈演员，为什么这么说呢？年轻是因为我觉得现在三十岁还是一个很年轻的年纪，老舞蹈演员则是我从学舞到现在已经二十多年了，在现今中国舞蹈圈，舞台上或活跃的演员中我真的是元老级别了，所以在二十多年的过程中我也在慢慢总结，我总结出一段话，我自己特别喜欢，并写在备忘录里：不是每一个人都有这样的可能和有这样的机会成为传递的天使，给人带来美的享受和精神上的富足，而我有了这样的机会，我非常感谢这样的可能和机会。

其实一直以来舞蹈演员不太会说话,应该说让舞蹈演员开口是一件特别头疼的事,因为我们特别习惯用肢体来代替我们的语言,在舞台上尽情地表达自己想说的话和我们想告诉观众的事情,很感谢 SMG 今天有这样一个课堂和平台,给了我一次特别的经历,让我用这样特殊的方式坐在这里,用面对面说话的方式、对我来说很陌生的形式,脱下舞裙,走下舞台,用一下午的时间和大家分享我的故事。

翻开舞蹈人生的第一页

刚刚你们看到的那个片子里,一开始出现的画面就是我长大的地方,我家的下面就是这样一条古色古香的走道,我就在这里开始选择了我的路。今天和你们分享的第一个就是我学舞的经历。首先我抛一个问题给大家,提到舞蹈、提到舞蹈演员,首先大家会想到用什么词来形容?

其实我想绝大多数人提到舞者和舞蹈就是很美、很漂亮,的确,我当初也只是很单纯地爱漂亮,所以我选择了跳舞这件事情。我不知道大家小时候有没有我这样的经历,会躲在床底下偷妈妈的口红,额头上一定要点一个红点,要画一个血盆大口,就觉得自己美飞了。小时候特别喜欢裙子,特别喜欢荷叶边的裙子,每年过年我都会叫妈妈买一条裙子,大年初一不管多冷,我都要穿一条裙子给家里人跳一个舞,这是我最幸福和快乐的时候。所以在 1995 年上海市舞蹈学校招生的时候,当我知道上海有一个专门教跳舞的学校,我就说一定要去,那个时候我记得还是坐的绿皮火车来到了上海,那是我第一次来上海。考那个学校时,当时全国各地的考生有三千多名,我们的录取名额只有三十多个,其实一点都不亚于现在的高考。记得当时的考试分三个部分,第一部分是初试,考验一个孩子的身体是不是跳舞的料,我们会量比例,就是上身的长度和下身的长度,下身要比上身长超过 15 厘米以上,你才有资格跨进那一步,如果你下身比上身短或者是一样长,那么跳舞就不要想了,老师就是这么告诉你的。甚至会量你的头围,连父母的身高和体重都要看,舞蹈演员就要面对这么一个残酷的事实，你先天条件不好，你就输在了起跑线上。我记得我当时的比例是13，手不长，为此我记得我妈妈还把家里的电风扇给拆了，装了一个吊环吊胳膊，我的胳膊现在之所以这么长，也许是当时吊环的功劳。

初试完了以后会贴一个红榜，所有的家长都会围着那个红榜看有没有自己孩子的名字。到了复试的时候，老师会听你的节奏，要孩子们立马把节奏打出来，要会模仿，经过了第二关又是发榜，到了三试的时候大概有一百多个孩子一起住在一个大教室里面。那个时候考了三天，有老师带着我们全面考量一个孩子的集体生活能力，包括她的独立性，她的自理能力，她和整个集体的融合，是不是可以在离开父母的一个独立空间里生存。最后发榜，我记得当时是几家欢喜几家愁，到现在这个画面还在我的脑子里，孩子们的哭声和笑声还有家长的碎碎念的声音充满着整个学校，当时觉得家里有一个孩子考上了舞蹈学校是一个荣耀，是特别重要的一件事情，最终我考进了上海歌舞团。

我们家是一个特别传统的家庭，工薪家庭，父母没有见过什么世面，家里也没有人是搞艺术的，而且妈妈从小对我的教育就是女孩子要安稳一点，踏实一点，给我预设的路也是念高中、大学，有机会的话就出国留学，然后在嘉兴找一个踏实一点的工作，就是这样的人生。突然之间这个规划打破了，它要转弯的时候他们就会犹豫，女儿要不要去上这个学？毕竟舞蹈这条路，我们都不知道会通往哪里，或者说这条路的终点在哪里，就业、薪水、这个行业的公众认知度和社会价值，都不知道，只是盲目地听我说要跳舞、跳舞、跳舞，我喜欢跳舞我就去跳，你不给我跳我就哭闹。所以当时我要吃专业舞蹈这碗饭的时候，我妈妈其实是反对的，我的学习成绩非常好，是班级里的大队长、学习委员，要去跳舞的时候我妈妈担心这个担心那个。我对我妈妈说了一句话：妈，我要去跳舞。昨天晚上我写这个大纲的时候还在想这个问题，那时候那么小的我，怎么会说出"我一定要跳舞"这句话？也许是冥冥之中，我和舞蹈的缘分就产生了，直到后来越来越密切。我妈妈尊重我的决定，到现在为止，我做的每一个决定她都尊重，而且不提任何反对的意见。我们家是属于"放养式"的，我的每一个决定都是我自己做的。那个时候我就草草收拾了行李，来到了这个陌生的环境，在上海舞蹈学校翻开了我舞蹈人生的第一页。

到了学校里开始学习生活，我发现跟我想的不一样，一切都不一样，在舞蹈学校里没有舞可以跳，也没有裙子穿，什么都没有，有的可能只是一个把杆，一面镜子。当时的条件还没有现在这么好，我们都没有地胶，是木头地板，我们跳舞的时候都不穿鞋，你达不到要求的时候只能光脚，因为木头地板上有刺，我每天晚上都会拔那个刺。最重要的一个感受就是吃不饱饭。我们那个时候住的是集体宿舍，一个房间十二个女孩生活在一起，食堂是那种盛饭的，不知道你们现在还知不知道，是那种大的铁盆，米饭是画田字格分配的，我们老师规定只能吃一半，有一些胖的学生只能吃一半的一半，所以每天都吃不饱饭。每天早上食堂有肉包子，老师不让我们吃里面的肉，只能吃皮，每天早饭的时候，老师还检查我们的桌子，看看有没有肉。每个星期都称体重，还量头围、胳膊、大腿，身上每一个有肉的地方都量，每一个人都记得很仔细，这个星期怎么样，下个星期是不是胖了，如果胖了就去跑步，课也不要上了，我觉得以前的老师非常负责。

就是因为这样的管理模式，令科班出身的舞蹈演员的自控能力都非常好。现在的家长心疼自己的孩子，但我真的觉得我们每个人身上都有惰性，我们的性格里面会有懒散、想走捷径的因素，再成功的人身上都会有。所以在我们小时候，没有很好地树立起"三观"的时候，有这样一个接近军事化管理的学校来约束我们的行为，才能让我们变得更优秀。

在班里我是年纪最小的，小时候是最不起眼的，我记得那个时候个子很矮，特别内向，看见老师都是绕道走，上课的时候也不踊跃发言，永远都是角落里默默的那个。到了排练场上，要么就是第三排中间，要么就是第二排旁边，永远站不到第一排，所以在我的印象里，舞蹈学校的前三年都是跑步、压腿，绑着沙袋，每天早上吃不饱饭，我觉得我是不是来错地方了，这哪里是舞蹈学校，很枯燥，又怕被别的小孩看到丢人，有时候会躲在被子里哭鼻子。每天就是哭，觉得苦、累、烦，不想上，但是我属牛，又特别倔，死要面子，我觉得我不好的地方不能让别人看到，这么多人没有放弃，我说我不能掉队，死撑也要撑到毕业，毕业了以后该干什么就干什么，所以我咬着牙熬过了前三年的学习。第四年开始，慢慢地接触舞蹈作品，我终于可以跳舞了。

第一次比赛

在这里我也说一下非常重要的一个舞蹈比赛，就是我的第一个奖，"桃李杯"是我的第一次比赛，是在 2000 年的时候。对于专业院校的学生来说，"桃李杯"检验的是学校所有的师资力量、教学质量，在当时是一个最高的标准，不说拿奖，能够参加"桃李杯"都是我学舞生涯中特别值得骄傲的一笔。谁都想争那几个名额，从班级里的选拔到校内的选拔，到全市的选拔，你最后能代表学校参加"桃李杯"，已经是非常优秀了，所以"桃李杯"是我们每一个孩子学习了六年以后最大的希望，六年就为了在这一个比赛里为学校争光，摘金夺银。很幸运，我代表上海舞蹈学校，参加了那一年的第六届"桃李杯"舞蹈比赛，而且那一年正在上海，正所谓天时地利人和，一切客观因素都是有利于我的。我在班级里非常优秀，慢慢地变成了尖子生，从旁边把杆到中间把杆，老师对我倾注的心血也非常多，我的恩师几乎是连家都不要了，每天就陪着我在练功房里一对一地训练。我每天训练到直不起腰来，每天回到宿舍，其他孩子都睡着了，我也不洗澡，脸也不洗，就上床睡觉，第二天又是重复，每天就是重复，不停地练。当时年纪小，不会觉得累和苦，每天就像打了鸡血一样，老师叫我转三圈，我就拼命地转到三圈，所以在充分的准备以后，我觉得自己有十足的把握。老师每天也在鼓励我，你肯定没有问题，拿一个金奖回来，我耳边听到的都是这样的话，所以潜移默化中我也觉得我会赢，我该赢，老师说我优秀，同学也夸我，我就是特别优秀。

到了比赛当天，可能是因为太兴奋，我紧张到空白，可是我完成了老师训练时候跟我说的每一个要求，下台的时候我看到老师的脸上有一丝很欣慰的笑容,我想我完成了,没有掉链子。第二天我早早地起来,穿上了我柜子里最漂亮的裙子,把自己打扮得特别美,然后去领奖了,他们都说我很好,我肯定会拿奖。当时我们坐在台下,真的是现场开奖,主持人是按三、二、一等奖的次序报的。报三等奖的时候没有我的名字,我特别高兴。报到二等奖的时候还是没有我的名字,我既兴奋又紧张,担心我是不是没有奖,但是很快这个念头被打消了,肯定是一等奖,我开始想应该上去感谢谁。最后主持人报到一等奖,不是我,所以我要纠正刚才说的一点,"桃李杯"的确是我第一个奖,但那是优胜奖,其实是只要参加这个比赛的人都有奖。我学了六年,倾注了所有的东西,所有人都说我好,但没有拿奖,我觉得特别丢脸,倒也不是难过,就是觉得丢脸,我抬不起头来。脑海里有这样一个画面,就是周围的人都是彩色的,我一个人是黑白的,我在原地不知道该去哪里,我特别无助,特别沮丧。就是因为这样一次比赛,我开始怀疑朱洁静是不是没有那么优秀,没有他们说的那么好,我对自己有了怀疑和巨大的挫败感,我觉得我失败了,我输了,但是输在哪里我并不知道。有很长一段时间,我都在反思和自问,以前我的优越和自信来自于哪里?于是六年的学校生活在这种惊心动魄当中结束了,2001 年我毕业了。

第一个金奖

接下来我想说的是我毕业以后的人生,真正爱上舞蹈这个事业,是从我进入舞蹈团工作开始的。就像刚才大家在视频里看到的那样,每一个职业舞者每天应该待的地方就是练功房,我们的吃喝拉撒都在这个地方。现在绝大部分的中专生毕业以后都会考大学,觉得中专文凭怎么可能在社会上生存,但我十六岁毕业时没有上大学,我直接选择了工作。又是一个破天荒的决定,我又和家里大吵了一架,我又决定了自己的人生,我要踏上社会,我要跳舞。在我眼里,一个人的知识、一个人的文化真的非常重要,到现在也是这样认为,但是我觉得,舞蹈这样一门特殊的职业,它太需要你在最辉煌、最宝贵的青春里去实践，在舞台上找到你的知识、你想要学习的东西，所以我放弃了念书的想法，我选择了踏上社会，直接到这个大林子里去历练，去摸爬滚打，找到属于自己的生存之道。所以我十六岁那年就工作了，到目前为止，工龄已经十多年了，是老职工了。

说说我的第一个奖，真正意义上的第一个全国金奖。2002 年我刚毕业，参加全国"荷花杯"舞蹈大赛（"桃李杯"是院校和院校之间的比赛，"荷花杯"是院团之间的比赛），那个时候的作品《根之雕》获得了表演、灯光、创作等六个全国金奖，那是上海第一次在全国"荷花杯"的比赛中获得金奖。"荷花杯"的分量和它的影响力让我都觉得有一点懵。一共五分钟的作品，我们花了三个月的时间排练。以前我们干事情就是那么专注，现在一切东西都变得很快，我身处的舞蹈行业也变得越来越快，以前排一个舞剧可能需要一年甚至是三年，现在可能只需要三个小时、一个小时、几分钟就可以演，第二天就忘了，然后再排一个新作品，就是不断地赶时间，不断地快。

我们那个导演就是喜欢晚上工作，从晚上六点钟排练到凌晨两点钟，当时排练的时候，导演把钟都拿掉了，他说你们看什么时间，我就是时间。我们排练的时候，就是看着对面宿舍的灯一盏一盏地灭掉，每天过的都是这样的日子。那是我第一次跳双人舞，我跳得不好，非常糟糕，也许是因为害羞，也许是因为放不开，我的舞伴是团里一个非常非常有资历、非常成熟、优秀的男舞者，但我连看他一眼都不敢，更不要说两个人抱在一起跳双人舞了，所以当时导演、老师、舞伴三个人盯着我一个人，男孩子陪着我一遍一遍地练。这些帮助，我当时觉得是折磨，现在我觉得，那一段时间对我的成长和我的舞蹈来说是一个"催化剂"。我从一个不敢跳双人舞、不会跳双人舞的人，直至最终拿到这个金奖，其间的感受只有经历过的人才知道。我排练的时候，经常会给舞伴一拳或者一脚，出了很多状况，我就觉得自己特别笨。我们导演有一个习惯，现在他的这个习惯也成为了我的习惯：他给我讲要领，问我听明白了吗，我说我全部记住了，他说那么我们最后再来一遍，我说好，当我跳到最后一个动作的时候，如果没有做到导演的要求，他话也不说，也不叫停，而是自己跑到音响那边说"再来"，永远都是"再来"，永远都是一遍一遍地反复。

也许是"桃李杯"对我的影响，也许是那三个月的经历，永远在被说，永远不对，所以我没有对这个比赛抱任何期待，我就想我终于跳完了。我庆幸我不用再面对双人舞的时候，金奖就来了。有些时候，老天似乎安排好了你成长路上的每一个转折点，有些是痛苦的领悟，就像那次"桃李杯"，有些则是欣喜的收获，就像这次"荷花杯"。当我抛下了争强好胜的胜负欲，心平气和地完成比赛后，我得到的也许是比那座金奖、比金色的奖杯更多的财富和收获。这个奖是我舞蹈生涯中的另一个转折，它让我在团里变得更加自信，心态也更加成熟，心智也越来越强大，就是这短短的五分钟，这三个月，让我觉得自己开窍了，可能就是因为一件事、一句话、一个时间点，就开窍了。当鲜花、掌声、荣誉、奖金和所有人的欣赏都扑面而来的时候，我有一点害怕，突然觉得有一点空，因为"荷花奖"的金奖我都拿到了，后面的路该怎么走？很怕爬得越高，摔得越狠。

真的是因为心态的转变，十六岁那年，我明白了舞台是我一直以来的选择，我不会离开舞蹈。我用短短的时间从群舞跳到独舞，从独舞跳到首席，从《霸王别姬》到《朱鹮》，我曾经因为受伤，失去了一部戏的女一号，最后我争回来了，我朱洁静年纪轻轻，三十多岁，什么都得到了，老天对我太厚爱了。但其实我觉得，每一次成功的背后都有不为人知的一面，谈不上血泪史，没有那么悲壮，就是都有辛酸的一面，因为没有人的成功是必然的，没有人的幸运是必然的，不可能每一次都幸运，你幸运一次是侥幸，幸运两三次，一定是有背后默默的付出。你必须从头到尾坚持，你练功要比别人刻苦，你下班的时间永远比别人晚，别人去吃饭、去购物、去看电影的时候，你还要在教室里面对着导演的责骂，别人在舞台前、在化妆间里聊天、打牌、打闹的时候，你永远要在舞台的角落里去适应那个舞台。我知道荣誉有多大，肩上的担子就有多重。

作为主角，我不希望因为我的失误和差池影响整部舞剧的质量，所以那个导演的习惯变成了我的习惯。一个动作做得不好，我就会去按录音机，必须做到每一遍都万无一失，才能让自己在舞台上做到百分之百的完美。尽管这样，每一次演出之后还是有很多地方让我遗憾，因为还是有很多偏差。我的恩师，就是我之前的导演跟我说过这样一句话：我们舞蹈演员在舞台上都做不到真诚，那么面对观众将是何等的虚伪。我也一直说，我们要做一个有灵魂的舞者。何谓灵魂？灵魂的定义又是什么？我想也许没有一个人能够真正说清楚，但在我这里，我把它理解为一种忠于自己内心的、真诚的表达。即便你是一个不会跳舞的人，你的手很僵硬，你的转圈很拙劣，但是当你很真诚地想表达的时候，我觉得它就是有灵魂的。

真诚，简简单单的两个字，可是我们很难做到足够的真诚，所以我在舞台上，尽量每一次都毫不保留地投入全部的热情，那个时候我觉得我的灵魂是上升的，我是有光的，我和那个角色是有结合的，我不是朱洁静，我是剧中的人物。

舞台就是这样一个很有魅力的地方，你在演绎不同的人，你在经历不同的故事，你在一个一个舞剧和一个一个故事当中，可以找到生活的启示和生命的力量。这种力量是看不到的，但确实是在一次又一次的演绎中，你找到了自己的价值。

我的性格里还有一面，我不会轻易"原谅"，就是"原谅"今天，我今天不舒服了，我休息一下吧，我今天跳不好没事，明天会好的，我不会这样。我是一个对自己特别特别狠的人，我不会把错误延续到明天，我今天发生的问题我今天一定要解决，即便不吃饭、不睡觉，也一定要解决。在专业上我就是一个特别特别狠的人，包括在减肥的问题上。大家看到我这么瘦，其实我天生的身体条件是一个吃不胖的体质，但是在十六七岁女孩子发育的时候，我也有过一段减肥的经历。其实也没有什么可以传授的经验，就是对自己狠，就是什么都不吃，当然这是一个有害健康的行为，我们每天都应该摄取多少的热量，但是我当时想减肥，我就什么都不吃，每天只喝水，吃苹果。当时吃减肥药，可能就是一天一次或者是一天两次，我当时可能是白天忘记吃了，晚上睡觉的时候，睡着睡着就想起今天没有吃减肥药,然后塞上一把,由此导致现在体质不好。我只是想拿减肥这件事表明,一定要对自己够狠。

伤痛的成长

我永远忘不了我的 2011 年,在一次专业的业务考核中,我不小心把自己的膝盖摔了,髌骨错位。摔倒的时候我以为只是扭了一下,因为跳舞受伤真的是太微不足道了,当我整个人缓过神来,发现我的膝盖不见了,中间是个洞。那一年《舞台姐妹》开排,所有的主创都在前面坐着,对我是特别重要的一次检阅。虽然我知道私底下已经定了我是女一号,我之前也做了非常多的准备,但我要在导演面前好好展示一把,告诉人们朱洁静有足够的能力胜任这个角色,那个时候我可以转三圈,但是我转了四圈还不肯收,就是因为这样的心态,我把自己的膝盖给折了。其实当时医生说,错位了以后立即把它转过来就可以了,但是在等 120 的半个小时中,我没敢动,就把时间耽误了,因为没有人敢动我,我因为疼和紧张,整个人都不对了。到了医院以后,医生推着病床到了拍片室,因为我自己心里知道这件事情的严重性,我就问医生我还能跳舞吗,我特别在意这件事。医生见怪不怪地看了我一眼:再说吧。我眼泪也流不出了。等到拍完片子打好石膏,我又问医生,我还可以跳舞吗,医生说看恢复情况吧,如果恢复得不理想,我劝你别跳了。当时我听不清楚别的声音,把医生说的其他的话都过滤了,我只听到医生说,你别跳了,脑子里全部是"你别跳了"。人就是这样,你在跳的时候你会怨恨这个职业,好烦好累,收入又低,可是当医生告诉你不能跳的时候,你第一次意识到这对你来说意味着什么。当这件事情你不能再去做的时候,你就会特别害怕,你会觉得你没有价值了,社会抛弃你了,于是你就放弃了。其实我已经放弃。当时恢复得特别慢,我的腿不敢着地,打完石膏、拄着拐杖到练功房,那个新舞剧已经由 B 演员在排练了。我当时还和导演开玩笑,我说你等我,等我好了以后你再把这个角色还给我,导演说好的,然后就没有然后了。

之后我再也不愿意进这个练功房了，因为对我来说，这是一件特别残酷的事，你什么事都做不了，你只能坐在前面看着你的同事，看着别人把你的角色抢走。我不愿意看，就默默地回到了宿舍，那个时候我封闭了所有的消息，我不愿意让人们来看我，我觉得他们的关心一句一句刺痛着我，因为我不愿意让他们看见我这么不堪和失败的一面。从受伤到养伤的这半年，我都没有告诉我的父母，硬是不让我父母来，因为我觉得他们来了以后什么忙都帮不上，更多的是眼泪和关心，我又不希望看到我父母对我的这种关心，我只希望把自己最光彩的一面给父母看到。

那段时间特别颓废，想过任何的可能性。我不能跳舞了，我得给自己找一条活路，我想过开一个奶茶铺，开淘宝店，或者到少年宫去当一个业余老师，各种各样的可能性都想过。可是第二天，我又会把前一天晚上在本子上写的各种各样的职业、各种各样的后路一条一条地划掉。我觉得这些不是我要的，不是我应该拥有的人生，慢慢地，当我自己也意识到再这么下去就废了的时候，我觉得我身体里面另一个强大的自己开始占了上风。有一天起来我洗了脸，把头发洗干净，扎起来，我说我要去找医生治我的腿。我找遍了上海的医生，开始了非常积极的治疗。

我告诉自己，只有那个舞台的最中心才是朱洁静应该待的地方，就是那样的一个念头支撑着我。因为当时我绑着石膏，我的腿就剩下骨头了，没有肌肉，整个人踩在地上像飘在云里一样，根本站不住。要通过机械和训练把腿上的肌肉再慢慢练出来是非常难的事，可是当时我就是要回到舞台中央，每一天没有别的事可以做，就是训练恢复。

现在我可以把它当作一个故事慢慢地讲给你们听，可是当时，我每天都在和自己做斗争，每一天都在和我的腿做斗争。

当所有人都否定了你，你却依然相信你自己的时候，人的潜力和爆发力会强大到连你自己都没法估量。就是一夜之间，也许就是洗了一把脸、洗了头发的时间，我就想通了，想通了不能跳舞对我意味着什么。

其实我特别感谢受伤的这半年时间，它让我能够静下来好好地躺在床上思考问题，我觉得人需要时间冷却，需要低谷，我不知道这个低谷该多低,但是总有反弹的那一刻。也正是因为伤痛,我又重新开始审视今后的路,包括舞蹈对我来说意味着什么,我的人生观和价值观都有了质的变化,我比以前更珍惜,更感恩。

真人秀电视节目体验

我想我的舞蹈被更多人认识,被更多人认可,更大程度上也许是因为前年夏天的一个舞蹈真人秀节目《舞林争霸》,可能就是因为这个节目,大家才会坐在这里听我说话。这是一段我从舞台走上荧屏,再从荧屏走回舞台的很特殊的经历,电视舞蹈选秀影响力很广,也是我参加之前没有想到的。需要有人站出来,去为舞蹈做一点点事情,这是我对这档节目最深的感受。当我去参加这个节目时,也有很多人问我,你很有名,为什么还来参加,如果被淘汰了怎么办?各种各样的声音都有,因为你在电视里出现了,放大了你的所有。

我们演舞剧,最大的剧场就是大剧院,可能也就是几千个座位,但是那个节目一播出,打开电视都会看到你,影响力要比剧场的影响力大得多。到现在为止,绝大部分的观众看一场舞剧,还是不会去关心舞剧的主演是谁,更不会因为一个人的名字而去看这个舞剧,这是不可能的。我跳了二十年,在舞蹈圈也算小有名气,但是更多的老百姓还是不知道朱洁静是谁,有时候打着我名字的海报贴出去,还是没有人会花钱买票,买我的账,没有。然而当这个节目播出的时候,真的就是一夜之间,中国上海多了这么多人知道了上海歌舞团有一个叫朱洁静的人,她跳舞很美,有更多的人想去了解我,想看我跳舞。

跳了这么多年舞,现在已经不像以前那样,觉得这些该是我的,我必须是最好的,我必须是唯一的,其实我一直在转变。我今年三十岁了,更多的时候我会想着我怎么给更年轻的演员创造机会,我们上海歌舞团的班谁来接,我的班谁来接。现在我会把我在舞台上积累的知识和总结的经验告诉他们,让他们尽量少走弯路,尽快成为一个成熟的、一个压得住台的舞蹈演员。我到了该为舞蹈做点什么的年纪，有了这样的心态，所以在节目第一期播出的时候，我就为舞蹈说了一句话：我们不是伴舞，不是让我们演山，我们就几百个人演一座山，演河，我们就几百个人演一条河，我们要为舞蹈演员赢得尊重，舞者要捍卫自己的尊严和自己的价值。

也有很多人笑着问我，我这样的舞者是否不再为温饱去跳舞，我觉得如果我们活着只是为了温饱，那我们的生活太乏味了。温饱是一个很现实的问题，至少在我的精神世界里，温饱是很小的部分，我靠跳舞而摄取的能量和意义，已经超越温饱、超越挣钱了。中国的舞蹈市场到目前为止都特别不景气，我们一部舞剧的投资几百万、几千万，但我们一张门票180，最贵的是880，所以我们每一个舞剧都是亏的。那为什么还要做舞剧？我们就是要做给领导看，我们要通过新的舞剧去证明我们的舞团还是有生命力的，我们要通过新的舞剧去向领导要新的资源，去投下一个舞剧。中国的舞者比国外的苦多了，可是为什么我们中国的舞蹈演员不像外国的舞蹈演员在当地那么受尊重和受欢迎？一方面我们要对外找原因：是不是整个社会对我们不够关注？是不是媒体对我们舞者宣传得太少了？另外一方面，也要在舞者身上找自己的原因：是不是我们跳的你们不爱看？我们自己身上其实有很大的问题。我们团的新舞剧名字叫《朱鹮》，我不知道大家有没有听说过，我们在用心地做，在真诚地演绎这部舞剧，我们希望它能够经得起市场的冲击，能够在上海甚至在全国，在老百姓心中树立起一个很好的口碑。

《朱鹮》里面的造型不同于孔雀，在跳《朱鹮》之前，这是一种什么鸟我都不知道。我们必须创造一种新的语言，只属于这种鸟的语言，让别人一看到这个动作就知道这个是朱鹮，我希望有这样一种艺术效果，所以我们在练功房里面想了不下几十种方法，才创造出了理想的动作。

这个话题说完了，我们继续回到《舞林争霸》。在参加《舞林争霸》的三个多月的时间里，我每天真的是如履薄冰。金星老师对我特别挑剔，特别严苛，我也不知道为什么，可能她对你的严厉就是她对你的喜欢。因为我从小就是被老师这样骂过来的，所以金老师对我说的这些话，我觉得很家常，也很感谢，金老师让我感觉自己回到了学生时代。有一种说法，学表演和学艺术的人就是要"不要脸"，中国人不敢表达，但是在表演的时候不能这样，你必须要把自己完全撕掉，必须要建立起一个新的角色。我们每一个人的经历不一样，发生的故事也不同，有人喜欢我，也要允许有人不喜欢我，我只是希望有更多的人来看我跳舞，愿望很简单，也很小。

我记得那个年代的《红色娘子军》，那个年代人们曾经把舞蹈奉为一个很崇高的职业。而现在，媒介越来越发达，讲座越来越多，也有越来越多的人关注舞蹈，那么舞蹈人的春天是不是也应该来了？《舞林争霸》这个节目播出了以后，我收到很多网友的来信，有学生，有孩子，有家长，有人说我现在没有钱买火车票和飞机票来看你跳舞，但是你放心，等我毕业挣钱以后，我一定会买票来看你跳舞。我特别感动，这些观众的反馈让我觉得我并不孤单，有这么多人愿意看我跳舞，我太幸福了。

另外一点，也是最重要的一点，我们要做一个重情重义的人。因为这个节目，我也获得了很多演出的机会，我又面临着选择：外面的事情和团里的事情冲突的时候，我该去哪一边？我是去挣钱，还是在团里挣那一点点工资？我也犯过错误，可是现在我回来了，我知道了我的根在哪里，哪里让我成长，哪里让我收获，我该回到哪里。上海歌舞团是我的第二个家，是我工作、成长、学习、成就我的地方。有一句话说得好，你要赚钱就别来跳舞，你要跳舞就别想着挣钱，你别想着靠跳舞来发财致富。

我一直认为人活着要找一份归属感，这份归属感就是你的另外一种安全感。我们团也面临着招不到新演员的困境，为什么？那些孩子喜欢自由，艺术家应该是自由的，艺术家不应该被束缚，我今天想跳就跳，艺术家应该是这样的。可是按我现在的理解，所谓艺术家，一定是在自己的一技之长上做到极致。很多老艺术家在自己的岗位上一守就守了这么多年，守得头发都白了，让人特别感动。我觉得被称为"家"的人，就是靠"熬"。"熬"是一个很痛苦的字眼，有一点无奈，但是什么都是熬过来的，放弃很容易，你是不是能熬得住，是不是能耐得住，决定了你最后是不是可以成为那个"家"。

有人问我,你通过《舞林争霸》,感受到了一夜成名吗？也有人问我会不会迷失。有一小段时间我迷失过,我承认,特别享受那种被人认可、被人捧着的感觉。但我觉得舞蹈和娱乐在一个天平上,一旦你心存杂念,这个天平一定会倾斜。时间短可能看不出来,但一个月两个月、一年两年之后所有人都发现了,你会发现你的观众越来越少了。所以在《舞林争霸》以后,我梳理了自己,我觉得我还是要回到我应该待的地方,那就是教室、练功房、把杆,那个地方才是属于我的。这个节目只是我在二十八岁时的一个经历,现在它已经过去了,最终我还是要回到属于我自己的那个舞台,我相信我的选择是正确的,只有站在真正的舞台上,我才是一个真正的舞蹈者。

这就是我参加这个节目的全部,这个经历很美好,也有质疑,也有讽刺,什么都有,但是更多的是认可和收获,我会把它藏在我心里的一个角落。也感谢这个节目让我和很多陌生的观众结下了一种舞蹈的缘分,我希望这个缘分因为这个节目开始,却不会因为这个结束,我想我们还有很长很长的时间,我希望这份情感能够慢慢沉淀,让舞蹈架起我们的缘,让我们成为好朋友。

在最美好的时光里起舞

"在最美好的时光里起舞",我觉得这是一个很美的话题,我非常喜欢这句话,但我今天会用更接地气的一句话来总结和归纳：坚持有时候不需要理由。我们干一件事情时总想给自己一个说法,说服自己为什么这样做。但是很多时候其实没有理由。我有我的坚持,你有你的坚持,我们的舞台不一样。很多人问我打算跳到什么时候,其实我的回答很简单,就是舞蹈没有离开我,观众没有离开我,你们还在,舞蹈还在,我就会一直跳。我爱这份职业,干任何事情一定要全身心地去爱它,你才会愿意为它付出,我爱跳舞,我愿意付出,所以一切都是值得的。

今天你们看到的就是我,一个职业的舞者最最真实的一面。我们在舞台上不停地演绎别人的人生,但是卸了妆以后,我们还是自己,还是过着自己的人生,所以我们跳出又跳进。舞台的魅力,没有接触过的人是无法感受的,我也希望在座的各位真的有机会尝试一下,走进剧场去感受一下舞蹈的魅力,没事自己也运动一下,广场舞现在很流行,既可以强身健体又可以减肥。

最后我想念一下我自己写的一小段话,是我这么多年的感受:

舞者,是传递美的天使。喜悦、悲伤、生命、爱情,这群在人生舞台中舞动的人们对你们讲述的,就是我们自己的故事。对于九岁那年的我来说,舞蹈是一件漂亮的衣服,十年后舞蹈变成了听老师的话,二十年以后舞蹈成了我的全部,是我唯一的表达方式。我坚信,靠努力和付出所换来的一切美好财富,才是最宝贵的恩赐,在这条无限洁白、青春的舞蹈之路上,这群传递美的天使们将带着跳跃的脚不停地旋转,带着一颗感恩的心,在每一个瞬间照亮每一个舞者希望的天空,有爱便可到达。

最后,每一天都要成为更好的自己。谢谢。

问 & 答

问:我看你参加的表演是现代舞,我想问一下你擅长街舞吗?

朱洁静:街舞是我永远的痛。经常会把我定位成一个现代舞者,其实我想告诉大家,我从小学的是中国古典舞,进了团以后开始跳民间舞,十年以后我开始接触现代舞,因为我觉得现代舞给了我更多的思想方面的空间,让我去创造我的身体。渐渐地,我们舞蹈圈又多了一个词叫"当代舞"。只是我觉得,我跳的舞都应该贴有朱洁静的标签。我也知道我跳的街舞特别难看,我自己也不敢看,但是我觉得哪怕结果是不好的,很多事还是值得经历,比如我跳街舞时的丑样,我跳民间舞时的不协调,就是这么多的面才组成了朱洁静。

问:你们家是放养式的,你也喜欢跳舞,但是你也知道走舞蹈的路很艰辛。如果有一天你有孩子了，你的孩子也想跳舞的话，你会支持他吗？还是劝他走一条比较安稳的路？

朱洁静：有同事经常会说，我以后的孩子，把腿打断了都不让他跳舞。但我想说，如果我的孩子真的爱跳舞的话，我会尊重他的决定。在座的各位肯定有很多已经为人母、为人父，孩子有时候的决定不一定是最好的，但是我们会支持。就我个人来说，我很感谢我的父母给了我这么大一个空间，所以如果我有孩子的话，我肯定会尊重他的任何选择，即便他选择了跳舞，做一个默默无闻的演员，我也会尊重他的选择。

问：有没有可能下社区为大家表演？

朱洁静：其实我们上海歌舞团和各个社区也会搞共建，我也经常会到各个社区里面去辅导，因为现在妈妈级的舞蹈演员也很多，她们对舞蹈也非常热爱。如果有机会的话，我很愿意和你们走得更近一些，和你们一起跳舞，有机会的话我一定会来。

张军 ▶

联合国教科文组织和
平艺术家，上海张军
昆曲艺术中心艺术总
监，昆山当代昆剧院
艺术总监

给过去一个未来

我是唱昆曲小生的，从艺三十年了，今天来，是跟大家分享在这个行业当中的一些点滴感受。

从 1998 年开始到今年，我大概做了三百多次演讲，跟十五余万人次分享过昆曲。这是一个非常了不起的缘，我们因为昆曲而结缘。在若干年以后，当昆曲的声音响起，您的心里面还会有这么一点涟漪的话，我觉得此生就变得特别有意味、有意韵，所以我也特别珍惜今天的分享时刻。

我很喜欢这个题目，"给过去一个未来"。前几年，一个舞蹈家跟我说现代舞的特点是砸碎过去、重塑未来。我说我们不行，昆曲有六百年的历史，作为昆曲演员，首先干的一件事情就是回到过去。我们没有过去就没有未来，我们首先得了解过去是什么，而且要把过去好的东西留下来、传承下来，再用我们当下对于生活、对于人生、对于时代的理解，让它走向未来。我想传统艺术都是这样的，有过去才会有未来。

但是光有过去也不行，表演艺术是实实在在的。今天的演员跟今天的观众在同一个艺术空间完成互动、共鸣和分享，表演艺术才能够实实在在地活下去。在 DVD 里面不行，在博物馆里面不行，它是鲜活的、生动的。所以我想这个表演艺术还是要通过我们的努力来传承，用我们自己的感受让它走向未来。

昆曲到底是什么？

大家一说昆曲，顿觉阳春白雪、高山仰止。它到底是怎么回事？昆曲有六百年的历史，被称为百戏之祖，是中国传统戏剧的母体，昆曲形成了一个完美的表演体系后，延展、影响、恩泽了很多大家非常熟悉的表演艺术。

昆曲之所以是昆曲，首先得是诗歌，得是"之乎者也"，得是"良辰美景奈何天，赏心乐事谁家院"。杜丽娘梦见柳梦梅，柳梦梅得要说"则为你如花美眷，似水流年，是答儿闲寻遍。在幽闺自怜"。这也导致了现在基本上没有人能够按照汤显祖或者清代洪昇这样写昆曲剧本，这是让昆曲走向局限和萎缩的一个比较大的问题，当然这也是昆曲的特点，我觉得不能放弃。

第二个是音乐，昆曲的音乐是先有字，再有腔，我们叫依字行腔。有了良辰美景奈何天，才能够去谱曲。昆曲文字本来已是艰涩，再碰到音乐曲牌体的高要求，基本上就是带着手铐和脚镣起舞。

要学会工尺谱不容易，我们下一代的学弟学妹基本上已经搞不清楚这个东西了，因为有简谱，把这个东西翻译成简谱也没问题。但是我现在排很多戏，特别是老戏，我特别愿意翻出一些老谱子，看着工尺谱来唱，因为它太有趣了。虽然简谱可以做到一模一样，但是有的时候所谓古韵，就是原来的味道，你看着工尺谱的时候就是不一样，所以中国的传统文化特有趣，有些东西就是在那些谱子当中就能产生一种心灵的共鸣。

工尺谱是中国传统的记谱法之一。因用"上尺工凡六五乙"七个字记录唱名而得名。它与许多重要的民族乐器的指法和宫调系统紧密联系,在中国古代的歌曲、曲艺、戏曲、器乐中应用广泛。

工尺谱最初可能是由管乐器的指法符号演化而成,由于它流传的时期、地区、乐种不同,因而所用音字、字体、宫音位置、唱名法等各有差异。近代常见的工尺谱,一般用合、四、一、上、尺、工、凡、六、五、乙等字样作为表示音高(同时也是唱名)的基本符号,可相当于 sol、la、si、do、re、mi、fa(或升 Fa)、sol、la、si。同音名高八度,则可将谱字末笔向上挑,或加偏旁彳。反之,同音名低八度,则可将谱字的末笔向下撇。若高两个八度则末笔双挑或加偏旁彳。若低两个八度则末笔双撇。

第三就是舞蹈。昆曲是载歌载舞,"则为你如花美眷"这一句词,老师一定要教老祖宗传下来的规矩,哪一个音符上要做哪一个动作,不能改。1598 年《牡丹亭》到现在四百多年,因为它里面有道理的。老师教你"则为你如花美眷",到我们自己排新的戏的时候也是,我们的音乐不仅仅是用来唱、用来抒情,也用来引人物之间的关系,就看你在唱当中怎么去和女孩子传情达意。我们的舞蹈自始自终都是在整个表演里面体现,这就很麻烦。一个人脑子里面要记很多东西,昆曲是一个完完全全的集大成者。

生旦净末丑,唱念做打翻

每个演员在台上都要找到自己。老师挑中我的时候就知道我可以唱小生,几个年纪比我小的同学,一看就是少年老成,永远演我爹。有些男生声音比较洪亮,脸盘比较大,那就唱花脸。女孩也是的,该唱大家闺秀还是唱丫鬟,不好意思,老天给饭吃,那是你自己长的形象气质,拗不过来。

生,男生扮演的角色就是生行,根据身份、年龄、性格、表演方式的不同，生行分为老生、小生和武生，老生就是演老头、演爹的，小生像我们一样，年轻的书生，成家没成家都可以，武生就是吕布、周瑜、韩信那样的角色。

且行分得比较细致，闺门旦就是还未出嫁的，杜丽娘就是闺门旦，也叫五旦。另外一种叫六旦，又称小花旦和贴旦，就是小丫鬟，贴着，像红娘这种角色就叫贴旦。王昭君能文能武，叫刀马旦。扈三娘以武功见长的，叫武旦。窦娥是正旦，所以她唱的时候声音要更加铿锵。除此之外，负责暗杀戏的，叫刺杀旦。

净就是大花脸，不同的脸谱色彩勾勒出不同的人物形象。中国的戏曲跟我们的生活很有关系，以前在乡下看戏离得很远，画白脸老远就看到，知道这是曹操，奸人，画红脸是关公，好人，所以演化过程跟我们看戏观戏的过程有些关系。

丑是小花脸，文丑是唱文戏的，武丑是可以打架的，这是文和武的区别。文丑有各种各样的人物，白鼻子是关键，鼻子当中有一个小方块，方块越小越方，地位就越低下，譬如酒保。唐明皇的高力士，一人之下万人之上的骠骑大将军，画的则是元宝，非常的丰润。白鼻子是分辨角色身份和地位的重要载体。

化妆和戏服

化妆要花两个半小时、三个小时，不过对我来讲觉得特别有意义。演出七点一刻开始，四点钟坐到后台开始化妆。化妆是一个必经的过程。化妆品的质量很差，我上次看到过有一罐八几年的还在用，对皮肤非常不利。上台以后，两百多盏灯罩着你，像做面膜，铅全部渗进皮肤里。

戏服是上好的布料加刺绣。服装老师最近为了我们的《春江花月夜》，跑到南通看缂丝，跑到苏州看刺绣。夕阳西下，一个老阿姨、老妈妈在家门口刺绣，三个月、半年才能够绣出一个图案来，我们看到那个刺绣的时候都想哭，她一辈子就干这一件事情。

其实现在的工艺已经能够用电脑刺绣，刺得基本上一模一样。我们做过一个实验，将一模一样的图案放在一起比对，你会发现手绣的比机绣的多了一种魂，多了一种灵气。无论是刺绣，表演艺术，还是绘画，它永远无法被替代，它都是需要人一针一线、一举手一抬足进行传承和表达。

留白处最百转千回

1986 年 8 月 31 日，我第二天就要成为昆剧演员了，妈妈把我送到戏校去，跟老师讲孩子送来了，要打要骂随便你们，然后老师真的是又打又骂，我妈觉得这个学校很负责。但是训练太苦了，我们要站丁字步，一抖，老师就站在后面用藤棍打，早上起来要翻两个小时跟头。

我身上断过三个地方，断了就去医院，最熟悉的是瑞金医院的伤骨科，进去云南白药、三七片、活骨膏三样东西，熟门熟路。就是在这样一个严苛的条件之下，练就舞台上的唱念做打翻，练就每一个行当该有的手眼身法步。

有了这些本事以后，舞台是什么呢？我经常看到一些电影评论，说电影的杯子用错了，那个时候的人怎么会用这个杯子呢，一定要还原到真实。我们不用，我们舞台上什么都没有，我们舞台上有一个中国文化的极致，叫空。一个空舞台，寸步之间什么都可以有，一举手千军万马，一个转身千山万水，都在自己身上。

虚拟性的表演，打开门，风吹过，跳过水旁，都是假的，但是观众都觉得是真的。你们知道我在演柳梦梅，柳梦梅跟杜丽娘谈恋爱了，都知道是假的，但也是真的。昆曲乃至戏曲表演最核心的艺术审美，叫做虚拟性。空的意思就意味着满，你可以什么东西都有。我记得白先勇先生讲到，杜丽娘"不到园林，怎知春色如许"，白先勇老师说："当杜丽娘唱这段的时候，我仿佛看到满台都是鲜花。"我想这就是中国传统戏剧表演很了不得的地方，我们都可以用自己的眼神、表演、感情、环境、氛围把它营造出来。

我听说著名指挥家小泽征尔先生听到《二泉映月》时禁不住流下泪

来，我想，这是中国艺术特别了不起的地方，一根笛子、一个二胡、一把古琴，一个人在舞台上，最少的东西可以营造出最丰富的意象。看国画的时候也是一样，最有意韵的是留白，那个留白的地方会给你填满最丰富的东西。

举个例子

高濂 1570 年写了《玉簪记》，汤显祖 1598 年写了《牡丹亭》，《牡丹亭》五十五折，我印象中《玉簪记》也要四十多折。《牡丹亭》按照以前的节奏，五十五折一天演一折，演完得两个月，所以昆曲在明代就是韩剧，我们比韩剧极致多了，慢慢赏，不着急。《玉簪记》现在在舞台上大概有四十五折，《琴挑》《问病》《偷诗》《秋江》这几折最好。《玉簪记》是剧作的名称，《琴挑》是其中某一折，"懒画眉"是在这一折里面我们要唱的一段曲子的曲牌名称，如果你用"懒画眉"这个曲牌以后，这个格律是非常严谨的，字数七七七五七，只有五句，之间的合仄、平仄、押韵，有非常严格的套数，一点都不能错。

《玉簪记》讲的是什么故事呢？一个叫潘必正的书生，考科举，没有考上以后很郁闷，到他姑母的尼姑庵里面休息散心。他去了以后喜欢上一个尼姑，那个尼姑当然不是一般的尼姑，其实也是大家闺秀，为了躲避战乱逃在庵里，两人见面后生出一种暗暗的情愫，但是因为有菩萨在，不能坦露心绪。两个人非常的典雅，非常的压抑，非常的文明，用古琴的声音互相来表达情意。昆曲哪怕挑逗，字面上四平八稳，手都不会碰一下，但是里面是汹涌澎湃。

《琴挑·懒画眉》中这样写道：

月明云淡露华浓，倚枕愁听四壁蛩。伤秋宋玉赋西风。落叶惊残梦，闲步芳尘数落红。（念白）小生对此溶溶夜月，悄悄闲庭。背井离乡，孤衾独枕。好生烦闷，不免到白云楼下，闲步一回。多少是好。

今天的月亮十分明亮，云很淡，露水很浓，我忧愁地靠在枕头上，听着四周蟋蟀振翅之声。落下的叶子可以惊醒我的残梦，哦，我大概可以去看看那个女孩子。我走起来闲步芳尘，我的衣摆让那些秋天的落叶慢慢荡漾。

这个就是剧作家写潘必正在《琴挑》刚上场时候的那种心情，我觉得非常的优美典雅。但是你要知道这种古典文学的功力能够把这种意境囊括起来真是太不容易了。

昆曲和其他戏曲的差异

昆曲和其他传统戏曲最大的不同是什么？我想应该是音乐。广东戏、河南豫剧、河北梆子、京剧、粤剧、沪剧都是用胡琴伴奏的，我们不是，我们是笛子伴奏的。我研究了很多年音乐以后发现，胡琴伴奏的是属于戏曲音乐里面的流行音乐，我是这样认为的，可能有人不同意。昆曲是古典音乐，是莫扎特，很委婉、很典雅、很静谧、很安宁。笛子在昆曲舞台上跟演唱者是同声同调同旋律，我们站着唱，他坐着吹，他可以吃饱了吹，我们得饿着唱，这个叫"饱吹饿唱"。

昆曲六百年的历史，大多数的事情都发生在过去，我从艺以来唯有一件事情跟我直接有关，2001 年 5 月 18 日联合国教科文组织评定人类首批非物质文化遗产，昆曲全票通过。毋庸置疑，昆曲的艺术魅力被世界所认可，有好日子过了。果不其然，这个称号评定以后，国家就给了很多钱，而这些钱就让我们传统的昆曲院团可以去做戏，养活我们这些演戏的人。这是一个好消息。另外一个，领导说也有坏消息，你们统统都要完蛋了。什么叫遗产？遗产什么意思大家都知道。之后的十几年里，我个人觉得是冰火两重天，一来我觉得特自豪，昆曲是一门受世界瞩目的艺术，同时也深感焦虑。

昆曲的兴盛和衰落

昆曲有六百年的历史，我们看它的历史挺有趣，六百年分成三个两百年。元末明初的时候，昆曲是昆山地区的一个土腔，叫做昆山腔，就是当地的南戏流传到江南一带的哼哼唱唱，不登大雅之堂，但一唱就唱了一百多年将近两百年。在明代嘉庆年间，有一个非常伟大的音乐家，叫魏良辅，他是唱南曲的，他听着这个曲子唱得很好，但是他总觉得这个曲子里缺了一些更有意义的东西。有一个被流放到昆山地区唱北曲的音乐家，叫张野塘。魏良辅看到这个人唱曲子唱得很好，说到我家来，我跟你一起研究一下昆曲的音乐，他的女儿后来也嫁给了张野塘。翁婿两人研究昆曲的音乐，改变了昆曲的伴奏方式，明代嘉庆年间，水磨腔、水磨调正式实验成功。什么叫水磨腔？水里面捞出来的水草去打磨红木家具，要磨很久才会让它光滑，才会圆润，所以被称为水磨腔。这个水磨腔研究发明成功以后，魏良辅就把这个方式交给他的学生梁辰鱼。梁辰鱼说这个音乐好，他就写了一个剧本，把这个音乐形式用在那个剧本里面，明代嘉庆年间昆曲有了第一个剧本叫做《浣纱记》，这是昆曲第一个剧本。从这一刻开始，昆曲才成为了昆剧，这条路走了两百年。

有了昆剧以后，明代嘉庆年间开始一直到清代中叶，这两百年，中华民族审美的最高范型被昆曲定义，大家都唱昆曲，所有人都唱昆曲。当时有一句话形容昆曲在人们生活中的重要地位，"家家'收拾起'，户户'不提防'"，家家户户都在唱"收拾起"和"不提防"，这两句都是昆曲很重要的剧目中的唱词。

每年中秋节晚上，大家集合起来，黄昏的时候大家PK，一直唱到当天晚上。一个老头站在石头上高歌一曲，当年最佳的歌王就出现了。每年大家都搞这样的事情，两百年，没有任何一个艺术形式可以跟昆曲媲美。

清代中叶昆曲开始走下坡路了，为什么？做官的有两大爱好，一是造江南园林，一是养家班，演自己喜欢的昆曲，这是明代贵族生活很了不起的一种生活方式。比如我是吏部尚书，约工部尚书到我们家做客，听昆曲赏花园。一个礼拜以后，工部尚书如法炮制，回请礼部尚书到我家的花园来听我的家班演唱我写的昆曲。昆曲在明代的时候就是这个样子，互相攀比，典故越弄越深，知识分子的进入让昆曲到了了不得的程度，而实际上这也让昆曲离老百姓越来越远了。

如何守护好昆曲这门艺术

昆曲这样一门伟大的艺术，希望到我们这代手里能把它守好。我可以做什么？有一件事和 SMG 有关。2002 年中日邦交正常化三十周年大型音乐歌舞晚会，由央视、SMG、NHK 主办，2002 年 10 月 9 号我在 NHK 的演播厅和市川笑也表演了《新·惊梦》。第二天的报纸上全是我和市川笑也的照片——中日友好。中国的柳梦梅和日本杜丽娘在一起，一衣带水，友谊源远流长。

我和市川笑也演出前只排了四个小时，演出后记者问你们怎么可以演得这么默契？市川的回答吓我一跳，他说我当然可以演得很好，因为我有很多东西是你们中国传过来的。

那个时候我二十多岁，唱戏对我来讲就是一个职业，混口饭吃，那个场合给我非常大的震动，我没想到一个工作、一个职业会让我这么自豪。在当时我的印象中，我们的表演，有时台上三十多个人，打开幕以后，台下观众只有五个人，其中三个是我认识的……这事多惨。没有想到去了日本以后，人家这样尊重你。那一刻起，昆曲对我来说不再仅仅是一个唱戏的手艺，它还代表着文化的力量。原来可以做的事情有很多，就看你是一种什么样的态度，你愿意怎样去做，你跟世界的交流和分享是让大家看到中国人、中国的艺术和中国的文化是什么样子。

对我来讲比较特别的是 2008 年我去参加谭盾的歌剧《马可·波罗》，这个剧后来获得了当年格兰美奖的提名。这个剧讲的是威尼斯和热那亚打仗，马可·波罗和一个文学家被关在一起，关押期间，马可·波罗告诉文学家外面许多好玩的事情，文学家出狱后以马可·波罗的名义写了本书。我演的就是这个文学家。

谭盾先生面试我的时候，我不认识他，我只是一个小演员，而他已是个大艺术家。我说谭老师好，我是昆曲演员，开口来了一段"则为你如花美眷，似水流年"。谭老师说唱得不错，你还会什么别的吗？小师妹说："谭老师，我师哥会 RAP。"我说不行，谭老师你是音乐家，我哪可以用 RAP 班门弄斧。谭盾说没有关系，来一段。我就随便来了一段RAP。三个月以后有人告知我被录取了。我问是因为 RAP 吗，没有得到答案。

我去荷兰阿姆斯特丹排戏，一共七个角色，男高音、男中音、男低音，花腔女高音、女高音和女中音，还有我。我们排了一个礼拜戏以后，谭盾到阿姆斯特丹给我们做排练，介绍到我的时候就说，张军，中国昆曲的传承人，昆曲有六百年历史，非常古老，非常典雅，他也是一个非常好的演员，来张军，给大家来一段 RAP。我说，谭老师，真的要 RAP 吗？荷兰国家电视台在拍呢……最后演出非常成功，结束以后，我们 12 月回到上海举办庆功宴。在庆功宴上我问了谭老师心中的疑问——在阿姆斯特丹第一次亮相，为什么要唱 RAP？

谭盾说其实每一个想把东方的文化传播给西方的艺术家都是马可·波罗，谭盾也好，张军也好，我们想把自己觉得美的东方艺术通过我们自己传播到西方去，我们准备好了吗？我们当然准备好了。我们在传播我们觉得美的艺术的时候首先需要什么？开放。张军是一个传统昆曲的演员，但是他也会 RAP，说明他很开放，他愿意去拥抱别人。当中国艺术面对西方艺术的时候，我们首先愿意去拥抱别人，愿意去爱每一个人，你愿意拥抱别人的时候，别人才会愿意来拥抱你。

谭盾自己做《马可·波罗》这出戏的方式，让我叹为观止，谭盾给我发明了一种讲英文的方式，用昆曲的方式来念英文。我想东方的艺术面对西方的时候，要么你像博物馆艺术一样展现自己，要么是你中有我、我中有你，相互渗透，我演完这个戏以后很多观众说，张军请为我们演一段昆曲，我说好，我唱给你听什么叫昆曲。我觉得这是一个非常好的桥梁，能够让我们更好地跟世界互动，而且这种发明让我知道原来艺术可以这么开放，可以有这么多可能性。

《春江花月夜》登陆上海大剧院

2015 年有一件大事情,6 月 26 日在上海大剧院首演《春江花月夜》,这是 150 场《牡丹亭》以后的一个原创作品,携手台湾云门舞集的资深班底设计制作。剧本出自 80 后才女编剧罗周之手,以唐代诗人张若虚的《春江花月夜》为创作灵感,编写了一个由爱萌发、感怀生死的故事。故事以公元七百多年为背景,横跨唐朝由盛及衰的半个世纪,穿越仙、人、鬼三界。罗周说:"我写的不光是爱情,而是放纵狂悖的幻想,探讨宇宙与人生的关系。"

我想一个人在面对苍茫的宇宙和永恒的伟大的能量的时候,就会明白自己真的是小小尘埃一粒而已,它才会有"江畔何人初见月,江月何年初照人。人生代代无穷已,江月年年只相似。不知江月待何人,但见长江送流水"这样的情感。如果简单的离愁别绪,一定成就不了这样伟大的一部作品。

这个戏中有这么一句话,我想以此来结束我的演讲,"穿过生死狭窄的甬道,我们久别重逢"。我想所有的见面都是久别重逢,希望我们演出的时候,在昆曲的现场都可以跟大家久别重逢,谢谢。

问 & 答

问:您和这么多大师合作过,接下来您还会和什么样的大师合作?您觉得什么样的艺术形式是您接下来融合的方向?

张军:我关注云门舞集很多年了,关注他们做传统艺术的成绩、态度、美学的力量,我想通过跟他们合作,给我们的新戏注入别的样式,我是有这个愿望的。《春江花月夜》作为当代昆曲,它的呈现方式、舞台形式,都是和当下不同领域的艺术大师合作的成果。这些也许并不是最重要的,最重要的是,当代昆曲要被社会所接纳。它不是博物馆的艺术,也不只是我们演员的事,我想让它成为我们生活的一部分。我最想跨界合作的,是我们当代的社会,我想他们能够理解我们,关心我们。

问：您让更多的时尚元素加入到昆曲中。我看过《春江花月夜》这个本子，文字非常漂亮，而且是一个非常传统的本子，算是新编戏里面非常值得期待的一部了。您现在选择了这个剧本，是不是意味着您今后的工作会慢慢回归到更传统的昆曲，像《牡丹亭》《长生殿》这样的昆曲？

张军：说实话，《春江花月夜》这个剧本很传统，我们首先希望守住它的传统，用传统的文字、曲牌、音乐、质感呈现出来。传统戏是根本，当我们开始拥有一些能力的时候，我们一定要在传统里面去研究、去挖掘、去学习、去崇拜。这个戏做完以后，年底会有一次比较大规模的传统戏表演，以前老师教了我一些戏，因为生存问题还没有机会演，现在终于开始了，我觉得这才是我们的根本。其他形式的昆曲表达的可能会因时因势有所不同，但是传统就是我们的根基。

问：是什么信念让您可以坚持到现在？

张军：我的信念简单来讲，我还挺相信我自己的。1997年上海昆剧团最好的《游园惊梦》在某名牌大学演出，领导们都在，刚开始小礼堂坐得满满当当，为了不让人走，还把门锁上。第二天很多同学要考试，都翻墙逃出去。看昆曲要翻墙而逃，落下这样一个名头，但是我觉得跟时代、跟社会当时的环境有关。

在这样的情形之下，终于有一个名牌大学说12月19日晚上给你们演一场。这是第一次由我主持、由我策划、由我和我的同伴们参加的昆曲表演。我们自己策划的演出叫《昆剧走近青年》，就是生旦净末丑、唱念做打翻，五十几个人，每个人用不同的角色出来唱两分钟，非常成功，我们用了一个大家能够接受的语境来演出。后来一个90分钟的演出，2500个观众无一退场，最后把大礼堂顶都要掀翻了。今天，我们终于用了一种别人不信任，但是是我们自己的方式来演绎心目中的昆曲，我们可以做得到。从那天开始，我的步伐就没有停止过，我相信会有更多的人看昆曲表演、看我的表演，我坚信。

曹启泰 ▶

艺高高 artgogo. com
创始人兼 CAO，资
深媒体人，主持人

人生的一幅画： 从《淡水小镇》谈起

　　我所有的演讲，通常都没有主题。每次都是我讲完了，最后由听演讲的人自己去结论。我觉得主题从来都不是你去参加一个分享会或者听演讲的原因，不是你看到那个主题，走进去，然后你就真的能够准确吸收到它，从来都不是。不管你是在大众场合还是私底下聊天，你跟别人分享一百次，最后其实只得到一个结论，那就是他——曹启泰。我希望是那个感觉。

　　我觉得人生没有什么不能跟大家分享、跟大家聊的。如果你们问得够隐私，我就可以回答得够神秘。如果你纯粹问的是八卦，很抱歉，我的人生只跟八卦接触过一次，从此我不再八卦。你上某一个搜索网站，只要在里面搜"八卦"和"曹启泰"，这两个词都打进去，就看到一句话：据说"八卦"这个词是台湾一个综艺主持人曹启泰第一次使用。

　　你知道，人生的得意感，从来都不是来自于别人的嘉奖，因为会赞许你的人有一天也可能会骂你，因为他叫做评论家。人生最重要的赞美，其实是自己给自己的，是帮自己找到一个合理的地方。每天吃好一点、喝好一点，就是我的人生志向。你去想，人生里的每一天的每一个角度的每一件事情，一定都有可能让你觉得好，或者不好，最后只剩一种力量，就是你怎么想，怎么想太重要了。

前两天我收到一封信，里面有一个理论，我完全同意。它分析说，人一天可以得到的力量来自于哪些？我写了二十三年书，后来才知道原来那个名词叫做"正能量"。这两年很流行。可是回头检查我写过的书，光看书名就知道，原来我一直在做的就是这件事情——《结婚真好》。那一年出版界出的书，排行榜第一名的书叫做《完全自杀手册》、《完全复仇手册》、《如何用 50 种方法结束你的生命》。很奇怪，那一年在东南亚、台湾、日本流行的全都是这样的书。在那时候我出了一本书《结婚真好》，所有人都觉得这非主流，结果成为那一年卖得最好的书。

第二本叫做《少年真好》，就是回忆我的童年。我从小到大，觉得我的命最好。比方说出大车祸，在空中飞行将近八十米，落地以后居然还站着，回来以后双腿颤抖，身上衣服裤子全部裂开，毫发无伤。别人都问："小孩，你吓坏了吧？"我说："你知道吗？天将降大任于斯人也，必先苦其心智，劳其筋骨，饿其体肤，空乏其身，行拂乱其所为，所以动心忍性，增益其所不能。"这时候才觉得背这个诗用得上。以前老师告诉我们说，这一课要背好，背好才能得什么分，这不重要，你背不下来，出了一个那样的车祸，发现自己还活着，然后在现场就预备吟诗给自己听，发现不会背，于是回家就努力把它牢牢地记住了。生活里面最有用的学问，就是应用。所有的事情要是不拿来用，就进不了你的骨子，进不了你的心，进不了你的血液里面。

今天现场可以聊的话题非常多，等一下你们爱问哪一种就问哪一种，包括女性的生理健康的保持，皮肤的保养，这些我都乐意谈。我化妆的次数应该比在场各位这一生的次数都多。相不相信？好多人一辈子就严肃地化过两次妆，一次是结婚，另外一次别人化了。男人就算一辈子不化妆，最后也可能化一次妆。但是我这辈子化了很多妆，但我从来不卸妆。如果第二天还要上妆，第一天把粉底留一点，第二天有轮廓可以照描，解决第二个化妆师对你不熟悉的困扰，那个眉形还在。我也不保养，我也不做脸，也不敷脸。什么事情都可以，最重要的就是不要伤害你自己，保养自己最好的方法其实就是笑容，而且是发自心底的笑。打心底里让别人笑，你就会笑。

我写过一本书叫做《我爱钱》，每个人都爱钱，我不认为你们爱，我不认为你们够爱。爱是什么？爱是尊重，爱不是使用它，爱不是占有。所以你爱钱的时候不必有钱，一点都不用，钱就放在朋友的口袋里面就好了，钱就放在银行里，钱就放在所有百姓的口袋里面就好了。你要做什么？你就是和他们变成好朋友，你要用的时候，大家都很乐意拿出来，这样不就好了吗？这样你的钱就不会掉，又不会少，而且他们都会去赚。你用得快，他们又挣来了。你知道，那才叫做富足和快乐。

天底下什么是财富？我问在场的各位，去世界上任何一个角落，如果不计机票的费用，现在就让你到那里，所有你拍脑袋想得出来的地方，身上没有钱，你会觉得你活得很好的，请举手！像这种，第一轮有一个人举手，再过三秒，有三个人举手。这个情况有几种可能可以讨论。第一，有一种人听到"请举手"，就下意识举手了。第二种是听不明白，怕是送奖品，所以跟着又举手了。回到前面一个问题，天底下什么是财富？就是要绝对有信心，觉得不担心，天底下什么事都不担心，我觉得那就可以开心地笑。

对SMG，我有非常多的感谢。我来到上海的第一份温暖就来自SMG，能够上节目，能够和上海的观众朋友通过SMG有很多的接触、了解，在这里做节目、分享。这十年当中我最喜欢的三个节目都发生在SMG：《波士堂》《上班这点事》和《我心唱响》。

我觉得这是真正用得到我的节目，《波士堂》用到了我的过去，就是我曾经做生意，曾经失败，看着招牌掉泪，学着跟那些大企业老板聊天、交朋友。《上班这点事》用到我的技巧，是很简单的大众百姓的聊天访谈，我同时在学张江男到底怎么过日子。

《我心唱响》是那么多年里面，真正最用得到我的一个节目，用得到真的我，我的性格、我的心、我的感情。很可惜，只有六期。可是我从来不觉得《我心唱响》做六期短了，我很高兴地做了每一期。做第一期的时候，我还记得，我一堆朋友，包括制片方、制片人，约着找一个地方看节目。但是你知道，路边什么店都有，唯一就没有让人看电视的店，所以那时候找不到。结果我一个朋友开夜总会，于是我们就去了，坐在包间里面，什么都不要，把电视打开，就在里面看电视。看完电视，大家就恭喜我，他们说：曹老师，这个节目太棒了。我说：那我知道我离离开这个节目的时间不远了。

我当时一直有一个感觉，如果你做一个节目，发现副控室里面切换的导播，楼底下的摄像师，也在哭、也在笑，那就一定好看。我的很多节目、访问，现场摄像笑到已经离开摄影机了。这是他的工作，可是他都能够在此刻投入和享受。

做《我心唱响》，我可以听到现场执导挂着的耳麦、耳机里面传来楼上副控的哭声；我听到导播说，"镜头不要动"，可能因为失控，人在哭，喊太大声，我在这边讲话都可以听到耳机里面的声音。

像这样的一个节目，你事后怎么剪都没有关系，作为主持人，我都知道它一播出就可以打动人心，因为打动了我，因为我在现场很投入。现场连舞蹈演员也是高高兴兴迎接一个受访者出场，高高兴兴回去，就想把那一遍跳好。我看到人真心想做一件事情的力量，如果能把这样的事情做好，我才觉得用到我了，真好。所以谢谢 SMG，也谢谢今天下午的安排，谢谢！

我看之前介绍说，我要从一亿六千万的那堂课谈起，麻烦各位去找那几本书，《人脉存折一亿六千万》，讲我三十岁创业，三十四岁结束，欠了一亿六千万。再去拿下一本书，《想一想死不得》，就告诉你，我怎样撑了七年把债还清，天天想自杀，却没死成。我告诉你，我母亲给我人生最好的礼物就叫做乐观。我已经受不了了，想自杀，走到窗前，我想到什么？我是一个明星，我是一个公众人物，穿这套衣服就这样跳下去了，万一明天早上的报纸照片登出来……还是进去换一套好了。我就开始算，这个高度，应该会滚，滚了以后，脸朝下，腿到底是要张开还是合起来，到底是这样还是那样，手上要比什么手势。等你想多了，你就不想死了，觉得这个问题没有答案，再回房间想一下，就没有跳。

有那么几年，走到任何一扇落地玻璃窗前，我的家人都在后面捏一把冷汗，但不会有人来劝你。这是最好玩的，如果你觉得那个人有这个倾向，你绝不会说，你现在是预备要跳吗？我知道他们常常在背后看我，直至有一天，我说好了，债还完了。那一刻我突然失业了，三十年的演艺事业，只有那一瞬间，突然没有了，什么事情都没有了，钱也还完了。我一个人去了美国，去死，我真的去了，但没有死成。回来以后把那件事情变成一本书，叫做《想一想死不得》。如同《我心唱响》，我觉得是最接近我的，最像我的，很棒的分享。

在谈笑之间，我们分享这个下午，很轻松，很像一个综艺节目。能带给各位什么价值？把我母亲给我的人生观送给你们，尤其在现在这个时代。我常常有很多的想法，人类在过去的一百年里面，把过去三千年可以过的日子在一百年里面完成，而且我们刚好活在这个时代。你有没有想过，你跟你的上一代、上上一代、上上上一代，有多不同？我们这一代刚好从没车到有车，没电话到有电话，没电脑到有电脑。你看世界变了多少，从飞机飞不快，到任何时候可以去任何地方；从以前一辈子见不到某些人，到谁都可以见到，而且一点都不难。你知道前几代人是一百年里没有变化，你知道过去的三十年，改革开放的三十年，有了电脑的五十年，有了电话的一百年，人类变了多少，而且我们刚好活在里面。可是人真的准备好这样子了吗？我不知道。

还记不记得，2010 年上海世博会的宣传语是"城市让生活更美好"，英文是 Better City Better Life。有没有看到？ C. T. ，这是我改英文名字的原因。曹启泰的泰是 T 打头，所以英文名字通常会这样取，选一个跟 T 有关的，小时候英文不好，你们绝大多数人的英文名字都不是父母取的，是英文老师取的，我的英文名字是自己取的，我坚持 T 打头。到了世博会以后，发现中国人取的洋名，一叫，全场八十几个人，很烦。我取一个不同的，我的护照上名字的英文拼音，不是 Qitai，是 Chitai，这是台湾的拼法。中国人的"太极"，在英文里面叫做 Tai Chi。把 Tai Chi 翻译过来，就是 Chi tai，而且拼法一模一样。而且太极就是阴阳，阴阳就是颠倒，就是黑白，就是是非。后来我就拿下了世博会这个标，取名字非常重要，把名字取好，战无不胜，攻无不克，后来我用到今天。

我非常喜欢后面这个 Cao。我到了大陆，主持了《波士堂》，开始用汉语拼音 Cao，我好高兴，难怪我一开始主持的是《波士堂》。《波士堂》，来的都是 CEO、CFO、COO。我说你们这算什么，都排后面，我排第一个，我CAO，而且你一辈子都当不了。

每一个人，其实都可以怡然自得，只要你在你坚持的事情上面找到理由。你拥有这样的自由。什么是自由？自由就是以不侵犯他人的自由为边界的自由。前提是不侵犯他人的自由。我自己为自己的名字默默地在家里面鼓掌喝彩，每天看到这个就很高兴。《波士堂》一要开录，CAO 来了，觉得自己突然胸挺起来了，脊椎直了，气壮了。很重要，关键就是想法问题。想法决定结果，观赏决定角度，能够有勇气、能够淡然、能够心里面有坚持，我告诉你，长相会变，比敷脸有用。

我的生活就这样，每天熬夜，凌晨四点到五点睡，但我每天睡足七到八个小时，所以我十一二点才起床。白天不吃东西，没有胃口，夜里面狂吃，暴饮暴食，不定时不定量，荤腥不忌，高压工作，全年无休。但是我可以一颗药不吃，三十年体重保持在上下两公斤之内，二十年前的衣服拿上身就可以穿，从来不敷脸、不做脸。今年老了，做艺高高，开始有白头发，以前一根白头发都没有，今年真的有了。我就要让自己像自己喜欢的样子。

再讲下去，隐形眼镜厂家也不会找我代言了。我的隐形眼镜一年才换一次。各位信吗？知道换一次是什么概念吗？就是大年三十晚上把眼镜拿出来丢掉，睡饱八小时，大年初一，恭喜发财，拿一套新的眼镜放进去，然后就明年的大年三十见了。吃饭、熬夜、打球、潜水、游泳、登山，从来不需要换。现在就在里面，你可以戳它一下。我这样戴眼镜，眼科医生都说曹先生不要这样戴，这样会把眼睛弄瞎。我跟他们分享，如果它要瞎，它不会突然就瞎，一定会先不舒服，我身体一定会告诉我。我后来有听医生的劝，可是拿出来换下，感觉不舒服，我就不动它了，因为原来很舒服的。后来我想，我从1985年戴到现在，我宁可相信自己的身体，它很舒服，耳聪目明的。人生可以有很多特别的事情，但真的不要小看你自己的能量。请接受和允许、鼓励自己，找到自己的极限。

我告诉你我怎么突破人类体能的极限。因为我那时候是舞蹈演员，800度的近视，200度的散光，总不能戴眼镜跳舞吧。买不起隐形眼镜，在台上就是瞎子，所以我拿打工挣的台币五千元买了一副隐形眼镜。那年我代表台湾地区的青年到欧洲和非洲参加国际青年才艺大赛，我戴那一副眼镜就上飞机了。那是我第一次上飞机，我不知道在飞行的过程当中托运行李是不可以拿的，我把隐形眼镜药水放在行李箱里面。过了四个小时，我的眼睛就干了。我想拿一下药水盒，药水盒在哪里？行李里面。行李在行李舱里面。我从台北乘到巴黎，一路想人生悲哀的事情，用力打哈欠，挤眼泪。实在不行，就挖吐，这样就可以挤出眼泪。一路到了巴黎，又忘了，因为我人来疯，一有人接飞机，就开始拍照，等我想起来，已经是七天之后。从那一刻开始，我就不换隐形眼镜了，到今天三十年。

这样讲，会不会隐形眼镜生意变不好？但是我真正的意思是想告诉你，请你相信，人生有很多别人的标准并不是你依赖的原则，请相信你有可能可以这样，有可能可以那样。不要给自己设定上下安全界限，没有安全界限。

什么样的婚姻会长久？我的婚姻摆在所有人的面前看，都是肯定不会长久。我太太长我十岁半，还有一个六岁的孩子，我二十三岁和她结婚的时候，我还没有开始挣钱，就要养活一个孩子，我后来又生了两个，于是有三个。演艺圈，二十三岁，没有开始挣钱，哪里可能稳定，这个婚姻哪里会有结果？谁说的。至于走到今天，是不是这个压力的结果，我不知道。

台湾没有播音主持系，我跳舞也不是科班出身。我考上舞蹈学校的那一年，另外两个孩子都是四岁学舞，我二十岁，才决定把腿劈开。我听说那个机会，就去争取。人家说怎么可能，人家是从小练的。我说我就试试看，我真的在六个月内把腿劈开，学芭蕾、爵士等等，然后就考上了。而且因为这样，我还表演歌唱，我一辈子唱歌五音不全，可是我在滚石出过唱片。人生很难说，请放大你的观想，想象你的可能，尤其在这样一个与众不同的时代。

中国人最好的时代来了，这时候要努力干些什么？活很长。要活很长、活很好、活很久。为什么？不要错过这个时代。你每天在过什么日子？有没有用力过？怎么叫做用力？明明就是一个可以谈恋爱的年纪，却什么恋爱都没有谈过。有没有？这就是不够用力。哪里有你的 Mr. Right，没有。我教你，随便选，随便顺手抓一个，把他变成 Mr. Right。失败怎么办？换一个！缘分，很难讲。

我再举一个例子，看医生，很多人说看医生要找名医。你知道什么叫做名医？就是医了一百个，只死了一个。什么是庸医？医了一百个，死了九十九啊。我告诉你，人要运气不好，找名医都被弄死。人要是运气好，找庸医都被救活。所以挑什么？就去试。弄到一个男的，不对，换。没有什么关系，放松、自然、享受、努力，对人好，就会有好报，用力去做。喜欢当下每一刻，现在的你就是最好的你，因为我告诉你，可能明天更糟。一不小心，出门摔一跤，脸趴在地上，这时候你就要笑，为什么？因为你摔和你母亲摔，选一个。

人生，只要这个想法成立，其实能量就会大到超过你的想象。每一个人都说，发生一件意外，我愿意拿我的一切换他回来。现在不用换，你一切都没了，但是他也在。明白吗？其实就是一个想法。所以想法一旦定了，你就发现你天下无敌，你就发现你什么都不怕，永远都有笑容，永远都有感激，永远都很好。天底下没有一件事情值得你不开心的，不开心的存在只有一个价值，使得别的事情看起来比较开心。想法不同的人即使过一模一样的日子，也会有完全不同的结果。

我怎么能算命好？就长成这样，就只会这些。所有需要恒心的技艺，我一样都不会。乐器，不会；唱歌，不会；书法、绘画，不会。所有需要恒心，需要日以继夜练习的事情，我都不会。但是如果开一个节目叫做《书法》，我大概三天就可以学会。我就是一个临时的人，这一辈子，我知道自己的个性，所以我就这么生活。我尽量让自己走到对的路上，随遇而安。

如果今天的分享很不成功，你们的价值是什么，知道吗？你们拿走了我这一生最差的一场分享，之后都比这个好，之前也比这个好，那我觉得也很特别。

听说很多教主持的老师，拿《波士堂》当教材，上课直接播《波士堂》。于丹跟说我，曹老师，你是我上课的教材，我教主持就放《波士堂》。就放一段，放十秒钟，就问学生，接下来你们接哪一句话？然后听听曹老师接什么。所有人都说，他怎么这样接？我说真的，你叫我去，我也不会答对，因为我根本不记得我说过什么。

初吻哪有彩排的？还是那句话，情之所至，金石为开，抓住当下就是美好的。主持是什么？主持是人生的一颗心，到一个温暖的环境。主持需要的条件只有两个：一是与人为善，二是细心。这是先决条件，语言不是最重要的，请相信我，口才不好的人可以主持很好的节目。

人生就是一场游戏。我参演了《淡水小镇》，这个话剧很难得，在台湾演了二十五年，演了六版，去年第一次到大陆。我这一生没有演过话剧。我五十岁以后什么都敢做。首演，北京国家大剧院；最后一场收尾，台北的戏剧厅。作为一个第一次演话剧的人，达到这种高度，我觉得够了。所有人都不知道，我在台上一边演一边看剧本，而且我要兑制我三十年来的职业困扰，我三十年来最讨厌的事情就是把同一句话讲两遍，所以我每天都想改剧本，一到台上我就想自由发挥，后面演员都吓得半死：现在演到哪里了？

我觉得那个话剧值得看，而且不同的年龄段吸收到的讯息不一样，那里面有我做主持人最喜欢的两件事：婚礼和葬礼。我每一场都可以主持一遍，所以我很开心。我有一个朋友，大我几岁。他已经五十七岁了，我一直以为他会对人生葬礼的那一段特别有感触。结果他不是，他出来发消息跟我说，兄弟，太感动了，一演到那儿，我就哭了。我说是最后人走了，送行的那一段？他说，不是，是那个小男生和小女生牵手的那一段。他说我人生就错过了那个。

我为什么要做艺高高？为什么现在要做艺高高？五十岁，演话剧、出唱片、创业。现在政府提倡大文创，然后又说文创的能量和活力应该进入生活当中。但是事实上80后的年轻人过日子跟以前不一样，现在不光是要有一个住的地方，还要弄得温馨、漂亮，窗台前面一定要有窗帘，窗帘也不是以前老一辈那样的，总希望有什么不同。摆一个小盆栽，想着我的他，尽管那个人没有出现，人已经在这样生活了，所以要有选择。

中国三百万学画画的孩子，画卖不掉，根本没有地方买。你去的那些所谓卖画地方，为什么那么贵？不知道为什么。真正当代原创的画卖不掉，所以我就弄了一个平台，把这个接通。我觉得这个事情是对的。这对我来说，有学习，有成长。五十岁了，我做了一件特别牛的事，我创业。

人家问我，曹老师，做哪一个行业？互联网。哇，互联网哪一块？电商。电商卖什么？卖马桶就不好说了，不过现在卖日本的，应该生意不错。还好，艺术品。艺术品，邮票、茶壶？当代艺术。光这个就过瘾了。互联网、电商、大数据、资料库、线上移动端、WAP、Html5、微信朋友圈、微店，里面卖的是当代艺术品和艺术衍生品。讲完，人家肃然起敬。你在桌上跟人家聊天，一谈到这个，每个人都想跟你聊天。一、你是曹启泰；二、你是名主持；三、你很能说；四、你聊艺术。现在出去聊天，越来越容易。

人一定要走进阳光灿烂的日子。人生选对象，如果你已经选了，就认了，或者把他改变成那样。如果改变不了，就认了。如果还有机会选对象，选开朗的人。很多人都说选幽默感，对不起，幽默感要人生。如果他每天出门都被撞一次，怎么有幽默感？有没有这样的人？真的有这样的人。一路，从出门那一刻就说今天不要被车撞，结果，"啪"，滚下楼梯去了。你不能决定命运怎么样对待他，但可以选择一个性格相对开朗、乐观的人。决定这辈子走向阳光灿烂还是走向灰暗的后巷，是你自己的选择，选择标准就那一个，选一个乐观开朗的人，而且你会发现天下无敌。

好比我对儿女，我哪知道将来他会发生什么事，准备金山银山给他也不够，但你唯一能教他的，就是开心。小孩一摔跤就会哭。为什么哭？其实人在受到惊吓的第一瞬间是吓到的，然后疼痛感上来，到大脑，然后有反应。这时候很重要的一件事情，小孩一摔跤，你就到他旁边微笑，就这样，他也就笑了。我们家小孩都这样。很多大人，小孩一摔跤，大人在哭，于是小孩跟着哭，就哭成一团。

人生没有把握不摔跤，但是你可以选择摔跤以后怎么样。

问 & 答

问：您比较过上海的话剧和北京或者台湾的话剧吗？

曹启泰：我觉得都不一样，我其实没有比较。很多人让我聊一下在上海主持和在北京主持的区别，我对这样的问题通常都没有答案。为什么？那可不可以比比市区和郊区？这种题目设定的时候其实没有特别的意义。要不要比外国的话剧跟中国的话剧，要不要比上一代的话剧跟这一代的话剧？如鱼饮水，冷暖自知，每一部戏都不代表全部。我能看到的是全部吗？不。

人在提问，甚至问自己的时候，题目的设定就已经决定了答案。我们问人家事情的时候，常常就已经有答案了。小朋友，今天想上学吗？废话，从来没有想上学。觉得压岁钱够吗？一辈子都没有够。可是我们常常问这样的问题。你刚刚问我，曹老师，比较一下北京、上海，我是谁啊？我就演过一个戏，我评论什么呢？

问：我特别想知道当初您和您太太的故事。

曹启泰：你上网查查，基本上都属实。很多人定义婚姻幸福与不幸福，我没有觉得我特别幸福，真的没有，我也没有觉得我的婚姻特别好，那是你们说的。我的婚姻好什么呢？天底下没有不分手的婚姻，死都会有一个人先走，天底下哪有不分手的？一定会分手。在一起很有感觉、很有感情，一辈子不会忘的两周，和死皮赖脸、苟延残喘拖了二十年，你选哪一个？

我这样告诉你，用一个我认为正确的角度，把我的态度说一下，我的幸福定义和你的幸福定义不一样。如果今天我娶的是别人，一样的曹启泰，不一定会成为今天的我。我会这样，是因为她够努力，把我教成她要的样子，我也把她教成我要的样子。我娶的如果是另外一个别人，也同样付出努力，不一定有这个结果。但我确定一点，起码我蛮乐观的。因为我承诺她的第一件事，就是我也不知道以后会怎么样，但是我想每天让你大笑一次，应该办得到。这二十八年，她陪我吃过很多苦，她基本上也没有陪我，她只是负责活着，因为我欠一屁股债的时候，我唯一请她帮的一个忙就是你不要问，因为问了，你也处理不了，然后你的忧虑不会帮到忙。所以"你到底还要搞多久"，"我们什么时候可以好起来"，她只问这个。

我跟她的故事多了。小学六年级被打一耳光，你上网查这件事，这是真的。我逃课看恐怖片，在电影院被吓哭了，被旁边一个女的打，回家不敢讲。真的有苦说不出。以前就有 4D 电影——电影是 2D，声音出来是3D，旁边还有配合，有人打你一个耳光，就是 4D 了。那个电影叫做《驱魔人》，是非常经典的恐怖片。我到今天还记得那个海报，一个白的窗子，有一截窗纱在路上飘。

隔了十一年，有一天在家里，租录影带，她租恐怖片，我说我不看恐怖片。为什么不看？我当年看了一部恐怖片，从此不看。真的吗？当年看哪一部被吓到？《驱魔人》，台湾叫做《大法师》。为什么不敢看？很恐怖，而且我被人打了一耳光。真的？你是不是在日升戏院，是一个下午？我小学六年级，她念大学。她逃课，一个人去看电影，心情很好的下午看她最喜欢的恐怖片，旁边有一个小孩，鸡猫子鬼叫，她受不了，就打了他一个耳光。所以路上不要随便打小孩，那个人可能是改变你一生的人。

问：《一张单程机票》这本书里有两个细节我愿意跟大家分享。一个是曹老师做《非同反响》的时候，有一个细节，安排十个草根和十个王牌大咖的门徒在一起，给他们平等的机会，尊重他们。第二个是做上汽通用馆的时候，在后台看到跳舞的小姑娘坐在地上吃面包，拍了一张照片给美方的副馆长说，不希望这群小姑娘都是坐在地上吃面包。看到这两个细节的时候，我一点不惊讶，因为我觉得这跟我当年看曹老师的《我心唱响》是一样的感觉，很温暖。我的问题是曾经看您的专访，您开玩笑说要主持自己的葬礼，是什么意思呢？确实没有人能干那样的活，但我觉得那不是一句玩笑话。

曹启泰：你受邀来参加我的葬礼。刚刚提到书里面的这两个细节，或许我自己都提炼不出来，写书是想什么就说了，每个人都会在里面有不同的体会和感受。谢谢你！刚刚曾经有那么一秒钟，你跟我都想哭，是的，谢谢你！就像主持节目，有时候啰里啰嗦一大堆，其实在节目里都没有用，电视都是黄金时间。我的结论就是，你受邀来参加我的葬礼。如果你先走，我去。

这可能是今天下午的分享里面最美的约定，我会自己把葬礼的录像拍好。我已经在陆续收集材料，每两年过滤一遍自己的朋友，有一些原来的名单可以剔除了，有一些一定会受邀。

问：您有没有想过培养一位"接班人"？我知道这很难，因为您的人生经验太丰富了，没有人可以复制您的经历。但是我觉得这很遗憾，我不想以后看不到您的节目了，我希望我的儿子、孙子都能看到这样优秀的主持人。

曹启泰：为了你，我拼下去。没有。我有三个孩子，有一个不是我生的，我觉得那已经是我人生里最冒险的承诺了。直到现在，我跟我的经纪人说我要养一条狗，他会把我骂死。他说你没有资格养狗，因为你陪它的时间不够。

你有没有发现，一聊"主持"这两个字，我就变严肃。我什么都能开玩笑，就是主持这个事没有办法开玩笑。我觉得我教不了人，因为我还在忙。当年《上班这点事》，有一次温喜庆当着所有人，拿着酒杯到我面前一跪，说曹老师我拜你为师，我说不行，他在地上就怎么也拉不起来。最后我只好发下一个毒誓，我说你放心，这辈子我没有收过徒弟，我绝对不会收，如果我要收，你就第一个。他才破涕为笑，站起来，等着有一天。

其实学，不一定要走那个形式，而且我也不觉得是学，我觉得那是一束光，谁都是一束光，你如果在他身上看到一点亮，迎着光去，最后你去的不一定是他的那个地方，但是那个方向。你知道吗？东边在哪里？东边是太阳升起的地方，每一天太阳升起的位置都不同，没有关系，顺着光去，就对了，如果你觉得是光。你刚刚讲不希望你儿子以后看不到我这样的节目，我教你一个办法，你就是那个光。

问：曹老师，您也是我心目中最爱的主持人之一。我觉得您是为舞台而生的，为话筒而生的，但对于有一些人来说，比如我，老是自信心不够。您能否再给我们举一些例子，怎么才能把自信心发挥得更好？

曹启泰：你算是我的同行了。其实我觉得做什么都一样，第一件事就看你到底喜不喜欢，你在里面找不到乐趣，就别做。天底下最不缺的就是评论家，哪个圈子都有一堆评论家。因为什么都做不了，只能做评论家，你懂吗？我不做评论家，我不批评别人，我没有资格批评别人，甚至没有资格教你。

我不运动的，但每天胃口好得不行，可是二十年体重没有增加。怎么做到的？人在亢奋状态会大量耗能。我从小比人家嗨，人嗨的时候，肾上腺素分泌，心脏承受能力比别人强。你试试看，跟人家吵架，或者生气，生气很耗能的。想减肥，你可以选择很生气，但那不好，你可以很高兴，我这种从早高兴到晚的人，吃再多都不怕。可是因为我整年这样亢奋，就变成一个职业病。

至于你，先找到喜爱，才会有继续做的底气，一定要找到最舒服的那一种。要用智慧跟方法，把自己带上有光的那条道路。或许时间还没有到，或许你会找到你真正喜欢的，或许还有下一段。我不能说婚姻，我说

你们两个离开这个行业的时候，我还在。因为你最多再主持二十年。我觉得我会超过二十年，一定会，那时候我不过七十二，在国外那才是最好的黄金时期，那个才美，我在等那一刻。

问：您对于青年创业者，有怎样的建议？您认为青年创业者最重要的品质是什么？创业前期要做一些怎样的准备？

曹启泰：祝福他创业失败。我去参加 500 个创业青年的座谈会，我是里面最老的一个。知道这个差别在哪里？他们有失败的机会，我没有了。我就打这一枪，枪弹掉在地上我就不打了，结束了，人生成绩就定了，创业我不创了，事情我还可以做很多。小年轻，最佳的状态，最差的情况就是创业成功，他人生中只做过这一件事，只创过这一次业。我最大的幸福是前面的创业全部失败，才可以把所有的经验等到今天再来一次，所以我祝福他们，创业失败。

他们需要准备什么？什么都不用准备，他们已经准备好了唯一的弹药，就是青春。但是请小心，因为我们都不知道对方可以活多久，所以努力把它当成最后一次。没有注定一定要失败，但可以在过程里面学经验。而且一定要丰富人生，人生丰富，创业才会成功，起码人生没有白活。

问：怎样才能遇到更多像你一样有趣的人？

曹启泰：第一，常出门，第二，你刚刚做了一个最好的开始。如果今天这个现场也有一个人类似有趣，最起码知道你放出了这样的讯息。每个人都提出想要变成什么，想要干什么，释放讯息是第一步。很多人说我等着那个人出现，你都没有告诉人家你要。你刚刚说得很好，这是最好的第一步。在我身边有的是这样有趣的人，跟我相处久了，人会变有趣。

最后送你一句话，怎样看待每一天？绝大多数人是我们这一生唯一一次面对的，你一辈子有太多这样的场合，跟人家擦肩而过。你只要想一下这句话，你可能会用力一点，可能会专心一点，可能会放开一点，然后就发现你的收获真大。你把这份福报的心传递出去，节目里面不小心访问到的人，你都用这个心态对他。

我每做一个演讲，95％以上，我这一生只有那一天曾经跟他擦肩而过，所以，谢谢！

金星 ▶

上海金星舞蹈团艺术总监,东方卫视《金星秀》《今夜百乐门》主持人

圈外人的轻松自由

今天谈不上演讲,也算不上什么讲座,聊天的方式让我很舒服,大家也很舒服。"圈外人的轻松自由",大家看我今天的着装也是,完全圈外人的感觉。我的助理、我的家人,包括跟我合作很多年的经纪人,都没见过我穿着运动鞋走来走去的。他们老看我穿高跟鞋。我说这是我平时最舒服的状态。

其实我想聊的,也不是误打误撞地进入了电视圈,也没想,只是冥冥之中有那么一个预感,可能会出现在公众媒体面前。以前因为我的个人经历,我被推到了被社会所褒贬的这么一个点上。2011 年开始做电视评委,也没有想干什么,但是做脱口秀,站在人前说话,把自己的观点通过一个平台与人交流,这是我早有预谋的。

1991—1992 年左右,我从美国纽约搬到了意大利,在意大利国家电视台工作。我是编舞,是一个舞蹈老师,专门给他们各种各样的综艺晚会编舞。有一天，我路过一个摄影棚，看到一个女主持人在做一档军人访谈节目，那个女主持人特别性感、特别漂亮、特别有魅力。后来我一了解，她的经历跟我的经历是一样的，我驻足了几分钟，在旁边看她做节目，当时我心里面跟我自己说，将来有机会，我也要在国内开一档我的节目，就胡思乱想。我这个人爱胡思乱想，也敢想，也敢做，今天所有发生在我生活当中的事，全都是我胡思乱想出来的。也许有一天我也会做一档我的节目，当时就是这么想的。

1993 年回到北京。那个时候在北京，正处于美术圈、舞蹈圈、音乐圈、地下电影、时尚圈刚刚兴起的时候，那一圈子人里，舞蹈界我算代表。现在咱们中国各行各业的领军人物，当时几乎都是我的好哥们儿、好姐们儿。每次朋友聚会的时候，大家都说，金星你这么能聊，见的又多，又敢说，你应该做一个脱口秀。当时洪晃跟我讲，你要不做脱口秀太可惜了。我说中国哪有脱口秀，怎么可能呢。中国只有访谈节目，一问一答，就是那种掩耳盗铃到了极致的。我当时说不可能的，只说看看吧，如果有一天中国真到那个分上了，那也许有机会。但我并没有计划，只是有那个想法，只觉得这是一个美好的愿望。

2000 年到了上海以后，我就做我的舞蹈，然后做了一些电视采访，被采访的机会比较多，每次人物访谈，谈我的艺术、谈我生活经历，但并没有开始做电视。只是 2004 年的时候，有一次小试水。当时星空卫视做了一个《星空舞状元》，曹启泰、杨扬让我去。因为杨扬是我的学生，她自己做的这档节目，她说金老师帮帮忙吧。一个学生从国外回来，发展爵士舞很不容易，在电视台开这么一个节目，我作为老师，能帮一把就帮一把。好吧，我和曹启泰给杨扬站台，杨扬坐在中间，我和曹启泰坐在两边。这个节目播出以后，有了一些波动，大家突然看见金老师那样说话，舞蹈圈里说金老师说话太狠了。

也没多想，专注于我的舞蹈，专注于我的孩子，大家也都知道我拖着三个油瓶。而且我这个人分得很清楚，想做的事情很多，但我的精力和时间是有限的，不可能这个也做，那个也做。

我有一个小兄弟同时做了八件事情，做得都可以，但做得都不精，昨天我还在跟他说，你的能量挺大，但核心点没有，给自己累得都斑秃了。我说你何必呢，貌似在你的朋友圈里面，别人觉得你很能干，又做电影发行，又做电影投资，又做话剧，又做演出，又投资餐厅，感觉你是一个八爪鱼一样，好像特成功，但成功的标准并不是你做了多少事情，关键是这件事情有没有质量。昨天他到我化妆间，让我给他一点建议，我说你头发都斑秃了才找我给建议。

回到我自己，也是。我知道自己想做的事情很多，但能力有限，只能抓一头，最多三件事情。三件事情中有两件做得很好，已经不错了。这一点我特别清楚。当我回到国内以后，别人知道我有一个很有胆量的、对自我生命的把握和选择，但是我知道，我能够立于不败之地的，最有说服力的，是我的舞蹈，这是我从小学到的，而且我的舞蹈已经走遍了全世界，也征服了全世界。我知道在舞蹈领域我是佼佼者，我是有话语权的，我是轻易不会放弃的。

成为母亲，给了我另外一颗定心丸。以前没有孩子的时候，我像所有的演员、明星一样，就想赶紧出名，赶紧告诉全世界，我有多大的价值，有多大的魅力。

当了妈以后，如果突然把我从舞蹈的中心撤走，我也不会有失落感，因为我有另外一件事情，很严肃地在抚养三个生命。我觉得这三个生命来到我的生活里，是给我最大的褒奖，我这个人活到三十多岁，活得不错，人品不错，老天爷通过不同的方法给我三个生命，我有抚养生命的资格和能力了，我就是这么一个感觉。貌似行为上面，我是收养了三个弃婴，但我不这么看，我觉得这是生命给我的奖励，三十三年来我努力地做自己，最后老天发现，你确实是一个善良的、合格的女人，那好，我给你三个生命，让你抚养，让你的女人之路更完善一点，我就是这么看待我的三个孩子的。

所以我觉得这是另外一个事业，这个事业远远大于只作为一个舞蹈家展现自己的肢体美和进行情感交流。这个时候，我把舞蹈挪到我生命的第二位了，母亲的角色放在第一位。两件事都干得很认真。

后来大家都知道，我遇到了我先生，两个人一起抚养三个孩子。到了2011年，上海的《舞林大会》做了六年了，当时他们想请我做评委。但是我也知道，台里面有一些人看不上我，在这我就不点名了，给他一点面子吧，都是圈里混的，但是这个人也没有想到我今天混得这么好，现在开始看我脸色过日子了。这叫风水轮流转，三十年河东，三十年河西。后来我一想，我说我不适合去。为什么呢？方俊是我的学生，N多年前，他参加比赛的时候，做了一个节目挺好，我说学生做节目，你老是跟着掺和什么呢，所以《舞林大会》我就没有参加。

到了2011年，《舞林大会》做到第七届，收视率已经往下走了，播了一半，十二期已经播到第七期了，突然台湾的评委有事撤了。这个时候我完全是救兵，节目组说金老师你救救火，救场如救火。我说没有问题，别的节目我还不救呢，舞蹈嘛，我也没有什么负担，凭着自己的职业感受看就可以了，就帮一下方俊。

没有想到，2011年上了《舞林大会》，把那几个小明星一骂，就这一开骂，就不可收拾了。第二年他们说金老师再做一季，我说没有问题，这个节目我觉得做得很轻松，我也不用特别做什么功课，我把自己的状态带进去就可以了，想什么说什么，而且额外还挣点钱，何乐而不为呢？

没想到一做节目，引起了原来东方卫视的总监田明的注意。田明2011年底找到我，他说金老师，你有没有这个理想，我想做一个脱口秀。我说中国的脱口秀到时候了。那个时候周立波先生的海派清口很火，但是脱口秀和海派清口是不一样的。周立波先生原来是滑稽戏演员，海派清口走的是喜剧路线。国外有一种模式，脱口秀，会谈到很多社会的话题，但并不像新闻节目、访谈节目，而是完全结合主持人的个人魅力和特点，用另外一种语境和观众聊天。所以国外的脱口秀主持人一定要有很丰富的积累，各方面的积累，才能站在舞台上面。因为不允许你念稿子，这个话题给了你以后，你消化好了，要用你的方法说出去，哪怕这个新闻别人听过两三遍了，但从你的嘴里面说出来，又是另外的角度，这是脱口秀的开始。

我在美国生活很多年，他们的脱口秀专门拿国家的体制开玩笑，但绝对不能拿残疾人开玩笑，不能拿弱势群体开玩笑，这是一个基准。你可以把总统、副总统、国务卿骂得狗血喷头，你可以抨击任何东西，但是你不可以拿弱势群体开玩笑。然而中国的情况有所不同，我说好吧，咱们就谈生活，把我的生活感受慢慢谈。所以当时田明先生说我们有一个共同的理想，但这个理想什么时候实现，我不知道。

在 2011 年底，田明手下的灿星制作和我签约，我是灿星制作的第一个签约艺人。第二年他们推出了《中国好声音》。当时我就说，我要通过这个地方做一个脱口秀，咱们慢慢来。我们合作做了第一档节目，《金星撞火星》，那个时候放在星空卫视，但星空卫视的覆盖面很小，国内三星级以上的宾馆才有星空卫视，在广东地区有，还不像其他的卫视都落地了。

但很多观众通过网络看到了《金星撞火星》，而且我特别感谢田明的判断，还有灿星公司这两年对我的培养。我经常说，真不好意思，人家上中国传媒大学上了四年，毕业了，还没有混个节目呢，连天气预报都报不了，我没上什么传媒大学，满嘴的东北味，上去就主持一档节目。我说老天爷，在我的人生轨迹当中，都不是按正章出牌的。其实我特别想做一个良民，大家怎么走，我也怎么走，但走不通，我必须得自己寻找一条路，逆着来、横着来、竖着来，只要走我自己的路，我都能够办成。但是按部就班，跟在大家屁股后面去走，什么事也办不成。可能老天就注定让我金星走一条不同寻常的路。

《金星撞火星》这档节目，真是把我给锻炼了，用两个字形容就是，恶补。我以前不怎么关心社会话题，情感方面我很在意，但社会话题离我太远。但必须聊这个话题的时候，请了很多专家，对方辩论的时候，我在旁边一听，这么多故事呢，这么多东西我不懂，反而把我的情绪调动起来了。我就觉得老天爷在历练我，赶紧要补课，有更大的舞台给我，但是不补这堂课，那个舞台我就上不去了。我必须恶补我缺的东西，怎么做一个主持人，怎么判断，怎样简洁、凝练地提出问题，直奔主题，这些东西没有人教过我，就是通过《金星撞火星》，一期一期地锻炼出来的。

大家都不知道，在录制《金星撞火星》的时候，我估计很多专业主持人都不像我那么辛苦。我一个晚上要录四期节目，上午九点录到第二天凌晨四点，背一大堆东西。很多工作人员受不了了，体力不行了，他们也不敢说，只说是金老师受不了。我说没有，我说所有工作人员不许拿我的体力来说事，我跳了一辈子的舞，我有足够的体力。我说我现在必须恶补，别人上半年的课，我需要一个星期读完。我只有这么加量，等到有一天适合我的脱口秀舞台出来了，我才有资历把这个舞台撑起来。我天天背稿子，当时我先生说你疯了，我说我累不死，没有问题。

同时，《舞林争霸》来了，《中国好舞蹈》来了，《妈妈咪呀》来了。这些节目，首先在东方卫视播，我觉得可以，第二，我也想通过这些真人秀节目，看看我金星说话的语境和口气，老百姓愿不愿意听。你让我拿了稿子以后，面对电视镜头，变成另外一种语气，观众朋友们怎么怎么的，我不会，我也不愿意接受那个训练。我把自己放在普通观众的位置上面。

这么多年，老百姓对于新闻的听觉、视觉都已经麻痹了，再震撼的新闻，听了也没有什么感觉。所以我觉得咱们中国的新闻播音应该改变一种套路和说话方式。国外的新闻主播和形象没有关系，跟说服力有关。这个人白发苍苍，那个老太太不漂亮，满脸皱纹，但坐在那里，给你讲新闻的时候，你会相信，他们在告诉你我们身边发生的事情，有一个个人的主观判断。新闻主播是很有头脑的，而不是简单意义上的形象过关、声音过关、稿子念得很流利。外国的新闻为什么可以抓住人？有各种各样的新闻，生活新闻、时政新闻，要求是不一样的。

我突然觉得语言的魅力决定你怎么去交流。我真是缺乏这方面的经验，我只能感谢这么多真人秀节目，让我去试探一下我的语境，也试探一下社会有没有准备好。

《舞林争霸》播出以后，就被冠名为"毒舌"了。我也知道媒体找不到合适的名词，对这么一个犀利的女人、尖刻的女人，他们能怎么评价呢？毒舌吧。反正我也无所谓。但我突然知道了，有那么多人肯定我。圈里面的朋友,包括宋丹丹、毛阿敏,还有其他的好姐妹们,都给我发微信,说:"星,终于轮到你说话了,老天爷叫号都叫到你了。"我说我在微博上面被人骂死了,她们说甭管他们,骂你的人都不知道怎么回事,你相信我们的判断,你的时候来了。

微博上骂我的人很恶劣。骂我倒无所谓,你怎么骂我都不怕,但有人在微博上很恶毒地诅咒我父母,诅咒我三个孩子,当时我恨不得有一百张嘴。我说有本事到我面前来把我骂得狗血淋头,别躲在角落里面。而且你骂我可以,那三个孩子惹到你什么了? 我的父母惹到你什么了? 所以有些人的恶毒你都无法想象。

而且骂我最狠的不是男人,是女人。男人有时候也就骂那么几句,女人骂起来,都给你翻开来骂,比男人骂得狠。我通过微博知道了什么叫做人言可畏。但我这人可能从小历练了,只要不伤害到我的肢体,任何语言到我这儿,我有一个自动屏蔽的装置,吐沫星都不好使了。

那天我在微博上说,行善积德有不同的方式。有一个女孩发微博说,金老师我特别喜欢你,但我爸妈特别讨厌你,每天在家里都骂你一通。我就回了一条,我说谢谢你喜欢我,请转告你父母,如果他们有共同的爱好,骂金老师,对他们的婚姻有促进的话,我就当行善积德了。让他们继续骂,起码他们婚姻保持稳定了,有一个共同的目标,就是骂金星。

与人为善、行善积德,有不同的方法。如果有人觉得在微博上面骂金星很痛快的话,没有问题。其实我在我的书里都写了,一开始你会把吐沫星子当成炮弹,但坚持你自己,走到山顶,看到风景的时候,山下的人还在那儿喷吐沫星子,就显得很滑稽了,就根本干扰不到你的心境了。我也逐渐可以理解了,人们需要释放。

电影导演张元曾经拍过我的纪录片,他当时下意识地说了这么一句话,说像你这种人怎么活得这么好。我说我这种人怎么了,我做了一个性别转化,我选择了我的生活,我就该死啊? 就应该被全社会抛弃? 他说不是。我说你当时的语气告诉我,其实就是这个意思。

那天我跟一个同性恋小伙子聊天,同性恋这个群体可能是大海当中的一个小岛,而作为性别转化的变性者所选择的,不是一个岛,是海上的一块石头。我说我这个人特认命的,我必须站在这个石头上,才能面对世界。我说我特认命,而且我遵循的生活轨迹是顺其自然。

有人说,金老师,你好像做了一件最大逆不道、最不自然的事情,我说不是的,我的顺其自然,是一切的想法跟着我的心走。肢体只是一个皮囊,但是我的灵魂和我的心是绑在一起的,这只有我自己知道,连我父母都不知道。我可以让我父母高兴,满足社会上的需求,大家都一样,但是我自己的灵魂、我的心在哪儿呢?我是特别尊重我内心感受的一个人,所以我说我做了一件特别自然的事情,因为我跟着我的心在走。

别人让我留一句赠言的时候,我会说,万事顺其自然。自然在哪儿?就在你的心里边,其他都是假的。人会死,但灵魂不死。

做了一大堆节目以后,我觉得差不多了,我估计我的观众群差不多四六分开,四是喜欢我的,六是不确定。但是慢慢发现,其实女人和女人交流更容易一些。2012 年、2013 年做了《中国好舞蹈》以后,包括今年 1 月份我的脱口秀在东方卫视播出以后,我发现我的粉丝还是以女性观众为主。当时我在上海跟一些领导吃饭的时候,领导会说,金老师,我太太是你的粉丝。我说对了,这就是我的策略,我跟你们这些男人交流有一些障碍,先用我的节目把你们老婆搞定,让你们的老婆来影响你们看节目。他们以前不看什么《妈妈咪呀》、《中国好舞蹈》,但后来都开始看了,因为他们的太太拽着他们来听这个女人讲话。我说这就对了,有各种各样的方法跟这个世界交流。

《金星秀》出来的时候,我也不是特别吃惊,因为这是我多年以来的一个想法,从 2011 年开始我就做功课、做准备了。《金星秀》是东方卫视历史上第一个没有任何赞助商、裸上的节目,当时一分钱赞助都没有。我记得清清楚楚,在广告销售招商会上,当时有《生活大爆笑》、崔永元的《东方眼》、王自健和张国立的节目,还有《金星秀》。我们在浦东会展中心开招商会的时候,人家都是亲妈养的,我就跟后妈养的一样。但是我心里知道,这些节目里,唯独能走下去的就是《金星秀》。

招商完了以后，没有人投资，这个节目差点没法办了。田明没有办法，说把这个节目卖给安徽台，江苏卫视也要，青海卫视也要。但是我说不去，我金星的气质适合在上海，这个节目一定要在上海。最后东方卫视的李勇他们说上，这个节目裸上也要上，就靠领导的判断，上去了。我就坚持着，我为什么有这个底气？因为我是圈外人。

到目前为止，我做的脱口秀，老实说，就算收视率低，也跟我没有关系，我还是一个舞蹈家，就算把我从电视屏幕上拿下来，我也一点不失落，因为我压根没有指望它，我还是一个舞蹈演员，全世界的舞蹈演出多着呢。这是我的副业，我只是认真地去做，也没有想到会做得很好。那时候，包括马东的爱奇艺也伸出橄榄枝，说金老师你还是到网络来吧。我说让我在上海先开花再说。

我为什么在《金星秀》每一次出场都穿旗袍？因为这样就有一个形象特征，这个节目来自上海，上海是一个国际化的都市，中国只有上海叫做都市，其他都叫城市。都市和城市是两个概念。北京是一个大城市，上海是一个都市。都市有这么一档节目，我觉得就需要从形象上、语境上，打开一个新的视角。《金星秀》1月28日首播以后，全国收视率第二，第二期开始有赞助商进来了，口碑也开始有了。

我觉得这一切，源于我有一种心态，就是"圈外人的自由"。我跟谁说话都是直来直去，跟朋友一样，因为我不是圈内人，而且我是嫁鸡随鸡、嫁狗随狗的人，我既然跟你绑在一起了，就从来不会玩解约这些事情。

现在很多人做节目都想找明星做评委，但中国的影视明星，谁做评委谁死。因为什么呢？评委需要专业。我觉得中国的女评委当中，抛开我不说，在情感、人情关怀、娱乐精神等各个方面，唯独能到位的，是伊能静，她是做评委的料，又哭又笑，什么都会，整个场子都做得很好。评委可不是随便谁都能做的，不是光靠颜值就可以的。

昨天录《妈妈咪呀》，下午两点录到凌晨一点，顺极了。我和黄舒骏像专业打配合一样，跟打比赛一样。黄舒骏往前面一来，我就知道他要说话了，他有话要说，我就把话筒放下了。我这么一拿手，黄舒骏就知道我要说话，我马上就接上去了。对方聊天，聊两句差不多了以后，觉得这个对象没有什么料可挖了，剪也剪不出来了，我们回头一笑，下了。评委是一门专业，并不是在那儿瞎聊。我们的决策者、制片人往往会觉得花大价钱请明星来，就能把节目做上去，呸，死了这条心吧，连成本都赚不回来。

做真人秀评委，不像做一次采访或者组织一场大型的晚会，每个星期都跟过 X 光一样，有的时候，如果自己不清晰的话，把自己否定了都不知道。所以说做评委是一门专业。

我又做了《超级演说家》，现在做《妈妈咪呀》，还有《爱上超模》，5 月份做《奇葩说》。今年《奇葩说》我来做，高晓松不做了，我、马东、蔡康永，我们三个做《奇葩说》，你们看吧。因为所有导演知道，金老师说话没有废话，说了十句话，起码八句话都是能用的，不浪费。而且我也知道点在什么地方，哪些话可以说，哪些话不能说，包括跟别人的配合。

有人说金老师你最近太忙了，接节目挺多的，其实我每次接节目都是有目的的。我不是功利性很强的人，但我目的性很强。比如我接《超级演说家》，评委里还有乐嘉、鲁豫、窦文涛，三人行必有我师，我觉得我到这儿做评委，可以学到很多东西。同样的故事，专业的演说家是怎么讲的，窦文涛老师、鲁豫老师、乐嘉老师提出的建议，我一听，受益匪浅啊，长见识了。对我在脱口秀当中和舞台上的表现，都有帮助。感觉上我是做了一个评委，其实我是偷艺去了，学东西去了。

录了十三期以后，我并没有疲倦感，鲁豫说你状态太好了，不累吗？我说一点都不累，我学到太多东西了。我看着这些选手演讲的时候，也发现了我自己说话的毛病。我现在是通过真人秀节目给自己充电，如果不充电的话，《金星秀》只靠个人魅力，走不远的。必须充实自己，在各个领域及时充电。

包括接《爱上超模》，我到澳大利亚录这个节目，貌似轻松，其实并不是。因为我对模特行业不了解，我想趁此机会了解一下模特行业是怎么回事，以后谈到时尚这个板块，评论时尚，我就敢说话了，我明白了对模特的肢体要求、审美要求。与其说我给他们当导师，不如说我学到东西了。

所以我每次接节目，都不是为了挣劳务费，一定要有所收获。这个是圈外人的自由。

如果按照我在国内的流行度，我可能全中国的卫视都跑了一圈了，但我知道我该说"不"，我知道哪一个节目我该做。《妈妈咪呀》是我喜欢的节目，因为目前来讲，黄舒骏、金星、程雷，我们三个合作得太愉快了。我老公都说，2012年做了两档节目，一个是《妈妈咪呀》，一个是《舞林争霸》。《舞林争霸》录了以后，紧锁眉头，回家气得呀，那个节目做得可不愉快了。《妈妈咪呀》，轻轻松松的。我老公说在电视里面看你录《妈妈咪呀》和《舞林争霸》，是两个气场。我说对，那个节目很严肃、很累，但《妈妈咪呀》特别轻松。做轻松的节目，我会很愉快，哪怕录到凌晨一点，我也不累，心情愉快，合作也愉快。我觉得每次选节目，都是按照我的心走。

我在节目当中有自由的选择，而且有自己的判断，都源于我是一个圈外人。

脱口秀不是一个人的事情，而是一个团队的事情，金星只是说话的人，这个说话的人也很重要，但最重要的是团队。

国外一档脱口秀，后面的团队支撑将近四五十人，分成五六个梯队，每个梯队抓主题，一天一天换，如果你们这个梯队的话题使用量不到50％，这个梯队就撤掉了，换新人，永远交替新鲜的血液。我那天跟李勇单独开会，我说一定要从《金星秀》开始，建立主创体制，五个人一个组，收集资料，情感、社会话题、娱乐等等板块。这个组的话题使用量如果理想，就往上提，如果不够，那就换人。所以这是一个团队的事情，绝对不是有主持人就可以的。所以那天马东说，我看出来，现在你的团队只能每次给你这么一缸子水。他说不够的，金姐。我说我知道，我需要一桶水，哪怕一个池子的水，游起来，这个脱口秀才可以做下去。

在脱口秀里我有自由判断和选择的机会，那是因为什么呢？因为我没有把自己放在一个框架里面。

我这种选择和判断是从什么时候开始的？我从十九岁开始就再没见过领导。二十二岁开始，自己想跳舞，跳不过来，就花钱雇人跟我一起跳舞,二十二岁开始就给人发工资了。所以这么多年来,我觉得最自豪的是,我做的所有事情都是自己选择的。

当我选择了以后,我的精力是极其充沛的。这两天的日程跟你们说一下,你们会觉得特别不可思议。四天前在北京录《超级演说家》,录到凌晨三点,回去睡觉以后,第二天早上八点又录到晚上十点多,坐最后一班飞机回到上海。第二天早上直接拉到东方卫视录《妈妈咪呀》,从上午化妆,一直录到凌晨一点。昨天早晨起来以后,直接进剧场开始演出,演我的脱口秀。今天起来了以后,这边演讲,演讲以后下午化妆,说脱口秀。明天上午录我的脱口秀,晚上还要演剧场脱口秀。剧场演完脱口秀之后,九点半拉到棚里面,十点半录访谈。这么多事情怎么安排开?我说这些都安排好了,我的大脑都调好了。所以你的体力安排其实需要你的大脑"调档",我脑子的频道调得特别好。

我在来讲座之前,早上九点半还到舞蹈团练功了。把办公室的事情安排好,该发工资的,给签完字以后,把日程安排好,把六月舞蹈团到欧洲演出的日程都看好了,机票订好了,选航空公司,这些都是我决定的。十一点给演员排练,排到十二点半,我自己开车回家,把儿子安排好,我简单化了一个淡妆,开着车就过来了。讲座可能到三点多,回去以后,进剧场,开始化妆,晚上脱口秀演出。感觉好像很累,但都是我自己选择的。

整个时间表都是我定的,是我选择的,我是主动而不是被动地做这些事情。当你被动的时候,你肯定是受不了的。我的助理都说跟了一个超人老板,没有办法,就是飞来飞去。每次飞夜航的时候,就是我缓冲体力的时候。我上了飞机赶紧睡觉,哪怕睡一个半小时。我的睡眠质量特别好,这一点我先生也佩服我。我累得不行了,哪怕只睡上四个小时,起来以后也跟没事一样的,也不挂相。可能这么多年舞蹈演员的经历也给我锻炼出来了。都是我主动选择了这些事情,这个主动的权利也源于我是圈外人。我有这个自由,我可以随时说不做了,就完事了,没有任何人给我下任务。

我家里面有三个孩子,十五岁、十三岁、十二岁,三个青春期的孩子,太难对付了。我又是个急脾气，孩子无厘头的时候，我说一句话，会有两百个理由等着我，那时候我转身就走了。所以现在孩子们特别希望妈妈满天飞地工作，这样妈妈就不会跟他们较劲了。所有青春期的问题都给我老公了，他有极大的耐心，我没有耐心。

青春期真是不可理喻。你们都有过青春期是吧？太不讲道理了。我也刻意给我安排一点工作，躲开孩子们的青春期，当他们回家以后，觉得妈妈回来挺好的，我把大方向定好了，就可以了。这也是我最近这一段时间接工作比较多的原因，我怕冲突，我先生说挺好的，你在外面多做一点节目。

那天谈到家庭条件好了，孩子该怎么教育，我在《超级演说家》谈过。我的孩子们平时看我背那么多稿子，就说，妈妈你还有作业呢？我说对的，作业是一辈子的事情。如果你想认真工作，想花自己的钱花得舒服的话，得做作业。他们亲眼看到我在电视台录节目，一遍一遍来。我女儿原来信誓旦旦地说我要进娱乐圈，看了我录节目以后，她说我不去了，太辛苦了。我说，对，你别进娱乐圈，我说妈妈好好培养你，二十岁就嫁出去吧，做个好太太，可别进娱乐圈。

我最小的儿子看完以后，他说我永远不会进电视圈的。我问为什么，他说电视圈都是假的。我说不是，这些话要一遍一遍说，这个镜头是真实的，但要一遍一遍录，录不好，就再说一遍。他发自肺腑地说了一句话，妈妈你真的挺辛苦的。我说对了，我就要你这一句话，你知道你的生活、家里的环境，各个方面都是妈妈辛苦打拼出来的，不是从天上掉下来的，你能看到这个就可以了。你就用实际行动来告诉他。

但每天早上我有一样是坚持不变的，哪怕昨天晚上录到凌晨三四点，回到家里面，睡了两个小时，六点半准时起来跟孩子吃早饭，蓬头垢面的，穿着睡衣，看着孩子吃早饭，给他们送上学。他们觉得这是我妈妈，跟电视里的主持人没有关系，这是我妈妈。我跟孩子说，一切都要通过自己的工作获得，只跟他说是没用的，让他看到就可以了。

我曾经给我自己规定，三十岁以前不指望挣钱，三十岁以后我就要看世界，挣钱了。年轻人一定要多看看世界，因为你的眼界决定你的判断。我就是一个舞蹈演员出身，能在电视里谈社会、感情、婚姻，谈各个方面，就是因为我在你们这个年龄的时候看得多。我小学三年级没有念完就当兵了，然后在军艺拿了一个中专文凭。我在国内拿到的最高文凭是解放军艺术学院的舞蹈系中专，我连大专也不是。但我走遍全世界，与人接触，认识社会，自己慢慢消化。边跳舞，边消化，积攒起来，肯定有用的。见到了吧，四十四岁的时候，"封条"一撕开，说话了，四十四年的积累，全说出来了。

我的老师都说，你就是一个舞蹈孩子，怎么会这么伶牙俐齿呢？我说这是上天的安排吧。天将降大任于斯人也，先把你的嘴给封上，学跳舞，先解决肢体语言，我用我的肢体语言游历了全世界，用我的肢体语言打开了我对世界认知的大门，了解了各种各样的文化，当我的肢体语言被人们接受的时候，我也认清了我自己是谁，然后到了水到渠成的时候，生活这个无形的大手，把封在我嘴上的封条撕开了，现在该我说话了，这就是积累。

我三十三岁那年从北京搬到了上海，只有三个皮箱，走遍全世界买的几件破衣服，最喜欢的衣服，几双鞋，没房，没车。如果那时不到上海的话，估计今年中国就不会有金星这个人了，我已经回欧洲去了。当时在北京待烦了，我说不行，我准备走了。当时一个哥们儿说，金星你别走，中国太需要你了。我说我在北京太累了，因为我不喜欢跟别人搞关系，也不喜欢攀权附贵。我准备去英国了，到英国找一个大学，当一个老师，做一个独立的艺术家，还有一点中国特色，挺好的。

但他让我留下来，他说金星你的含金量在慢慢凝聚，中国太需要你这样一个人。那个时候我不知道会有今天，但那个哥们儿看到了。我说那我得换一个地方，他问我喜欢哪儿，我说除了北京以外，中国也就上海了。2000 年 3 月 8 日，我拎着三个皮箱，从北京飞到上海，谁都不认识，住在了襄阳路一个宾馆里面。把东西放在那儿，在那儿发呆，上海滩，怎么办，我认识谁啊？就这么开始了我的生活。

三天以后，上海歌剧院听说金星来了，说要把金星请过来，舞蹈圈还知道我。就这样，慢慢地在上海开始起来了，一步一步坚持着走到今天。

所以我觉得，我跟上海的渊源是命中注定的。包括《金星秀》落地在上海，也是我自己坚持的。

前两天东方风云榜颁奖，我去了。我说大型晚会让脱口秀主持人做主持，我说行啊，这么好的机会，我就当锻炼自己了。主持下来以后，我又得到一个经验，脱口秀是不能进体育馆的。在剧场没有问题，因为观众集中坐在那儿，但体育馆是圆的，一圈，大家是散的，不集中，你的话都没有效果的，而且作为主持，下意识就会把嗓门提起来，会喊，一喊的时候，我的语境节奏都不对了。

一定要知道自己的力量怎么发出去。不是说现在你火了，让你干什么就干什么，不可以的。要清楚你的语境在什么环境里会有效果，到另外一个环境里就没有效果了。这给我一个很大的自由，我特别享受我这种选择的自由。

回到你们年轻人，现在是你们自由打拼的时候，当你没有事情可做，哪怕有一点空档期，赶紧出去，现在出国这么简单。如果想学什么，就给人打下手，给人当徒弟，慢慢就出来了。

我在很多演讲中说过，上天给了每个人一个公平的礼物，就是自由。自由是给每一个人的，而且别着急，男人也好，女人也好，三十岁以后，慢慢往上走。年轻时吃的苦都不叫苦，三十六岁以后还在吃苦，那才叫真的苦。年轻时没房子住，钱不够花，这都不是苦，这都是经验。早吃苦比晚吃苦强。年轻人吃苦，睡一觉就好了，跑一跑就释放了。所以我觉得年轻时应该多努力一点，别把自己锁住了。而且人挪活，树挪死，别一棵树上吊死。

好像做电视的女孩特难嫁，是吗？有种说法，说电视这个行业把女的当男的用，男的当牲口用，但是我觉得，这个地球缺了谁都照样转，别把自己看得太重要。当你的事业不能往前进的时候，干什么？安排自己的生活。先把生活安排好了，安排妥当以后，用另外一种视角看你的事业，事业又开始起来了。两条腿走路,右脚事业,左脚生活,别事业、生活都堵在那儿,人一定要识时务。

家庭生活是第一位的,事业是自己追求做喜欢做的事,当你有选择能力的时候,选择自己喜欢做的事情,因为你自己选择的话,你心里就不会觉得累。我觉得心态决定了你的生活态度,如果有选择的权利,是最好的。

问&答

问:我觉得您是一个非常有勇气、有魄力的女性,当您不再面对观众,面对自己一个人的时候,会不会有畏惧?

金星:没有啊,因为面对自己的时候,我是个特别懒散的人,我觉得我有大把的时间,不着急。但是有时候就是一种责任吧,对自己的名誉负责任,对自己做的事情负责任。咱们不谈什么远大理想、情操,负责任就可以了。而且我希望跟我工作的人,包括跟我合作过的人,感觉跟金星合作很愉快,这个人很专业,脾气可能不太好,但是很专业,就可以了。

问:您在低落的时候,是怎么处理自己情绪的? 有什么支撑着您?

金星:我老公知道,我思考问题的时候,会把我们家衣柜都整理一遍。就是把我的裙子拿出来重新挂一遍,把我的鞋重新摆一遍。我老公就离开我远远的,他知道我在思考,我肯定哪儿不对了。我用这种方法调节我自己。理到一半的时候,其实我就理清楚了。

碰到问题又没有任何解决方法的时候,我觉得最好的办法就是原地不动。别病急乱投医,无头苍蝇似的乱撞。当你不动的时候,时间在动,周围在动,会突然给你一个提示,所以一定要冷静下来。

问:到现在为止,有没有遇到过遗憾、后悔的事情?

金星:我觉得尽量不要遗憾。在我的人生字典里面,我尽量不写"后悔"这两个字，我觉得我犯的错都是有帮助的，哪怕我摔的跟头，都是有道理的。我在脱口秀里讲过，我买房被人骗过。打三年官司的时候，知道我什么心态吗？我先生说，你不觉得后悔可惜吗？我说不觉得，我说这个法律课补习费我交得值。别人上法学院上四年，我上了三年。通过这三年的官司，我对中国的律师行业、法院的结构，都搞明白了。老天爷通过我个人的经历，给我补了一堂课。所以当我做主持人，谈到法律问题的时候，我可以很客观地谈，别人一说，我就明白了是怎么回事，问题症结在什么地方，因为我经历过。所以我说这个学费交得值。

而且我又学会了退一步海阔天空。身体累，累不死人，就怕你心累。心累的话，再好的美容品也没用，心力交瘁是最吓人的，会让人崩溃。所以女人千万不要自己心累，大不了放手就完事了。除了自己爹妈不能放，有什么不能放的？孩子大了，都是别人的。只有你旁边那个老公是自己的，有时候抓不住，也算了吧，就放。别背上一个不孝顺的名声就可以了。我觉得婚姻有没有都无所谓，但是起码要孝顺，对父母好，对孩子负责任，就完事了，其他生活全是你自己的。这一点我特别坚信。

问：我在主持的道路上已经走了七年了，但现在一无所成，我还需要坚持吗？

金星：当然坚持。你已经有了专业知识，接下来要积累社会知识，找到适合自己个性、兴趣的话题，你关注哪个方面，就努力朝哪个方面走，别碰那些跟自己没关系的事情。

你看我做自己的节目，家庭、教育、情感、艺术，这些我都敢谈。金融、房地产，我碰吗？我不懂，绝对不碰。人不是万能的，我觉得一定要清楚自己的强项。而且你的基础知识积累够了，现在需要社会经验，如果没有社会经验怎么办？生活经验，结婚生孩子，也是经验。

问：我想问个特别俗的问题，您三十多岁才结婚，面临过催婚吗？怎么应对？

金星： 我告诉你，催婚在我这儿不成立。我那天在脱口秀里说了，你们别以为婚姻那么难，按我的生活经历，按我的背景，我压根就没有准备嫁人。遇到催婚的时候，我觉得你要给父母一个信心。如果你这辈子不想结婚，就用另外一种方法跟父母说，躲是躲不过去的。躲，绝对是下下策。你可以说这几年我不想结婚，或者真没碰到好的，跟父母交流好。其实父母想看到的，是你过得开心健康，自食其力，生活是快乐的，就好。

梁赫群 ▶

台湾金牌制作人

我是"星二代"

我是在台湾屏东的"眷村"家庭出生的。"眷村"一般都处于台湾比较荒凉、比较偏僻、比较没有人居住的地方，我就是在那里出生的。去过台湾的人都知道，屏东在台湾的最南端，靠近垦丁。我是在空军医院出生的，出生在早上五点十五分，据我奶奶的说法，我早上出来是要找东西吃，所以后来会长得这么富态，其实跟生辰八字有关的。

我爸爸叫梁修身，那个时候我爸爸很红，是一个大明星，据他的说法，不输给现在的周润发和刘德华。他的代表作叫《笕桥英烈传》，他在里面演的是男一号，抗日英雄飞行员高志航。这部电影是 1977 年的电影，那个时候入围了台湾金马奖的很多奖项，最后得到了金马奖的最佳影片、最佳导演、最佳剧本、最佳摄影、最佳灯光，就是没有得最佳男主角，这是我爸爸一辈子的遗憾。他说他那个时候红到一段时间里有十组戏同时拍，有时候在阿里山上拍，赶回来又到台北，那个路程是很艰辛的。

我 1986 年念初中的时候，刚好是人生最叛逆的时候，我爸爸也是不知道要怎样教育我，居然带一个活泼好动的孩子去钓鱼。谁有耐心安安稳稳地坐在那里陪他钓鱼？那个阶段发生了很多事情，因为我的功课不是那么好，有一些功课跟不上，但爸爸又是名人，有的时候在学校里面，或者在公司里面，这种情况是助力，也是阻力，是帮助你的力量，也是阻碍你的力量。老师看我功课不好，就会拿竹子、棍子打我，说你爸爸是大明星，你怎么考成这样。成绩单拿回家，爸爸说如果最后一名的同学转学了，你该怎么办？

那个时候我遇到了我的班导师，有一天他把我叫到教室外面的走廊，没有打我，也没有骂我，只是淡淡地跟我说了几句话。那个老师梳了一个西装头，戴了一副金边眼镜，讲话又有台湾口音，悠悠地告诉我说：梁同学是这样的，我们已经是初三下学期了，你不听课，没有关系，但是麻烦你不要打扰到别的同学。你趴在桌子上面睡觉，也没有关系，老师会让你毕业的。不然的话，你初中毕业跟初中肄业，到工厂去找工作的时候，在薪水方面会有一些差别，希望你好好地想清楚。

听完这句话，我不懂我为什么不能毕业，更不懂我为什么要去工厂找工作，这不是我要的生活。我整个人醒过来了，可能是人家说的开窍了，我开始思考我是不是应该为我自己的人生做一点事。

后来我就去了补习班，顺利地考上了我喜欢的学校，就是我们台湾的华冈艺校，找到了我自己可以发挥的园地。在那里找到了我的一切，包括我的初恋，我很多的回忆都在那个学校。那个时候我的父亲也开始担心，说我这样的人到底要找一个什么样的工作，所以他有工作机会的时候，就会带着我，甚至引荐我到北京飞腾影视基地工作，但是我毅然决然地拒绝了，因为拍戏一切照剧本走，太局限我的生命了。

我有一个女同学在传播公司工作，就问我，要不要来写短剧剧本？因为她觉得我在学校里面鬼点子蛮多的，一个月领 2.2 万台币，从基层干起，我觉得蛮有意思的，后来就开始走上了综艺这条"不归路"。

在综艺节目的领域，我遇到了第一个贵人，就是柴智屏小姐。那个时候跟她合作小燕姐、庾澄庆主持的《超级星期天》，是台湾早期很有名的节目。她是制作人，那时候她还没有接触到偶像剧的部分，也没有 F4 的出现。

她作为当时台湾星期天收视率最好的节目制作人，每天的作息却很奇怪。她下午三点才来，六点就回去了，因为她要赶着跟她的好朋友打麻将。三点来了以后，听了我们今天的进度以后，没有作任何的判别，她就说我先上个厕所。她上完出来，整个文思泉涌，告诉我们什么事情该怎么做之后，六点就开始打麻将。我印象很深刻，有一次她跟刘雪华姐姐，就是太后专业户约打麻将。因为那个时候我是新人，不好意思太早下班。六点一到，刘雪华姐姐来公司接她，还抱了一只红毛猩猩，那只红毛猩猩很可爱，还穿个小红背心，包个尿布。因为她们要打麻将，红毛猩猩没有人照顾，就说小梁，你没事，帮我看一下，就把红毛猩猩交给我，她们两个就去打麻将了。我抱着红毛猩猩也不知道该怎么办，但是它看起来很温和，在办公室里，我把红毛猩猩放在旁边的椅子上，边做事，边看着它。后来它开始不安分了，去开抽屉，我就把抽屉关上，它又开抽屉，我又把抽屉关上，就弄了一个晚上，直到她们打完麻将。

不过，那个时候心思完全不在工作上，对待工作也不认真。有一次柴姐跟我讲，小梁，你知不知道办公室里面大家都在谈论你？我说，谈论我什么呢？她说，大家都在想你什么时候会离职，有人猜一个礼拜，有人猜半个月，有人猜一个月，大家还下赌注。我想说，大家就这么看不起我吗？但我也想，是我工作的态度有问题吗？第二天我就认真地工作，开始发奋图强，因为我真心喜欢这份工作。之后柴姐说，觉得我好像小鱼儿逆水上游一样，整个人有一点不一样了。

不一样了以后，因为我们是当时台湾很重要的一个节目，别人就开始来挖角了。被挖角的时候，我跟柴姐说，我可能要离职了。她问，你要去哪里？我第一次跟她讲的时候，我说会去一个中午 12 点档的节目，是讲台语的节目，主持人是白冰冰。她问，你懂台语吗？我说我台语讲得不好。她说，那你去干吗呢？你要离开，也要找到一个好的妈妈，找到一个好的妈妈以后,你离开,柴姐我才会放心你啊。我听了,觉得很有道理。

再过半年,又有人来挖角,我跟柴姐说我要离职了。她说,这一次去哪里?我说是一个大的制作公司,做礼拜六晚上非常好的时段。她说,你去干什么?我说他们让我当执行制作。她说挺好的,好吧,那你就离职吧。她很爽快地答应我之后,我反而觉得,柴姐,我在你心里有这么不重要吗?为什么我才说两句,你就让我离职了?她说你这个人真的很难搞,你这一次讲的条件很好,找到了一个好妈妈,我祝你鹏程万里!

这个时候,我就觉得可能是我慢慢往上走的时候了。那个时候就给自己作了一个规划,我三十岁的时候要当上制作人,四十岁的时候要找老板投资,开一个公司,到五十岁的时候,我自己就是那个老板……我开始一步一步地往我设定好的目标上走。我坚持要做的是综艺节目,跟我父亲的戏剧领域区别开来,不然的话,人家永远都会觉得我是某某人的儿子。

没过几年,就接触到了我生命中的第二个贵人,就是你们认识的宪哥,吴宗宪。其实他是挺好相处的一个人,可是大家却觉得他很浮夸。我小时候其实还蛮害羞的,是那种叔叔伯伯阿姨来家里做客,爸爸妈妈说叫人,我却赶快躲到妈妈屁股后面的小屁孩。可是到了这个工作场合,你必须要改变你的个性,他浮夸,你就要比他更浮夸,这样子他才会听到你在讲什么。

因为要录像,必须要把今天的内容告诉他。各位也知道,在直播室的后台,美女如云,美腿如林,有这么多漂亮的人在后面,谁会听我这样一个外形充满挫折的人跟他讲今天的内容?所以我必须要用一些夸张的方式,比如跟宪哥说,宪哥,今天的内容真的不得了,前无古人,后无来者,就是我们找几个人来猜猜看,里面到底谁是真的槟榔西施。他说这个内容我上个礼拜在《我猜》录过了。我就说,那是抄我们的,我们的内容跟他们不一样。其实是一样的内容。塘塞了之后问宪哥,觉得今天的内容怎么样,他说"很普通",大家相视哈哈一笑,然后就大喊一声"录像吧"。上去了以后,宪哥不需要彩排,生龙活虎,舌灿莲花,这就是他的本领。可是因为他的个性是烂好人一个，我的内容再怎么不堪，他也没有打人，也没有骂人，他只会在沙发上面，"哎呦、哎呦喂"地叫着，来表达他的抗议。

宪哥这个人其实是一个大喜大悲的人。也就是因为这几次的合作，跟宪哥的感情很好，一直到现在。其实宪哥身上真的有一些东西是值得我们去学习的，但更多人只能看到他在舞台前面嬉笑怒骂的一面。

接下来这两个神经病，是我后来的人生中遇到的另外两个贵人。我们台湾以前只有三个台，后来开放了以后，变成一百多个台，美其名曰"百花齐放"，可是感觉你的一些资源慢慢地都被耗损掉了。因为你的资源本来很集中，但是后来就分散在这一百个台里面。那个时候我们开始为了节约成本，做了一些节目，就是所谓的"谈话性节目"，比如各位一开始在网上看到的《康熙来了》《国光帮帮忙》这些节目。其实它的成本不高，等于大家在那边聊天，就把一集节目做完了。

我记得第一次上《国光帮帮忙》，就遇到了这个人，我跟他也不熟，但是他在节目上一直不停地骂。后来我就想这个人到底是谁，人家说他是戏剧制作人赵正平。那个时候我、赵正平还有林智贤三个人上节目聊，聊了几次，不管是去《康熙来了》还是去《国光帮帮忙》，收视率都蛮好的。后来伟忠哥（王伟忠）他们想起来，那时候三立电视台有一个节目停掉了，不知道播什么，就想把我们几个人变成那个节目的班底，就是后来的《王牌大贱谍》。没有想到后来收视率还不错，我们三人被称作"景行厅男孩"，我们这个团体后来很受欢迎，还出了唱片。

从 2008 年开始，我个人的转折非常大，除了走到幕前、主持节目，还出唱片。我们三个人组成的"景行厅男孩"组合还出了唱片，是日本的艾回唱片做的，是日本数一数二的唱片公司。小 S 常说我们"景行厅"的粉丝只有两位，其实当时的粉丝还蛮多的，那时候我们也很开心，让我过上了一种以前想象不到的生活，我们也可以变成偶像歌手。不管这个团体现在到底该不该继续存在，它真的是我们三个很美好的一段回忆。

除了我的父亲之外，一路上有很多贵人，当然我今天因为时间关系，只能跟各位分享几位。他们给了我很多的启发，我从他们的身上，从他们的优点或者缺点里面,看出一些做人做事的道理,是人生中非常好的经验跟教材。

作为一个"星二代",要说树立怎样的榜样,这真的不敢当。我工作的时候,一开始都不会告诉大家说我是谁的小孩,因为长得也不像,所以一般人也不会轻易察觉出来。都是从基层做起,苦干实干,白天就是工作,到外面找道具,晚上后期的时候送带子,帮人买吃的。其实中间可以学到很多,不管是工作上还是为人处世的道理。和很多一夜成名的"星二代"相比,这样也许会有一些不同的体悟。因为我从基层做起,吃过很多苦头,所以成长之后也不会有一些奇奇怪怪的行为,不会像那种瞬间暴红的人,可能没有办法承受突如其来的压力。

但我身上还是流着爸爸戏剧的血液,我对拍戏其实还蛮有兴趣的,自己也有一些作品,只是很多都没有在内地上映。我觉得我作为儿子的,如果和爸爸走一样的路,这辈子不见得能超越他,当然也不敢超越他。所以那时候选择了另外一条路——综艺节目,往娱乐的方向走,比较天马行空,可以把一些自己的鬼点子放在里面。我觉得,兴趣才是把工作做好做长的唯一动力。

骆新 ▶

东方卫视主持人

语言的边界

我在十六岁之前，是一个严重的口吃患者，几乎一整句话都说不出来。但是阴差阳错，今天我竟然被放在"主持人"这个位置上。

德国哲学家维特根斯坦有一句话："我们的语言，就是我们认知世界的边界。"

今天在座的，很多是华东师范大学播音主持专业的学生，今后是要专门吃"语言"这碗饭的，但必须承认，我们每个人都有认知方面的缺陷，包括我本人——虽然我们努力想用语言探索世界边界，却发现依然力有不逮。

今天，既然是一堂课，就跟做娱乐节目不一样，我希望大家可以接受我稍微"冷"一点的讲解。现在的很多大学，靠同学课堂打分对老师讲课水平进行评价，学生打分高，老师就可以留下来，学生打分低，老师就滚蛋……我认为，这不太合适。因为，毕竟有一些内容和知识，是挑战我们的思维习惯的，需要花一点力气去理解，换句话说，很多知识，是需要你踮着脚才能够着的，如果老师们都为了取悦同学，靠让大家高兴赚取高分数，那这个课堂或许可以变得很快乐，但对同学们而言，真正的收获感可能就要打折扣了。我们总说"学习是快乐的"，但我认为，别矫枉过正，不要简单地把"快乐"当成最终目的，它仅是个手段。

既然学习本身就是一种克服人性中惰性的过程，那么，就不能是完全追求"找个乐儿"。

我的朋友郑也夫先生，十几年前就跟我说过：越是高等级的动物，越是比一般低等级的动物更能感受到"痛苦"的滋味。就像老虎的痛苦，一定远大于绵羊，绵羊好歹随时还可以吃到草，但是，处于食物链顶端的老虎，却几乎要忍饥挨饿许多天，才能逮到一只绵羊，吃上一顿饱饭，但就是因为饥饿，使得老虎有更旺盛的体力和强悍的竞争力。

中国有一句古话："书山有路勤为径，学海无涯苦作舟。"我本人毕业于中央戏剧学院，戏剧看似是一件富有创意、很愉快的事，但是，拥有真正的艺术表现力的前提，是你必须要有强大的技术做支撑。你若能做到眼到、口到、手到、心到，要经过非常艰难的训练，一直训练到你可以形成一种表演的本能，这样你才算得上一名好的艺术家。

"苦"，肯定是通往"乐"的必由之路，不过，"乐"却是你能够忍受"苦"的动力和目标——如果你对某项工作具有强烈的好奇心，你也就不会把它看成是"苦"，反而会"以苦为乐"。

我在前年拿到上海市的"五一劳动奖章"，我曾参加一个劳模经验的分享会，在我陈述之前，有好多市里的劳模逐一上台演讲，讲述他们自己的故事。我发现，几乎所有的故事，都符合现在的宣传习惯——都显得"极为悲惨"，什么我的孩子生病了，我却不能去看，我老婆死了，但我还坚守岗位，不能离去。

轮到我演讲的时候，我实在是忍不住，对着总工会的领导说：如果我们把所有的劳模评选，都搞成现在这种状态，你想，谁还愿意当劳模呢？那不是评"劳模"，而成了选"圣人"。搞得我们大家彼此要相互"比惨"，什么恩断义绝、抛家舍业，请问，我们从事这个行业的快乐在哪里呢？如果全是痛苦的记忆，凭什么让大家向你学习呢？只有你显得很快乐，人们才会竞相效仿。

咱们就拿雷锋来举例子吧——

我发现，雷锋就是一个"喜新厌旧"的时髦小青年。他在湖南当农民那会儿，1956年大搞"农村合作社"，当时代表先进生产力的手扶拖拉机进农村了，雷锋第一个报名，要当拖拉机手，结果，干了没一年，工厂招工，雷锋又马上去报名当工人——工人阶级多自豪啊。到了1959年，社会上尊重解放军，雷锋马上又报名参了军。雷锋被评为了"先进分子"之后，到北京参加会议，他给自己买了一件皮夹克和一块手表，当时士兵的津贴据说只有十几块钱，他买的东西可是相当贵的。而且，我们看见一张照片，是雷锋在北京天安门广场附近骑摩托车的很"拉风"的样子……

你可以发现，雷锋就是一个追求快乐和时尚的人，那个时候，助人为乐也是一种风尚。今天，许多年轻人不太愿意说"学雷锋"，但是，他们一定不愿意拒绝另一个称号：志愿者。志愿者就是代表着一种风尚，一种为他人提供帮助，同时可以让自己有快乐和满足感的风尚。

今天我们在社会上看到的很多事物，就像是一座冰山，我们可能只看到冰山水面上的那一部分，其实，冰山有五分之四的部分是沉在水底下的。就像东方卫视每年要花好几个亿来做节目，但这并不是我们全部的开支，为了让每一个观众能够看到东方卫视，信号光是上了卫星不行，我们还要落地——要进入各个省市的有线电视网，所以，有大笔的钱要花在电视信号落地上。

维特根斯坦说："一切可以赋予人生以意义和价值的东西，都是不可言说的，它们是如此之神圣，以至于不能被说，只能在沉默中显示。"

艺术就是不能被言说的。艺术创作，是人们对客观世界的一种主观感受，并努力想把它通过某种形式表达出来，是一种从"信号"加工到"符号"的过程。什么叫把信号加工成符号？比如说，我在墙上贴一个告示，上面画一个火苗并打一个叉，你就明白这是一个信号——禁止烟火。但是艺术的创作过程,却是给你创造一个特殊的语境,比如我们把灯都灭了,播放一点神秘音乐,我划亮了一根火柴,请问,这个火代表什么?此时的火,不再是简单的火灾或求救信号了,它是一种符号,可能代表你对人生的欲望,代表吸引,代表渴求,代表焦虑,这个符号你能说清楚吗?你说不清楚。但正是因为它说不清楚,它才有艺术的价值。所以,有一种动力热力学的说法叫做"熵值",一个作品的"熵值"越高,也就是它的不确定性越高,它的流传程度就越广。就像我们一直喜欢看《红楼梦》,正是因为它有无数种解读方式。莎士比亚塑造的哈姆雷特,一千个人就有一千种对他的想象,实际上,哈姆雷特就是我们自己内心的焦虑,他应不应该和奥菲利亚一起?要不要杀死他的继父?我们人生无处不在面临选择,这种选择,折磨了我们的一生。马尔克斯的《百年孤独》你们读了没有?很多人在马尔克斯的作品当中,都可以体悟到不同的人生况味,但没有一个人可以把马尔克斯的作品讲清楚,所以,说得清楚的是信号,说不清楚的才是符号。

语言既然是符号,它浓缩了人的思想,那么,想要把思想转化为语言,也必须经过良好的训练。比如说,如何在一分钟之内,把一件事情讲清楚?如果你现想现说,效果恐怕是很差的,相当于你的想法有1,但表达必有折损,可能还不到1,0.5?而如果你事先花了60分钟写一篇稿子,哪怕陈述出来的长度只有1分钟,但这1分钟表达却压缩了60倍的思想劳动过程,这样的思维力度才是有分量的。这个很像是"牛顿第二定律",一个物体的质量和它的速度成反比,和它的引力成正比。你的作品,究竟能不能吸引人关注,取决于你自己认真思考的质量。"以其昏昏,使人昭昭",那绝对是不可能的。

什么是一个好的主持人?并不是说你做了一个好节目,而是一个看似很烂的节目,因为你的加入,把它的品质提升到一定的高度。锦上添花不难,难在点石成金,这才是水平。

我今天既然要说"语言的边界",首先要搞清楚,我们的认知天然就是有缺陷的。有一部电影叫《星际穿越》,相信许多人都看过。

我们都知道，在哲学层面上，人类对这个世界的认知，大多是基于经验。我们做新闻也好，做任何其他节目也好，都希望寻找到原始事物的真实面貌，所谓"还原真相"。但什么才是真相？我认为，人类不可能还原真相，我们充其量只能是"无限接近真相"。

现在，有很多讲高维度的影片，比如《星际穿越》。但我们先得搞清楚什么是一维、二维、三维吧。什么是一维？一条线。我们把它理解成一个下水管道，你就是管道里面的维修工，当你进入这个只能容身一个人的管道的时候，你的思维就跟这个管道一样只能有一维。什么叫一维的思维呢？不是前进，就是后退。无论这个管道在地下如何起伏弯曲，对于你来说，都没有意义，你只有前进和后退，你没有上和下的概念，在我们生活当中，我们也非常习惯这种思想的一维法则，那就是非此即彼，非好即坏，你不是好人就是坏人，你不是我的朋友，就是我的敌人，这事不是你错就是我错。如果你是这样思维的人，恭喜你，你就是这个管道里被困住的维修工，当然我们不是瞧不起维修工，但是我们必须得从这种简单思维里走出来，回到一个立体世界里。说白了，难道就没有一种人既不是你的朋友，也不是你的敌人吗？不但有，而且还占人群的绝大多数！可是，简单的二分法思维害苦了我们，在一维世界里，我们除了爱，就是恨。

好，咱们再上升到二维。我们能想象二维空间的生活是什么样的？想象一下一个二维的蚂蚁在这张纸上爬，在它的眼睛里，这个世界就是平面的，它永远只能看到世界平的一面，没有高和低的概念，如果它前面画了一条二维的线，对不起，蚂蚁就无法穿越过去了，它必须要绕过这条线走。那么，现在来了一只有长宽高三维概念的动物，比如说一只猫，它走在纸上看到前面有一条线，对于猫而言，这根本不是障碍，迈腿就走过去了。但是，我问一下各位，在这只二维蚂蚁的眼里，这个猫是什么形象？

说出来，你可能不信——在蚂蚁的眼里，它只能感觉到猫的四个爪子可以接触到纸的部分，所以，它发现有四个莫名其妙的点在移动，一会儿有，一会儿没有，这只二维的蚂蚁，完全不能理解这个三维世界是什么样子的，可怜的蚂蚁，这就叫"眼界的局限"。

而如果我们再把时间概念加上去呢？四维时空，就像这里有一堵墙，你今天是否可以像崂山道士一样穿墙而过？你过不去。为什么？就是因为时间的局限，但是如果我们可以站在一个更宏大的历史角度上看，这堵墙不会一直存在的，100年前它不存在，100年之后，它也可能被拆掉，也不存在了，如果我的寿命足够长，我走过这堵墙所构成的空间，就不是一件完全不可能的事情。

我不知道，在座的诸位年轻人是否可以理解我的意思。其实，在你们的人生旅途当中，你也会不断遇到像这堵墙一样的困境，你之所以绝望，是因为你并没有深入思考，至少没有注意到事物总是要发展和变化的。为什么当你遇到困境的时候，总会有朋友建议你换一个角度看问题？因为，你再过十年回头来看，这还算个事儿吗？

我曾经问过学生们一个问题：北京和纽约，这是地球上的两个点，现在如果让你从北京去纽约，怎么走最近？有人说，两点之间直线最近，就从地球上拉根线呗；还有人说，从地球中心穿过去；还有人提出一个更新的方式，如果你能把地球表面真正地看成一个面，一张二维的地图，只需要把这个纸对折，将北京和纽约点对点粘起来，就变成一个点了。这种类似拓扑学的理解方式，其实，也就是《星际穿越》里面的"奇点"，两个不同时空的连接点。

艺术创作的最大魅力，就是逼着你不断地改变你习惯的思维方式。但是，我也必须非常遗憾地说，由于受人类思维的局限，我们对事物的认知，实际上都是以降维的方式去理解的，这也就是说，我们无论如何也不可能恢复到时空的本来面貌，或者说，我们无论如何也抵达不了真相。

"此刻"可能是我们人生中的第一次见面，但也有可能是我们人生中的最后一次见面，但是我们却很少意识到"此刻"的转瞬即逝性，就像我们拍一张照片，拍一段录像，包括现在你们所看的我，你真的以为，你们看到的是我吗？你们所能看到的，只不过是一个二维画面的我，作为三维事物的我，你们只能简化为二维事物来判断，等我转过身子，你可能会发现，这个"我"根本就不是你们想象中的"我"。这也就是相亲的时候，为什么很多人看照片,发现和看真人差距很大的原因! 如果我们再引入时间概念呢? 究竟这一刻的我是我,还是几十年之后的我是我?

1900 年西方在进入工业化时代后,出现了很多现代派的画法,就像毕加索,他的画被称为"立体主义",现在许多人看了他的作品之后,很不以为然,说连一个小孩子都会画。可毕加索的伟大之处,并不在于他的绘画技法是不是比美院毕业的学生强,而是他在人类历史上第一次试图用一种全新的视角来看待世界。一个人,你从任何位置拍摄,都只是一个局部,但是毕加索通过一个连续的时间的轴绕着这个人画,于是,你就会发现这个人的嘴巴在这儿,鼻子冲着这儿。这还是人吗? 就是人,只是毕加索用了一种你不熟悉的视角来呈现了人。这就是创造性的思维。

很多年轻人在谈恋爱的时候,都喜欢说,我很了解你,实际上呢? 这个世界上不可能有人真正了解你。

在我和你两个人当中,都同时存在着六种关系:一、我认为我是谁,二、你认为我是谁,三、我想让你认为我是谁;反过来:四、我认为你是谁,五、你认为你是谁,六、你想让我认为你是谁。请问,有哪两种关系是完全重合的吗? 没有。甚至你对自己都未必了解。你了解、我也了解的部分,可以被认为是事实。你了解、我不了解的,可能是你的隐私。我了解、你不了解的,那是你的缺陷。你也不了解、我也不了解的部分,很可能就是你的潜能。

康德说:我们人类天生有追求理性,希望把一个东西精准地描述概括出来的愿望。但所谓的理性,却是由你生活中所积累的无数的感性和经验所构成的。

苏格拉底是人,是人都会死,所以苏格拉底一定会死,这是一个非常完美的逻辑三段论。但它一定对吗? 假设我们获得的所有材料都是真实的情况下,地球上生活的 70 亿人确实可能都要遵循这个"会死"的法则。但是,苏格拉底万一是外星人呢? 外星人对死亡的理解跟我们一样吗? 你看,如果有一点遗漏了,那整个理论就被推翻了。难怪现象学大师胡塞尔说:我们所看到的这个世界,只是站在我们的位置所能看到的现象,即便是创造这个世界的上帝,恐怕也没有办法真正认清他所创造的这个世界到底是什么样子。

所以,我们必须承认知识是有边界的,你不是全知全能的,怀疑一下自己,也是你未来有效表达的前提。

按照存在主义哲学家诸如萨特或者海德格尔的说法:存在先于本质。

我的理解是:一个人的所谓"选择",其实在他选择之前,就已经有了真正的判断。按照马克思的说法:人成了人的奴隶。马克思的哲学认为,人应该是自由的,但是你从生命的一开始,就可能是不断地被社会所"异化"的。我们今天抓了这么多的贪官,哪一个贪官当初不是真想做成一番事业,不是真想"为人民服务"?陈胜说:"苟富贵,勿相忘。"但等他真的坐到那个位置的时候,就真被某些欲望给吞没了,连敢当众叫他小名的人,都会被他砍了头。所以人是会变的,你也是会变的。你认为我们真的有理性吗?人的理性,也是相对而言的,理性发挥作用的前提,必须是条件被事先设定且有限的,这个怎么理解?我们拿概率学来说。现在我们拿 100 个黑豆加 100 个白豆装在一个盒子里,请问,我现在随时拿出来一把豆子,是不是可以做到 50% 黑豆 50% 白豆?不能。我抓第二、第三、第四、第五把……当我抓的频率足够高,平均数一定接近 50%,所以,这个是一个概率的问题,它必须是有前提设定的。如果豆子的总量是无限的,你还能预计抓出来的一定是黑豆还是白豆?概率是符合基本逻辑的判断,但概率永远解释不了很多意外。

历史上很多大变革,看似是理性的选择,其实很多只是非理性的冲动而已,或者说得好听一点,历史是被感性所创造的。无论是孙中山还是希特勒,他们搞革命也好,或者发动战争也好,他们都不知道未来是什么样的。

我读民国历史,孙中山在辛亥革命成功前,四处筹钱干革命,他自己的生活都有困难,但是还会筹款、捐款。临时约法生效之后,孙中山在北京第一次见袁世凯,他的要求就是大总统我不当,我只想当铁路部长,你给我钱修10万英里铁路。袁世凯对部下说，孙中山这个人很好，有理想，有抱负，但是他这个人实在是没有什么经验。我自己做直隶总督和总理，修了一条铁路，都还花了那么多时间和金钱，孙竟然想一蹴而就，他的想法太幼稚了……但是，真正能够改变世界的，恰恰靠的就是这种"幼稚"。如果你经过反复琢磨的话，企图规避一切风险，那就什么都别干了。所以，有的时候你要做一些选择，恰恰是靠你的感性。

大家别误会，我之所以如此讲感性的重要性，并不是说不要理性，而是强调感性和理性是人性的一体两面，作为一个新闻人和一个知识分子，你要做的，依然是坚持理性！因为理性会让这个社会减少暴力和冲突，让人们能够更好地了解、理解、和解！

我认为，作为一个知识分子最重要的是，第一，保持你的理性判断，控制你的语言边界。第二，和权力保持一定的距离，不要拼命地赞美。当把赞美当成一种谋生手段时，赞美就无意义。同样，如果把批评也当作谋生的手段，批评也没有意义。

信息是一种权力。生意就是靠信息差去挣钱，我知道的信息比你多，信息不对称。同样，传播打的也是一场信息战，如果你的"知识货币"和观众所拥有的是完全一样的，对不起，你就缺乏交易的资格。

同样，权力系统之所以能够竖立权威，前提是它掌握比你更多的信息，甚至要屏蔽这个信息，权力要对信息进行过滤、加密、筛选，保持神秘感。制造神秘，也是吸引大家产生想象力的过程。自古以来所有的君王，都说我是君权神授，但是这个与上天通话的能力，只有我的祭司才有，你们都没有，祭司说我是皇帝，那么我就是皇帝，没有办法。后来有了书籍，知识一旦被广泛地传播以后，信息专属权就被打破了。然后，大家就发现你不过就是一个普通人，"帝制"也就很难存活了。

所以，书籍的发明和普及是一件很重要的事。同样，今天有了互联网，你会发现骗人越来越难了，你与其费尽心力去保持一个所谓的神秘形象，还不如跟大家实话实说。

这一点，潘石屹就很聪明，潘石屹说我们的房价不高，一千块钱一平米不高,很多人说潘总你应该印点潘币让我们买得起房子,潘石屹说,你既然这么说,那么我明天就在互联网上发行潘币给你们看,潘石屹懂得用自嘲的方式降低对方的攻击力。"文化大革命"的时候,红卫兵批斗侯宝林,说侯宝林是封建残余,结果侯宝林的个子很高,有一米八几,红卫兵都是小孩子,个子矮,说我们要打倒你,你给我们跪下,侯宝林说,我跪下也比你高,干脆我趴下得了,结果把现场搞得是爆笑一片,这批斗会开不下去了。你发现没有——有时候你的自嘲,恰恰是一种自我保护。让别人能够接近你,信任你,建立良好感觉的方法,就是别装孙子。

我发现,有很多主持人特喜欢别人叫他(她)帅哥主持人、美女主持人,其实越在乎什么,就越说明你在这方面自卑,何必呢?维持神秘感的成本是极高的,很难持续。

对人类的历史而言,时间距离相隔越久远,反而越能够看清楚真相。不要希望你比新闻跑得更快,紧随其后就够了。摄影师卡帕有一句话,很重要:"如果你拍摄的新闻不够好,那说明你离新闻还不够近。"而对于一个好的主持人和电视制作人,追求距离新闻细节越来越近的同时,你对新闻的整体判断,还要保持一定的距离感,甚至要拉开点距离,你要形成观照,因为太近了,你反倒会丧失真实感。一拉开距离,你才会发现真的没有什么人可以主导历史,貌似他们有选择,实际上根本没有选择。所有的阴谋论,许多不过是"小概率事件扭转大格局"给人们带来的错觉。

茨威格有一本书《人类群星闪耀时》,就是告诉你,人类的历史有许多是靠小概率事件改变的。什么叫小概率?举个例子,当年奥斯曼土耳其攻破东罗马帝国的首都君士坦丁堡——那座伟大的城市,固若金汤,土耳其人打了很多年,都没有打过去,结果是里面的居民出来买菜,进出都得走一个非常偏僻的城墙小门,有人出来的时候,忘记锁门了,被土耳其人的侦察兵发现了,就派人进去了,不断地往里面送兵,一举攻克了君士坦丁堡。

有人说,一颗钉子毁了一个马掌,一个坏马掌弄伤了一匹战马,伤了一匹战马,就折损了一个骑士,而这个骑士恰恰又是将军,结果,导致输掉了一场战争，最后灭亡了一个国家，所以，一个国家的灭亡竟和一个钉马掌的小钉子有关，这就是影响世界的偶然性。

当然，我们这个世界永远存在小概率事件，但我们也完全没有必要紧张到为了一个小概率事件，就劳民伤财地改变公共政策。那也是有病！

比如说，今年（2014年）元旦，上海发生"外滩踩踏"这么大的事，曾经有人问我，为了安全，上海市政府是不是今后对人们去外滩散步要有更加严格的控制？我说这太难了，上海有2400万人口，出现死伤的频率，根本就不是"有"和"无"的概念，而是"多"和"少"的概念，就是说早晚都有人会死，是集中在一次死，还是分不同时间、不同地点死，就是这种区别。三十多万人挤在外滩，这么多人，有人还是继续往里面挤，为什么？因为我们的教育是长期让人们缺乏主体人格意识的，我们都很容易放弃自我对风险的判断，总认为政府会包管一切的，搞笑吧，你都不拿自己的命当回事，还指望着出了事之后，有政府替你追究责任？你都死了，能重来一遍吗？当然，那天发生踩踏死亡事件，也算得上是一个小概率事件，1/300000，但如果死亡的偏巧是你，那概率可就是100%了。

我再举个例子，劝你别抽烟了，因为"抽烟会导致肺癌"，这实际上是一个错误的概念表述。你以为抽烟一定会得肺癌吗？抽烟只是增大了得肺癌的概率。很多人抽了一辈子烟，也没有得肺癌；很多人一根烟都不抽，最后得肺癌死了。再比如说开车，你很注意安全，但你不撞别人，别人还可能会撞你呢，这些都是小概率事件。我们需要留意的是，是不是因为一个城市发生的小概率事件，就要改变公共政策呢？

这一次，外滩踩死了那么多人，以后是不是要规定所有人不许上外滩？比如说，上海一个主持人走在广东路，被施工的砖头砸伤了，那上海市政府为了考虑老百姓的安危，规定今后市民出门必须带钢盔，可以吗？

再比如说，我们现在有网约车，这在某种意义上来说是一个共享经济的创新开端，未来的经济趋势，一定是共享经济。欧洲对年轻人做了一个调查，由于欧洲停车艰难，养车的费用也很高，年轻人中只有4%的人想买车，大多数人不想买车了，因为停不了，这和上海很像，所以汽车厂急了，没有人买车了怎么办,所以你看宝马推出了"i3 计划",奥迪推出了"奥迪卡"计划,戴姆勒已经在重庆投放了 600 辆 SMART。车的作用,就是把你从 A 地送到 B 地,这个是服务的核心,你不一定需要拥有汽车,你需要开的时候,开这个车,你到了地方停下来,你就去办你的事,然后自然会有人把这个车重新做调配。现在宝马、奥迪和奔驰都在做这样的计划,他们认为分享经济一定是大方向。你知道现在有大数据,大数据就是分享,就是通过这样的方式,尽量地多利用资源。比如说有人开顺风车,带了一个人,结果出车祸了,给撞死了,家属去告顺风车司机,让他承担责任,这种可能性有没有? 有。但它是大概率还是小概率事件? 总不能因为出了乘客被撞了,或者哪个女乘客被司机劫色了这样的极小概率事件,就因噎废食,改变了公共政策吧? 行政部门动用各种手段控制网约车,这么做,还有什么鼓励创新可言? 这一定是和大方向背道而驰的。

我今天为什么要讲这些? 我们首先要通过哲学上的认知,先搞清楚我们的认识是有局限性的,我们有许多偏见或者刻板印象,它形成的原因都是来自于糟糕的教育,它刻意让你相信,某些人天然就是好人或者是坏人,只要是政府出手管理就一定是对的,完全不考虑市场自由博弈,完全否定"看不见的手"的作用,我们似乎掌握了太多的真理,却一直看不见真相。

我们在逻辑中常犯的错误,除了"非此即彼"之外,"以偏概全"也是一大类。比如"河南人都是骗子","东北人没有一个好东西"……基本上都属于这一类,所谓"脑残"就是指持这种思维的人。所以,中国的社会永远都希望诞生一个超级政府,什么事都迷信立法,希望政府出手干预,其实,很多事根本不需要政府来管,那是你自己的权利!

我想问大家一下,业委会你参加了吗? 参加过业主大会的请举手? 你知道你们的小区业委会主任是谁? ……看,不足五个人,这就是中国的现状。我们一方面在说,我们要成为这个国家的主人,另一方面,我们连我们最基本的公共事物都不关心、不参与,你还要去收复钓鱼岛? 你信吗? 除了砸同胞的车,很多人真的没有别的本事了,这就是一个典型的简单化思维，凡事寄托给权力部门，自我矮化，自我放弃。维克多·雨果说过一句话：寄托，往往就意味着断送。一个对公共事务毫不关心、全然冷漠的人，怎么会突然有一天，就怀揣着爱国热忱上战场了？没有这样的事情。

还有一个错误，叫做"诉诸差异性或者特殊性"，有人批评说警察不作为，那么有警察就反问你，你自己为什么不当警察？有关系吗？古时候，庄子和他的朋友惠子在河边散步，庄子看水里的一条鱼游得很欢，庄子就说，这条鱼游得真开心啊！他的朋友惠子就问了：你又不是鱼，你怎么知道鱼开心？庄子说：你又不是我，你怎么知道我不知道鱼很开心呢？……这种循环架，吵起来没有完，有意义吗？本来是一个普遍性的问题，非要弄成一个特殊性的问题，这个就叫抬杠。

我们还经常"因果倒置"。比如说，只要控制了物价上涨，就控制住了通货膨胀，这是一个因果关系吗？可能是一个反因果关系。我们小时候，一直在唱一首歌《大海航行靠舵手》，"鱼儿离不开水，瓜儿离不开秧，革命群众离不开共产党"，后来发现，这个逻辑错了——党是水，革命群众是鱼，这个关系对吗？应该是政党是鱼，人民群众才是水！

我们小时候开大会，唱歌先唱《国际歌》："这世界从来没有救世主，也没有神仙皇帝。"马上第二首歌唱《东方红》："中国出了个大救星。"前面刚说"从来没有救世主"，后面马上就说"中国出了一个大救星"，完全是悖论嘛。我大概到五年级的时候，才突然发现这两首歌有问题，我还跟我爷爷说，我爷爷一个大嘴巴子打我脸上，说："谁有问题？是你有问题。"我前两天还写了一个微博段子，老师教同学说，什么叫"历史虚无主义"，同学说，就是你什么都不想让我们知道，老师咽了口唾沫，说，你们可以下课了。

还有一个错误，叫"模糊因果"。比如说，练举重的都不长个，只要多游泳，身材就会苗条，这就是典型的"模糊因果"的逻辑。谁说练游泳的身材就一定好？我的朋友游得挺好，但他就是胖子。其实大家搞错了，为什么挑游泳运动员要挑身材好的人，那是因为流线型身材游泳的时候阻力小，而不是因为游泳了身材才变好。同样，举重运动首先要先挑个子矮的人当运动员,那是为了最大限度缩短"做功"的距离,这和练举重把个子压矮了完全没有因果关系。这就是中国人的习惯思维,一天到晚被自己的逻辑所蒙骗。

还有"思维定式"的问题,比如"不能让孩子输在起跑线上",这个就不用说了,一定是思维定式。

还有一种错误叫"断章取义"。我小时候读《庄子》,"吾生也有涯,而知也无涯,以有涯逐无涯",老师说:"同学们,庄子告诉你们,一定要好好读书,你的生命是有限的,但知识是无限的。"等我长大了再读《庄子》,才发现我的老师太坏了,全是断章取义,庄子是一个悲观主义者,他的原话是:"吾生也有涯,而知也无涯,以有涯逐无涯,殆已。"我的生命是有限的,而知识是无限的,如果你妄图用你有限的生命,去追求无限的知识,那你就完蛋了。好嘛,意思完全相反!

还有很多女孩子喜欢对男朋友说:"你如果爱我,就不会忘记我的生日,你今天没有记住我的生日,就说明你不爱我!"要知道,这两者并没有必然关联。

还有一种叫做"诉诸情感",比如"反抗即正义,弱者即道德"。

中国人一切的革命思维都来自于浓烈的情感,特别是暴力对抗的情感。所以你看为什么电视剧要拍摄"裤裆藏雷"、"手撕鬼子"? 我们几乎所有的抗日片都是灌输仇恨,做暴力审美。

在这一点上,我特别建议大家看一下两部克林特·伊斯特伍德监制的美国电影,《硫磺岛来信》和《父辈的旗帜》,专门描述二战期间的"硫磺岛战争"。美国人对战争的思考,比我们明显要深邃得多,一部片子是站在美国的立场上看战争,另一部片子则是站在日本的立场上看战争,他们发现,其实只要是战争,对双方而言都是悲剧,这个才是真正的反思战争的做法。

最近有一则新闻,一个小贩杀死了警察。很多人还没搞清楚事情真相,就大叫:杀得好! 城管该杀,警察该杀! 在座的诸位,每个人都不能逃脱"革命教育"长期的浸淫,仿佛只要是反抗就是正义的,只要是弱者就一定是道德的，你有钱就一定为富不仁，我抢你就是理所应该。

我想起来一个案例，一个孩子由于母亲得了绝症，没有钱看病，就拿了刀出去抢劫，大概就抢了几百块钱，但是把人给捅死了，因为他是未成年人，罪不致死。做这期节目的时候，很多人都愤懑地骂：母亲病了居然没有钱治，是这个社会逼着这个孩子犯罪的，把人给捅死了，是制度的错误，不是他的错误。我觉得这种说法就过于简单化了，孩子捅了人，当然需要付出法律的代价。在西方发达国家，民众可能就不是这样思考问题的，人家是就事论事，谁该承担什么责任，就什么责任，捅死人的凶手当然要依法惩罚，但是，我们可以发起一场募捐，帮助他母亲好好治病，这本来是两码事嘛，干吗总要混在一起说呢？

再举一个逻辑错误，叫"选择性失明"，就是刻意把问题最大化或者是最小化。比如有人拼命赞美"文革"好，说什么"文化大革命时期至少没有毒奶粉"。包括在探讨民国问题时，一味地说民国的教育有多么多么好，民国出了很多的学术大师，为此，我的老朋友葛剑雄在政协会议上说：民国那时候全国 4 亿人口，但只有 1% 的人有文化，99% 的人可能都是文盲，这就叫"选择性失明"。民国很脏，民国很乱，但民国也确实在乱世中出了很多让我们敬仰的伟大人物。为什么今天许多人崇尚"民国范儿"？原因很简单——因为人们对今天的很多教育制度和言论环境不满意，真正的核心是在这里！

最后一个逻辑错误，我把它称为"存在即合理"。百代皆行秦政法，牢骚太盛防肠断。我们中国五千年了，但我们的文化中，确实存在着一种不思进取、不思改变的懒惰情绪，人为存在即合理。这些已经不是价值判断，而是技术判断的问题了。

语言逻辑的混乱，造成我们对事物的理解会产生很多歧义。当然，歧义也会促进艺术的发展，比如说："疼痛最能令人认清自己到底是谁，什么才是最重要的。遗憾的是，疼痛不是常态，幸运的是，疼痛不是常态。"你看，我在不同的语境中，"疼痛不是常态"这句话，就有着不同的意思。

我老岳母前不久因为癌症做了一个手术，手术前老人还很乐观，她认为，自己已经八十多岁了，经历了人生各种风雨，就算情况恶化，她也能坦然面对。但是，等做好手术以后，她就不断地询问我："为什么医生不给我做化疗？"我说："为什么要做化疗？您都八十多了，化疗会让老年人身体受不了。"她说："你看隔壁的老张都做化疗，不给我做化疗，是不是我有什么问题？"于是，我就给她出具了所有的诊断证明，包括我和院长的谈话，表示她的手术很成功，无需化疗，但她怎么也不信。通过我岳母这件事，我开始思考，人真正的恐惧是什么？人真正的恐惧，并不是死亡本身，而是被人放弃和遗忘。所以，我们做传播工作的人所能尽的一切努力，就是不要让对方陷入绝望中。

从另一个层面上讲，一切暴力也都是源于恐惧和自卑。我一直坚持，在任何冲突中，双方应该先好好说话，至少要拿出相应的证据给对方看，多用事实判断，而不要轻易作价值判断，更不要以谩骂的方式论战，以不可辩驳的方式提出异议。

我对人性一直是持有一定怀疑的。许多年前有一个新闻，就是"踩猫事件"，那位虐猫女接受记者采访，她说：我踩死自己的猫，那是我自己的东西。记者说：我自己也养猫，我就不忍心踩死它。女孩说：那是没有人给你2000块钱，有网站付了钱，让我踩，可以吸引流量。记者很愤怒，说：给我5000块我也不踩。虐猫女问：那我给你100万呢？记者咯噔了一下，没有说话。虐猫女说：你看，这就是你和我的区别，只是给你的价码还不够高吧？

再举一个极端的例子，今天你们都认为我是一个好人，但现在突然闯进来一个人，拿枪顶着我的头，给我一颗手榴弹，说让我把今天所有的人炸死，我怎么会忍心干这种事？他又说，你看你的女儿已经站在门口，你今天如果不炸死这一屋子人，我先挖她一个眼睛，给你10秒钟，你炸还是不炸？大家不妨说一下，此刻的我该不该炸？……你们大概理解了，什么叫人性吧？多数人的人性是经不起考验的。

上海市精神文明办的领导给我讲过一个例子：2003年，上海市的企业赞助了3000把爱心伞，放在公共场所发放给老百姓，下雨的时候，你可以打伞回家，但是第二天要送回来。2003 年据说还有将近 40% 的伞被送回来。到了 2010 年，同样又搞了 3000 把伞，也放在各大商场的门口，结果送回来的只有 17 把伞。文明办的同志得出结论：这说明上海市民的精神文明的程度是严重下降了。我对这个结论是当场表示异议的——你这是在用不恰当的方式考验人性。他们拿走伞不还的理由有很多种，不见得都是道德败坏的结果。上海太大了，拿回家忘了送回来，或者他送回来的成本太高了，也可能是伞坏了，或者是中间又送给别人使用了，这些都是有可能的。所以，请不要考验人性。我们为什么要呼吁建立制度？制度不仅仅是指在你犯错误的时候去惩罚你，而是争取不让你的人性总接受不恰当的考验。没有制度，但凡是人，在人性的层面上都会做出意想不到的事，你和我都一样，没有人可以被轻易相信。

人之初，究竟是"性本善"还是"性本恶"？孔子说得对，性相近也，习相远也。后天的习得会改变人。第一，当然靠教育；第二，还是要相信制度。

当然，我并不是不相信有一部分人具有良好的品德，比如文天祥、瞿秋白这样的人，我真的特别佩服他们，可以在别人许以高官厚禄的情况下，宁愿选择死。

忽必烈其实并不想杀掉文天祥，他非常钦佩文天祥。文天祥看到宋军崖山之败后，十数万宋朝军队都被歼灭了，他也不是没有想过放弃，中国古代的一些规则给文天祥提供了一条出路，那就是，如果前朝覆灭了，皇帝也死了，你只要不在新朝为官，你就可以有一次当"遗民"的机会。文天祥也向忽必烈提出，你就把我放了吧，我在江西的老家还有老母亲，我不出仕元朝的高官，我也保证不再抵抗元朝。但是，在文天祥被关在元大都的几年时间里，全国各地反元的义兵都打着文丞相的旗号。当然，这个过程很复杂。元世祖最后决定，不杀不行了。临行前，因为文天祥跟狱卒平素的关系都很好，狱卒说，文丞相你给我们每一个人写一幅字吧，文天祥就很认真地写了，出来的时候，向江西的祖宅方向叩首，非常平静地去刑场，接受最后的处斩。我觉得，这种视死如归的人，确实值得我们钦佩。

但是这样的人多吗？你真的希望每个人都成为文天祥，每个人都成为所谓的圣人？为什么中国的圣人少？恰恰是因为中国把这些人物过分神圣化了，使得他们距离我们太远了，我们发现自己做不到，学着太吃力。我觉得老外的方式就很好，尤其是美国人的电影，一定要展示人性的不足，这些英雄也有缺点，不是完人，这就给了人们信心，我们也可以试着克服弱点，做一个对民众、对社会有益的人。所以，千万不要去造神，我一直反对造神。你有缺点，他也有缺点，只是他克服缺点的毅力比你强那么一点而已。

道德从来都是在动态中逐渐确立的，又逐渐改变标准，换句话说，它是依靠人与人之间、组织与组织之间的"相互纠错能力"而获得的。道德不是靠教育出来的，是靠整个制度约束、谈判出来的。

前不久，湖南卫视播放了电视剧《武媚娘》，这个事情大家都知道了，武媚娘最后被勒令剪成"武大郎"了。我去广东开会，有同行问我，关于武媚娘被剪成"大头贴"，你有什么看法？我看到有广电总局的领导在下面坐着，我也不能说什么。我说，能否允许我说三句话，完整地表达我的态度。

第一句话，我说坚决支持广电总局的行为。为什么？诸位大概知道什么是冷媒体，什么是热媒体吧？冷媒体就是针对不特定人群的陪伴型媒体，就是你无论什么时候，都可以看到它。而热媒体则是针对特定人群，你要花钱或者是需要设置一定的门槛才可以看到，比如说你买一张电影票去看的电影就是热媒体。电视是随时打开、随时播放，所以，作为冷媒体，必须要用更高的道德标杆来要求。你不能保证有些内容适合心智发育不成熟的未成年人看。比如说现在的车模吧，现在搞车展，车模都不知道暴露成什么样子了，至少车展是不分年龄的，也算是冷媒体。

但是第二句话，是除了禁播之外，是不是还有更好的方式？比如说分级制，在美国，如此暴露程度的片子都是在 10 点以后播，或者是未成年人在成人的陪伴之下看，再厉害的就在 12 点以后，完全是成人看的，因为孩子都熬不到 12 点之后，都睡了。你把《武媚娘》放在 7 点半《新闻联播》刚一放完就播，怎么办？只好停掉。但你这样做，既不尊重电视剧制作方，也不尊重购买了这个片子的电视台，更不尊重观众，同时也不尊重广电机构自己，要知道，这个片子可是你事先审查过的啊！一个举措，所有方面都是利益受损者，几乎没有任何人是真正的获益方，这难道不是政策出了问题吗？

第三句话，任何事情只要产生了争议，就说明这个社会在进步。你得承认，今天现场所有认为合理的事情，在未来可能都会被否定。请你记住这句话，不要过分自信和偏执。

三十多年前，在我小的时候，中小学生绝对不允许留长头发、穿高跟鞋、戴蛤蟆镜、穿牛仔裤，但是你们看三十多年之后，这样的问题，还会有人探讨吗？当年放的电影《水晶鞋与玫瑰花》，当时《大众电影》封底登了一男一女两个主人公亲吻的照片，1980年初，批这个电影和这张照片的文章多如牛毛。说什么"毛主席尸骨未寒，你们直接就放出两个老外在亲吻的照片，多么不像话，简直是下流"。现在，公共场合看到两个年轻人在亲吻，没有人说闲话了，这就是社会进步的表现，人们对看似敏感的问题的宽容度提高了。包括人们对同性恋的理解。同性恋可不是现在才有的，一直都有的，为什么现在看似多了，因为我们的社会宽容了，大家敢于承认了。你如果活在希特勒时代，希特勒杀三种人，同性恋就是其中之一，你敢承认自己是同性恋吗？

今天，互联网给我们提供了一个自由的思想交流的市场，传统电视台，我相信已经难以为继了，因为传统的电视台强调统一的价值观、知识观，它所依附的是权力。而互联网是"去中心化"的，互联网就是自由人的联合体。人们的需求被渠道的多样化重新分配。所以，市场细分就是自媒体存在的特征，特别是在内容领域，"独特"的性价比和效用值的考量才是最重要的。

什么是独特性？我们希望大家都能换一个全新视角看问题，就像用一个简单的快慢方式看问题——我们现在生活节奏都快，社会也习惯于强调快，一快，生活中的许多美就被忽略了，如果我们试图将那些看似渺小、卑微的行为，像电影慢动作那样重放，你会发现，这个卑微的行为，也会显得很崇高。而你把一个庄严缓慢的过程，加快放映，再庄严的东西也会变得很滑稽，没有一点的神圣感。所以，生活是要适当地降慢一点速度的，慢下来，你会更在乎生命体验，否则就觉得活得没价值。日本为什么崇尚茶道？茶道就是讲究慢，每喝一杯茶，就用手慢慢地摩挲茶碗。如果我带了个客人一起喝茶，我和主人之间可以对话，另一个我带来的客人如果有事要问主人，不能和主人直接说话，他必须要通过我，因为我是主客，由我再去和主人讲，然后，主人也不能直接和客人说，他要和我先说，再由我转述给客人。你知道为什么要这样做吗？是为了通过这种方式，降低现场出现嘈杂的可能性，你会发现每一句语言，都是有分量的，人不能瞎说话，止语，所以就会保持安静。日本的茶道师跟我说，慢慢品味的目的，都是要让人知道，这世界上还有多少人正死于战争、疾病、瘟疫和经受各种心灵痛苦的折磨，但在这一刻，你还能喝到这杯茶，所以，感谢生命吧！

很多年前，日本有一个非常好的茶道师，他家里种了很多花，当时的大名丰臣秀吉就对他说，早就知道你家里种了很多花，我能不能去看看。在丰臣秀吉去看的前一天，这位茶道师把家里所有的花都拔了，然后，丰臣秀吉一进门时，突然发现，什么花都没有了，花在哪儿呢？这个茶道师一言不发，把屋门一拉开，在这个屋子的正中央，有一个瓶子，里面插了一枝这样的花，秀吉大为震动。

这个故事很打动我，许多事情，少了，反而能凸显它的精神，多了，反而形成了噪音。所以，我觉得人生不光是算加法的过程，还是一个算减法的过程，许多主持人的语言没有力量，有的时候问题并不在于太少，反而是在于太多。

最后，和大家分享两句话：秀恩爱和秀高尚，都是一种选择性失明。

思考如登山，越行至高处，越显得孤独，所以，每一个人都有特殊的视角。唯有上天静静地看着你，并用严寒和缺氧不断地打消你这企图接近他的努力。而山脚下的庸众，也乐得看到你无功而返，重归低处的结局。这种艰难的攀爬其意义何在？除了你自己，没有人会真正理解。所以，不要指望会听到我能理解你这样的宽慰，更不要期待关注和喝彩。从本质上讲，思考就是一种告别群体的探险。无论是阅读还是创作，其实在本质上都是孤立的，都是你一个人对人性进行不断的接近甚至自我否定的过程。遗憾的是我们这个社会是需要有存在感的社会，不断地有人在刷存在感，这种存在感有时候会遮蔽你的双眼。

问&答

问：可以对我们这四十多位未来可能成为主持人的同学提一些建议吗？

骆新：我特别想和你分享一件事，因为我在做相亲节目，有一个小姑娘对我说，我和一个男的谈恋爱谈了三年，他现在又喜欢别人了，把我给拖到三十岁，我现在真后悔和他谈恋爱，他毁了我的人生。我对她说：这三年来是你选择和他在一起生活，有谁拿枪逼你跟他交往？如果你认为你看走了眼，那么也就是说明你遇人不淑，但是，你不能否认你和他在一起相处的时候，是你自己做出的选择吧？你和他在一起待一天，也就意味着你可能会和另一个你认为对的人少待一天，而且，我相信虽然今天他离开了你，但是这几年里，和他在一起的时候，你还是有快乐的，所以，什么叫他毁了你的人生？这就是你的人生。

我今天为什么说这个？因为你们选择做主持人，或者是做传媒业，你在这做一天，就意味着你在别的地方少做一天。究竟你是为了一个职业，还是为了一个事业？你选择了，就不要后悔，因为这就是你自己选择的人生。

我上大学的时候，存在主义哲学在学生中特别流行。当时，我们有一个老师讲萨特哲学，他给我们讲了一个故事，说德国打进巴黎的时候，有人找萨特，说请你告诉我是参加抗德游击队，还是在家里照顾老妈。如果是参加抗德游击队，如果我死了，我对不起老妈，但是我照顾老妈，我就不能打德国鬼子，我觉得我对不起祖国，你帮我出一个主意，我该怎样选择？

萨特说了一句话,非常经典,他说:只要这个决定是你做出的,你经过深思熟虑了,我都支持你。那个时候我只有二十岁,我觉得这个老师简直是在忽悠我,萨特说了一句毫无价值的话。只有到了今天,到了将近五十岁的时候,我突然理解了萨特这句话的意思。我们今天所有的人生,都是你的自由意志不断选择到今天的结果,别抱怨这个社会,别抱怨他人,这都是你自己的选择,只要你选择了,就没有后悔的理由。

问:我们今天受到了很多外来文化的侵袭,中国文化应该如何应对?

骆新:其实,我们对一切问题的判断,都基于两个前提,第一个是你思维的框架,第二个,你获得的作为判断依据的材料是什么,你的材料是真的还是假的。非常遗憾地跟你说,我们这几十年的教育当中,框架和材料都有问题。我们用国学的框架给我们做思考问题的方式训练,也就是非此即彼的概念,国学教育总是强调正统和非正统,强调好与坏,中国是典型二元思维的产物。但是我们的材料是什么?是被抽掉了很多关键脉络的所谓国情材料,你拿到的材料又不真实,你的框架又有问题,中国文化怎么可能有好的发展?所以,不要故步自封,不要抱残守缺。

中国是人类文明的发祥地之一,我们有丝绸、茶叶、瓷器等等,但是现在中国的茶叶比不上印度,它有它的品牌。现在全世界最好的丝绸在意大利,它有最好的设计。最好的瓷器也不在中国,英国的威志伍德,西班牙的雅致,瑞典和日本的陶瓷,都很厉害。我们有很多好的产品得不到长期的自然的培育发展,传统文化又被打乱了。

我们都说西方国家一天到晚侵略,西方的文化都是靠侵略积累出来的,可是你想想麦哲伦、哥伦布去美洲的时候,他们可都是有去无回的,哥伦布没有走完一圈,大概只有麦哲伦跑了一圈下来。他们那些人具有强烈的自我挑战和自我牺牲精神,这一点中国人就很缺乏,我们对未知世界缺乏探索的精神。另外,我们又不愿意自我更新,这一点我们得向日本学习,日本是向西方强国打开了大门,所以才会有不断的崛起,有明治维新的改革。全世界任何一种好的文明都离不开自我更新,都要敢于自我否定,敢于对自我提出挑战。文化不是你想弘扬就能弘扬的,别人能不能接受我们的文化,那是他们的事,和我们没有半毛钱关系。问题是,我们自己接受了自己的文化传统吗?也没有。大概是左拉说过一句话,他说,人生最大的快乐,就是你努力用你的思维去探知前人所未能探知的世界边界。我们有几个人愿意为真理说话?有几个人敢于为真理说话?

苏格拉底有一句话:认识你自己。包括你是谁,你从哪里来,你到哪里去,这几个问题先要搞明白。你是谁都认知不清,从哪里来、到哪里去,就更不清楚了。你要知道,艺术最大的特征,就是对社会必须要有批判性。批判不是骂人,批判是提供一种新的视角来看问题。我为什么一定要举毕加索的例子?因为毕加索是利用批判的思想来看问题。

中国今年的电影产值 332 亿,但中国出了几个世界级的导演?有人说张艺谋,但我认为张艺谋还不是。目前全世界都认同的亚裔导演是谁?是黑泽明。为什么?他真诚地面对艺术,他不断地在探究人性最脆弱和最值得质疑的那部分。黑泽明最重要的一个电影是《罗生门》,这个电影取材于一部小说,《罗生门》里面有四个人物,一个女的,一个是她的丈夫,一个武士,还有一个人。就和前面说的"语言的边界"有关,你可以好好看看这个电影,每个人对案情的陈述都是局部的,真相是什么?谁也不知道,所有人都在关键时刻为自己撒谎。黑泽明为什么拍这个电影?他在思考人性。而且黑泽明非常伟大的地方是,他是在透露一个信息:当一个社会的道德感变得苛刻的时候,撒谎就会成为一种习惯。日本这个民族是特别不宽容的。被强奸的女人无论如何不能说,她其实不爱她的丈夫,她被强盗强奸的那一刻,黑泽明特意拍摄了这个女人的手,手的这个动作,表现出她其实特别享受这种性爱的过程,被强盗强暴了,她却找到了她丈夫给不了的情感。但是衙门的老爷问她的时候,她只能说强盗太坏了,她避免提供关键证词。这比张艺谋拍的《金陵十三钗》不知道高了多少。再看看李安拍的《少年派的奇幻漂流》,李安为什么拍这个电影?他其实是在探讨人生最根本的问题。这个故事是取自于澳大利亚上个世纪的一个真实的案例,好像是三个船员在海上漂流了两个月,最后被救上岸来,大家把这三个人当英雄看待。最后,有一个人说漏嘴了,说当时轮船失事时,在救生船上的其实不仅我们三个,我们还有一个伙伴,但我们饿极了,把他给吃了。马上就把这三个人给抓起来审判,说你为什么要吃这个人,他们说我们太饿了。英国女王最后支持法庭判决他们有罪,但又宣布当庭释放。为什么?因为有人性的思考,因为他们坐的船出了问题,导致几个船员被迫在大海里漂浮,他们那个时候的处境,已经不能够按照正常的人类社会的规则去理解了,你不能以正常人类的行为去看待他们的"兽行"。他们是有罪的,否则我们将会失去整个法理的正统性,但是我们又不能对他们进行深究,这又是人道主义的思考。

我当然也很尊重郭敬明、徐峥这样的商业片导演,给二三线城市的年轻人提供了欢乐的机会,票房数也是他们贡献的,但我绝对不认为他们的片子有艺术价值!

木心先生在《文学回忆录》中有一句话,我特别希望大家能够记住,不要搞非此即彼的概念。一棵文学大树和一棵商业的小草,可以同时存在,互为映衬,这就是一个多元化社会之美,别让艺术世界成了一个动物社会,我是搞艺术的,我必须要把商业踩死,搞商业片的人拿着钱,来嘲讽搞艺术的穷得要死,不要这样,商业有商业的魅力,艺术有艺术的价值,彼此尊重一些。搞清楚这一点,中国文化才有希望,否则我们的文化会一直堕落下去。

问:您主持了两个节目,《东方直播室》和《百里挑一》,这两个节目风格迥异,您在日常生活中更接近哪一种主持风格?

骆新:我还是觉得《东方直播室》更适合我。一个主持人不可能像一个演员一样,轻易更改他的风格。最好的演员,我认为他(她)是用生命去演戏的,他的上一个角色和下一个角色,最好是风格迥异的,他在不断地挑战自己。而好的主持人,其实恰恰是要保持某种风格。比如说我做《东方直播室》的时候,我的语言一定是具有很强逻辑性的,我会把大问题拆开,变成小问题,我只是针对事实提问,我永远避免在语言中出现副词和形容词。我从来不企图去总结对方的意思，特别是通过对方的尴尬来反衬你的聪明。我认为，一个好的主持人最大的魅力，恰恰是"忘记自己，在意别人"。

在这两个节目当中，我尽可能保持了起码的善意，但我也不隐瞒我的观点，我有时候也会批评一下嘉宾，但是我会给对方留下情面。所以，有人说我不够毒舌，我说我做不到，那样刻薄就不是我了。所以，你的所有行为是带着你的价值观的。

白岩松举过一个例子，2000年他到悉尼参加奥运会，当年新华社的稿子是这样写的：2000年几月几号，中国奥运代表团即将启程参加本届悉尼奥运会，出发前，代表团在国家体育总局召开大会，中国体育代表团团长袁伟民说，希望本届奥运会成为历史上最干净的一届奥运会，不希望任何一个运动员被查出服用违禁品，在此之前有骆新、骆旧、骆小二这三个人被查出来服用兴奋剂，他们都被逐出奥运军团。这样的报道四平八稳，和所有的新闻都一样，五个W俱全，但是没有"味道"。

我们在悉尼看到一个电视台也播发了类似的新闻，他们是这样说的：骆新是中国的击剑运动员，他正在位于北京的训练局收拾他的行李，再过一会儿，他要坐上长途车回到他在河北的老家，因为就在前几天，他被查出服用兴奋剂，和他一样被查出来的还有骆旧、骆小二，他们都是本届奥运会夺冠呼声最高的选手，他们被逐出中国体育代表团，让他们的竞争对手大大地松了一口气。当天早些时候，中国代表团在国家体育总局召开大会，团长说我们希望这次奥运会成为历史上最干净的奥运会，任何人一旦被查出服用违禁药物，都将严惩不贷。骆新从北京坐长途车回到河北的老家要花五个小时，但是，没有人知道，他重返赛场，需要花多少时间。

你更愿意听哪一个故事？哪一个故事对你们来说更有触动？第二个故事里面有人，第一个故事是非常准确，但是无生命感。你明白了吗？

问：您在做《东方直播室》的时候，好像试图完全置身事外，从理性的角度看待。但是在追逐这种理性客观的同时，会不会丧失一些东西？是不是能完全理性地对待一个充满悲情的故事？

骆新：你这个问题，也是我多年来想解决的问题。我主要想避免的是在关键问题上诉诸情感，就是做人要克制。

在生活中要记住三点。第一，和别人交往的过程中降低一点期望值，不要对对方有太高的期望值，否则你会很容易失望。而且期望值过高，会令你的动作失衡，你会用力过猛。

第二，对自己的某一些兴奋阈值有所控制，节制是一种美德，有的人一天到晚喜欢玩游戏，玩到一定程度的时候，连兴奋点都没了，就要找更强烈的刺激。

第三，对扭曲时空要有比较强的适应能力。我当记者二十来年了，全国各地包括全世界也走了不少地方。我最早出差采访的时候，还是 1990 年，我出了北京，发现这个社会完全和书本中读到的不一样，这次行程改变了我的许多想法，我发现中国很大，要解决中国的问题很难，它是一个系统性过程，就是不同时空对你的改变，这也会让你产生新的创造力。所以，我希望大家能够平时多出去走走，甚至交男女朋友，也希望你们多出去旅行，因为世界太大了，人太渺小了，你会产生一种敬畏感。我们虽然要努力克制情感，但是，在该动情的时候，也不要吝啬自己的感情，不要隐藏对他人的关注和赞美，人是要情怀的，这个情怀不是你装出来的。

朱军是一个很了不起的主持人，但我不喜欢他的《艺术人生》，我十二年前就说过，我不喜欢这个节目总以哭的方式来表现，如果哭是这个节目的卖点的话，那索性直播追悼会就行了，哭成那个样，有必要吗？我说了，对情绪的把控，就是对节目的有效掌控。

我特别喜欢崔永元的一件事，就是在二十年前他做《实话实说》，他采访一个人，这个人说着说着，一下子泣不成声了，以我们习惯的方式，你就尽情哭吧，赶紧给特写，但崔永元突然就改变了口气，说："我们说一个轻松的话题吧。"这就是好主持，他不能让任何一个事物走到失控的地步，适当的收敛是很重要的。

节目的张力是在你有效的克制当中才能够体现出来的，一下子展开了，就没有张力了，就变成一滩水，张力，就是你要掌控住节目的力量感，那种情绪的饱满，包括你可以进入人生的思考，这个就是意义。当然这和我在戏剧学院的训练方式有关系，一种是斯坦尼斯拉夫斯基的表演法，努力进入人的内心，体验它，让观众有代入感；还有一种是布莱希特的表演方式，就是在你情绪激越的时候，突然截住，这叫间离法则，对观众可能是一种折磨，但是这个折磨是有价值的，是为了让你观照更宏观的主题，增加你的思考力，就是控制。

至于怎样才是好的主持人，我想就是要真诚、善良。

第一，真诚，你确实是想知道这个问题的答案，你甚至会不惜得罪被采访者。我第一次采访杨丽萍，就得罪了她。我都架好机器了，她却说这个景别不行，太大了，小一点，要从我腹部以上取景。我说照你这样拍的话，我机器灯光什么的都得调整，她说那你就调整吧，结果，我们多花了半个多小时变更机位。我坐下开始采访的时候，肚子里就没好气，我直接说，杨丽萍，由于你的要求，我必须改变我之前所有的布置，为此我们多花了半个多小时准备时间，恕我直言，你是我遇到的所有被采访者当中最麻烦的一个人，请问，你为什么要这么做？这是我的第一个问题。她的回答非常好：因为我不自信。我追着问：一个演员会不自信？她说：因为我怕观众看到我的皱纹，我希望在舞台当中留下年轻的状态。你看，我真实，她也真实。

但请你注意我的提问节奏，我先陈述事实，这个事实客观、公正，不带情感，但是我后面加了四个字："恕我直言"，我是让杨丽萍有个心理准备，下面一句话可能会对你有刺激。我看了看，杨丽萍也没有想起身就走的样子，那就继续往下问呗。

第二，善良。真正的善良是什么概念？同理心。2015年的元旦那天，我发烧了，就是因为前一天，我录了一期《东方直播室》，就是一对没结婚但同居的"夫妻"生了两个孩子，由于男的有家庭暴力，把这个女的打跑了。我们第一次让男女双方在节目当中见面，女的吓得不行，男的则把这两个孩子都带来了，男的希望把这两个孩子都推给这个女的养，女的说我也只有十九岁，怎么带俩孩子，那么我们说必须要把这件事解决掉。我们的节目是八点录完的，我们所有的编导做这俩人的工作，又做了四个多小时，最后我说，你们必须在文件上把字签了，孩子一人一个领走，然后，我们再把双方都送上开往两个地方的火车。先签字解除婚约，等明天两高的人身保护令出来之后，男的你敢再打人？你打一个试试？我们也跟女的说，孩子你也必须要带走一个，女的说我还没有结婚，带走了孩子，以后还怎么嫁人啊？我说之前为什么要生俩孩子呢？你必须得为此负责。尤其是那个男的，一会儿这样，一会儿那样，老变主意，他甚至还希望和女的复合，这个女的吓得根本不想复合。你知道，这个工作做到什么地步？我们打材料把演播室的打印机都打得没有墨了，最后那份协议书，是我手写的，双方签了字，再按手印，我们当着职业律师的面，做一个公证，双方要先送走一个，打车送到宾馆，再把另一个送到另一个宾馆。我凌晨 12 点才回家，第二天我就发高烧了，但是，我认为值！

袁岳 ▶

零点有数董事长，
飞马旅联合发起
人，零点青年公益
创业发展中心理
事长

从 0 到 1： 袁岳的跨界管理之路

　　我是属于生意做得一般，后来跨到媒体了。做《头脑风暴》那么长时间，终于混成上海人了，其实我是 1994 年到上海来创业的，但是在长达十年的创业期间，没有人觉得我是上海人，连我的邻居阿姨都觉得我是"江北人"，一直到后来做了《头脑风暴》之后，连周立波都以为我是上海人。周立波说他是最有腔调的男人，我是最有智慧的男人，我说对不起，我就是你看不起的"江北人"，苏北人。他说不会啊，你的气质不像江北人。对，现在江北人也跨界了，他一跨界以后他长得就像上海人了。

　　我做这个节目做了九年，得到大家的认同，很重要的原因不是因为节目做得好，是因为我不是过去的主持人，所以这个节目的看点跟过去不一样。

　　我刚刚做节目的时候，大家知道做主持人，耳朵上都要套一个耳麦，这就相当于驴都要套一个眼罩，马都要套一个嚼子，好像离了这个东西心里就不踏实。我上去以后说，不能听你这个，为什么？因为我正准备往下传一个思路，准备跟人对话的时候，你跟我说要说这个不能说那个，我就没法干活了。可能以前的主持人只要普通话好就行了，脑子不要用的，后面的制片人决定你往哪个方向去，但对我来说，我不能接受。

我非常感谢那时候的制片人胡晓玲，对我非常容忍，要特别感谢的是电视台很多的小朋友，还有很多观众朋友的支持。

虽然做了财经节目但我从来不炒股，可我经常对股市作一些大胆的预言。两个星期前我就跟人家探讨说，4500 点之下必有一次大的振荡，其他人说你瞎说，你连股都不炒，知道什么叫振荡吗？对，我跟你说，我的预测没有一次错过。原因就在于，我保持财经中立。

就像彭博，彭博是一个非常棒的财经媒体，它的核心媒体人员是不能轻易买股票的，就是因为要保持财经中立，因为你做了以后，那种敏感性就会丧失。比如我跨界到媒体，我立马对媒体有感觉，是因为我过去不是媒体人员。结了婚以后为什么很多人没感觉，因为就像左手跟右手一样，但是走到街上，会对美女有感觉。所以跨界会让人敏感度大大提高。

我在即将离开第一财经的时候，就准备创业。其实我那个时候一直在做零点调查，但是我一直希望做一种东西，不是跟大公司连在一起，不是跟 SMG 连在一起，而是跟小公司连在一起，所以我那个时候就考虑要做这件事情。做《头脑风暴》认识了很多朋友，但是这些嘉宾过去没有什么用处。某一天我跟《东方企业家》的发行人杨振宇讲，我准备做这么一件事情，这哥们儿说，我正准备干这件事，我想了一个月，我说我也想了一个月，于是我们两个人用另外一个月建立了现在我做的飞马旅。我们又用另外一个月，拉了江南春、俞敏洪、范敏等等，这些人我认识很多年，但以前从没一起做事。我们只用一个月的时间，就把这些人拉起来，做了一个创业服务机构，叫飞马旅。

这个行当，我不是第一个做的，第一个做的是李开复，李开复那个时候已经做了创新工厂，而且他本身也在很多学校和很多年轻人之间做传播。等我们做了这个，李开复就生病了。我们现在在创新创业领域中间，其实是投得最多的机构。我用三年半的时间投了120个公司，我们的钱涨了多少倍呢？21倍。在没有上市、没有退出、没有并购的前提下，我们投的钱估值上升了21倍。大概明年开始，我们投的上市的公司——我现在说的不是三板，新三板已经上了好几个了，我讲的是美国股市纳斯达克，或者是创业板——正常情况下，以后保持每年5到10个上市公司的速度。

原因在于什么？我投的这拨企业赶上一个非常重要的成长特点，就是这些企业成长周期大大改变。具体来说，我们第一位的公司叫安能物流，我们在接收它的时候，它的营业额是270万，去年年底是8个亿，今年年底是24亿，今年年底它的整个交易额就超过德邦，成为这个领域的第一名。今年融资的时候是10亿美金，最近要再融1亿美金，明年融资的时候就是100亿美金。

这个公司用4到5年的时间成长为一个大公司，说明我们今天这个时代，公司的成长模式大大改变。创业企业可能很多很好的设备都是租的，不用投。这在几年以前是不行的，你要是所有设备都是租的，你连贷款都贷不到，资产太轻了。现在为止我们向发改委拿补贴的时候，都要说明这个公司有没有自己的产权房，有多少设备，有多少硬件多少软件。如果按照那个标准来说，我们找的公司绝对是死翘翘的公司。飞马旅是第一个在中国提出来只干创新服务业的公司，基于互联网和数据的服务业。我记得我跟李开复说过，你干的不过也是一个在线服务业，开复说不行，我要叫服务业的话，显得自己不够高大上，服务业太 low 了。但是今天恰恰相反，只有轻资产的公司才能快速发展。

到现在为止，上海很多推动产品发展的领导观念还是比较传统的，阿里巴巴最早在上海创业，但是阿里巴巴论技术的高度，肯定不是高新技术，就是一个平台技术，它就是一个交易平台服务，所以按照这种技术含量，在上海不会被看得上，但是按照服务含量，它就是收益能力特别高。轻资产的最大特点是投入少、产出多。很多人有一个误解，以为美国人就是技术先进，所以股市上的公司很牛，其实不是的，无论硅谷还是纳斯达克，真正牛的公司都是干服务业的，做物联网研发的都是小公司，只有做物联网应用的才会是大公司。在纳斯达克上市最多的物联网公司，都是搞监测服务的，无论是环保行业，还是化工行业，所以服务才是本质。而且做研发的是很专的，做服务的是跨界的。我们要做的是服务这个行当。我们整合了几样东西，第一，我们要有足够的导师，这些发起人在一进入这个江湖的时候，号召力够。开复是个人来号召的，今年徐小平也做得很好，徐小平也是用个人号召的，我们一开始用团队来号召。我们也要募足够的钱，因为这些兄弟们都是上市公司的老总，所以我们很快有了自己的基金。

最近，你们会在上海看到一种崭新的众创空间，是跟过去的创业园区孵化器完全不同的，我们能够把最繁华地带的商业大厦改造成为众创空间，为什么呀？大家想想看，南京路上、淮海路上的百货大厦谁挣钱？占着黄金的地段，挣着垃圾的钱。这些大厦的经营者，如果你不是国有企业的老总，你有什么未来？互联网越发展你就越灰暗，互联网每发展一步，你就觉得自己离死亡更近一步，就是这样，你只是坟墓埋在黄金地段而已。除非你的空间里面是一些生机勃勃的企业，物联网发展以后，数据发展以后，因为你在黄金地段，你吸引的企业是最好的，你才更有发展。

服务业是一个很长的链条，要把东西很好地设计出来，让人产生心理上的价值感，然后很好地完成它的交易。要做到这点，需要营造一个巨大的市场，做的不是简单的个人服务业，它是一个很长的服务链条，我们今天的服务业靠个人是干不好的。

张江科技企业的总量比中关村多，上市公司只有中关村大约五分之一，原因在于什么，就是因为只有科技。只有科技就跟一个画家只会画画一个道理，你卖不好那个画，你的公司也不会做得那么好，所以一定要有跨界。我们今天在投一个项目的时候说这个项目要有模式，这个模式是指若干要素的总和，一个项目要有好的产品，同时要有好的目标市场，要有一个好的经营方式，然后要有一个好的团队，这几个要素构成起来，是一个模式。张江很多创业企业之所以还不够强大，就是因为只有单个要素，而不具备多个要素，构成一个强大的结构。换句话说，如果不能多要素组合的话，实际上就是没有跨界的能力，商业在本质上是通过互通互联而产生价值的。

在我们普通人的生活里面，在自己的圈子里，其实人们是互相不佩服的。比如说，我进到这个地方做了一段时间的业余主持人之后，才知道不能轻易地说，我是袁鸣的朋友，为什么？因为袁鸣在社会上有知名度和流行度，但是在 SMG 的主持人里面，没有流行度的，并没有很多人佩服你。哪个制片人被我们 SMG 评为先进制片人，其他制片人很服你，不会的。但是反过来，如果今天一个电视台的人跑到另外一个地方去，你会发现很好办事，你在这个楼里面有点影响，你会发现在其他地方很好使。所以实际上跨界本身会自然产生价值。

我一直很自卑，觉得自己可能不是一个干投资的料。2007 年也是因为做这个节目的原因，和这个节目的五个高级粉丝，就是企业家，一起组织了上海滩第一个有限合伙投资公司，叫中欧创投。我们在一年半里，投了 9 个项目，这 9 个项目，我自己跟了 7 个，都非常棒的。等到 2008 年金融危机发生的时候，另外这些哥们儿，都是投资界的大佬，就有点坐不住了，说好像不行了。到 2009 年的时候，中间好几个人强烈地主张要退出，我几乎是唯一一个反对退出的，因为有限合伙，只要我反对退出，大家谁都退不出来。大家都说，兄弟你就行行好，放我们一马吧，后来没办法，就放他们一马。2010 年上市了两个，2011 年上市了两个，最后这 9 个公司上市了 7 个，我告诉你，这个比例是超过巴菲特的。

当时这些人都是牛人，就我一个外行，他们都说要退出，就把它卖掉了，后来我卖给了雅戈尔，还有一个卖给了凯石。到现在为止，这个项目中间，我们当中募资的 LP 碰到我都说，袁总好眼力，你那个时候劝我投了，后来翻了好多倍。对，自己说起来都是泪，他们好多倍，我们在 2009 年脱手，我们是没挣钱，结果 LP 都挣钱了。所以这个时候让我有一个感觉，你要真的是个牛人，你长期跟牛人在一起，最后你也不会太牛的。所以需要跨界，当你跨出去的时候，你会有不一样的感觉，在不一样的组合中间能产生不一样的价值。

我们上海有一个股权投资协会，这个股权投资协会大概有四百多个投资基金，一共投资了大概三千多个项目，以我自己己干了三年半早期投资的眼光来看，这三千多个项目，大约有两千八百个都是垃圾。这些钱投进去，是不可能退出来的。当然现在有了新三板，新三板是垃圾放进去都有机会退出来。而且新三板在目前主板还不是很畅通的情况下，还是一个不错的能够寻找价值的地方。为什么会成为垃圾？不是因为这些项目当初投的时候不好，是因为他们的眼光只是当初的。现在我们从互联网的角度，或者从数据基础的角度选择项目的时候，每六个月就是一个周期，比如说现在很多人都在讲 TMT，如果现在你再投 TMT 的项目就麻烦了，大家都在讲智能产品，你要再投智能产品你就麻烦了，大家都在讲 O2O，你要再投 O2O 你基本就麻烦了。所以像我们做早期投资的人，只要大家都说什么了，绝对不能投。如果你是一个传统投资人就不一样，因为传统投资人大部分是做中后期的，中后期的觉得这几年很流行这个概念，我用一用的话，我基本上就上市了，我就可以升值了，是这种概念。但如果按照早期投资的目光来说的话，就是我在投的时候并没有很多人说，等大家说的时候我出手，这才叫周期。

这跟我以前做研究咨询有关，研究咨询是发现早期的趋势，和未来转型的时候要找清方向。另外也跟我做节目有关，我做节目的时候，一听你现在讲的话都是很多人说过的，就是套话，你就可以不用说了，基本上没听过的，会说得多一点，这跟我们早期项目投资的原理是一样的。而且你做完半年项目，就差不多知道谁是早期的，谁是中后期的。专家里面都有早期和中后期的，企业家里面有早期和中后期的，媒体里面有早期和中后期的，领导里面也有早期和中后期的。观念本身是这样分布的，行为是这样分布的，资源是这样分布的，甚至权力都可以是这样分布的。

现在上海人基本上有 82% 的房子都算新的，只有 4% 左右的人家里墙上挂了画。大部分居民的房子是新的，但家里面基本上都是白墙，所以你需要在家里挂一堆不懂的画，当代艺术就是这样进入普通居民家的。

你要知道在过去 10 年间，中国把艺术教育，特别是画画的孩子扩大了多少倍呢？50 万画画的孩子在学校里面待着呢，但有多少人能找到工作呢？实际上当 50 万人毕业的时候，只有 13000 人能找到工作。那帮孩子都说，完了，我们不知道干吗去了，所以最后他们在干吗你知道吗？做前台，或者是做一些不重要的事情，比如帮建筑公司墙上面刷油漆。在美国也是这样，美国画画的人兼职的工作就是刷油漆，还有拉小提琴的，最多的是开出租车的。所以大家千万不要轻易把孩子送去画画，画到最后就是刷油漆的。为什么这样？供需市场不对称。其实需求巨大，墙都是白的，按理说，我们中国人民买了新房子的家里面，墙上全挂着一幅 800 块钱的画的话，你知道价值多少吗？2000 个亿。巨大的一个市场，结果就没有几个人做这个生意。

普通人可能会说你画的那个是鬼画符，所谓鬼画符就是大家有时候在酒店里看到的那种画，巨大的一幅画放一些颜色，看得懂看不懂不重要，看得懂的那是古典的，看不懂的那是现代的，实际上这些画，我都会画呀。我家的墙就是我自己画的，很简单，我告诉你，就是拿扫帚加颜料，只要够胆，刷上去就是。一个著名的雕塑家跟我说，兄弟你可以直接画油画，我说我不会画，他说没关系，然后教我一个方法，关键是画框要好，然后上拖把，三盆颜料弄好，拖把就先红的刷一道，绿的刷一道，黄的刷一道，不要均匀的。我说我均匀不了，对，那就好了，有感觉了。因为均匀了看起来就盖住了，不均匀就有层次了。下一步，这个活一般人不敢干的，你就到门口超市里面找，硬的东西，不要是食品之类的东西，其他轻易不会腐烂的东西给我找一堆，弄一堆回形针、纽扣、打火机，然后扔在画上，扔完之后再拿一把小锹拍一拍，然后一挂，那感觉，那就叫当代艺术品。你做这个行为的过程，把它拍下来，在你的墙上再弄一个小屏幕，就循环放你这个玩意儿，这就叫行为艺术。这就是当代艺术亲民的地方，普通人都会做的，但是艺术家和我们的区别在于什么？就是你觉得你能搞，但你不搞，艺术家搞了我们觉得能搞的东西，当代艺术是离我们最近的。

再告诉你当代艺术的欣赏规则。你看了一幅画，看到的是个光头，你现在把眼睛什么都取下去，然后把你的眼睛 PS 上去，感觉是另外一个光头，这也是一种艺术，你可以 PS 很多眼睛，时间长了以后，你再看光头，你就会感觉这个光头是通用版的，这就叫普世价值，光头是可以变成普世价值的。如果你让一个小孩子坐在那边，让他看一个光头，然后把眼睛 PS 成另外的眼睛，最好把小孩的眼睛也 PS 上去，这个小孩最后就会觉得，光头挺有意思，为什么？小孩喜欢变动的东西。这个小孩下次看的时候，比如他看到他的妈妈，就会说妈妈我觉得你的眼睛也可以 PS 到光头里去，他觉得所有人的眼睛都应该 PS 到光头里去，就形成一种新的审美框架。这个审美框架好不好不重要，重要的是，这个世界上很多东西是完全可以重构的，而且重构以后会产生完全不同的东西。

绝大部分人到餐厅点菜的时候，有 80% 的可能，每次点的都是那些菜，比如有人爱吃臭豆腐，他就找臭豆腐，只有比较少的人会点其他的菜。中国人的第一国民菜是鸡蛋炒西红柿，但是最近 90 后开始创造新的菜，比如说奶油泡面你肯定没吃过，巧克力泡面你也没吃过，巧克力炖肉你也没吃过。它是什么概念？就是拿到什么做什么。你可以想想看，当初臭豆腐是怎么来的？臭豆腐不就是民不聊生的年代，好不容易有块豆腐，结果放臭了还舍不得吃，后来就吃了。安徽人有臭鳜鱼，鱼都臭了都舍不得扔，所以把臭鱼给吃了。今天大家觉得这个很独特，是土特产，但那就是产品奇缺的时代形成的一种特色。口味都是可以塑造的。我自己在南京大学读书的时候，吃的盐水鸭跟现在的味道是不一样的，南京正宗的盐水鸭是下午四点钟出锅，是四点半到五点钟吃的鸭子，那个鸭子切开的时候就带一点点血丝，味道跟今天完全不同。但是现在南京长大的小孩会说我们吃的鸭子就是这样的，会认为现在的味道很正常，以前的味道反倒不正常了。

在如今物质非常充裕的情况下，孩子们就认为世界是可以重组的，食物是可以重组的，巧克力为什么不能泡面呢？关键问题在于我们头脑中被格式化的那个框。

所以人跟人之间的区别，是格式化的能力和格式化的样式之间的区别。很多人认为只能干这件事情，好像只能吃这个菜，很多中国人去外国玩的时候，第二天就受不了，要吃个中国菜，觉得外国没什么好吃的。我曾经带着一组企业家去美国，他们第二天就嚷着要吃中国菜，我说今天你们跟着我去吃美国的菜，每个城市让你们吃从来没有吃过的好吃的东西。我们在德克萨斯州牛肉馆吃牛腿，只有这么长的小牛腿，没吃过吧？我们在华盛顿吃埃塞俄比亚菜，在波士顿吃当地的海鲜，每个城市都有非常好吃的东西，吃法还很有讲究。

今天我们遇到的一个问题是，餐厅里连服务员都讲不明白这个菜为什么这么做。到了某餐馆，就问他为什么是菊花炖黄鱼，为什么是炖黄鱼而不炖其他鱼？为什么用菊花？为什么是炖的而不是红烧的？服务员说不上来。所以绝大部分人都生活在非跨界里面，是因为我们没有其他的知识来挑动我们今天所进行的行为和思考。我们活着，看起来天天吃，天天工作，天天做事情，其实是行尸走肉。我们大部分人吃饭无非是嘴巴到肛门所进行的物理运动，不经过脑子，不增加知识，也不会进行尝试。

今天我所说的跨界，是指当我们在其他领域的时候，其实会给这个领域的人们以新鲜感。人们在自己的领域中其实不容易整合到资源了，但在跨界的时候，是很容易整合到资源的。当我们用其他人的目光看待事物，这个时候我们就会追根究底，而我们陷于自己的理念中间时，其实很多时候是不会追根究底的，敏感性并不高。当我们能够追根究底时，才容易重新构建我们思考问题的方式，能够在差异中间比较容易地整合其他资源，进而创造新的事物。

这就是今天想重点跟大家分享的一些想法。经常有人问我，你有什么人生目标，其实我的人生目标是环游全球。我现在为止去过110个国家，还有85个国家没去，我想成为中国历史上第一个去过所有国家的人。环游全球就是一件很典型的很跨界的事，但是大部分人从来没有认真把它变成计划。很多人说的环游全球，其实是开着船绕着地球开一圈，目前中国有四个人完成了。但去过每一个国家的，目前全世界只有三个人，如果我完成了，就是全世界第四个人。你说是因为你没有钱吗？这三个人中间有两个是穷光蛋。你说是因为你现在太年轻了吗？其实三个人中间只有一个是老人家。

所以我觉得，跨界既是一种给我们带来极大乐趣的方式，也是一种实现我们目标的方式。我们自己久而久之地身处一个圈子，其实很多时候并不见得能够得到足够的认同，或者能够获得更多的资源。在我们跨界时，更容易形成更具独特性的目标，也更加有机会整合到差异性的资源，帮助我们实现这样的目标。反过来，因为我们跟其他人的资源不太一样，我们更容易发现其实我们是非常有用的，我们也同样更能够帮助其他人。在这个意义上说，跨界会使得人力资源和各种资源的重组，以更加合理、更加有趣、更加有吸引力的方式得以实现。

坐而论道很枯燥，所以我愿意把时间留给大家，我们做一些交流互动。

问 & 答

问：我们该怎么承受外界对自己的质疑？

袁岳：我们前一阵做了一个调查，在我的网络节目《袁来有数》里面提到过，就是在创业的时候，首先挑战和质疑你的，67%是你的父母，就认为你干吗去干这种事，尤其是如果你干的事情不在他们的知识范围之内，就会非常质疑你。

事实上我作为投资人看你这个项目的时候，一定是你这个项目有独特之处才会投的。这个观念跟你周围的人正好相反，所以一般来说，一个投资人眼里所谓的独特性，就是指普通人看不懂的东西。普通人认同了，投资人是不会认同的。所以如果你想创业成功，你只需要让你的客户和投资人看得懂。周围人如果看不懂，你就知道这事有戏；如果周围人说这事我知道，这个可以做，这就基本没戏了。所以规律是反的。

你想创业的话，最简单的道理就是不用听身边人的，但是因为他们是你亲近的人，你又不能说老子干什么跟你没关，肯定不能这样。你可以用反过来的做法，一个投资人要求你写计划书，然后会提一些问题，你都能说明白，那你就用同样的原理对待你的父母，对待你的好朋友。因为他们以前从没见过计划书是什么样的，你第一次给他们看，父母一看你能写出计划书，就会说我这个儿子挺有出息，写这些一套一套的，他们就会认为你是个靠谱的。这就是沟通的技巧。

问：怎么理解跨界中的管理？另外，跨界的时候如果不能处于主导地位，算不算一种成功？

袁岳：跨界中的跨就是跨界的管理，如果你今天跨了很多界，你觉得已经太多了，怎么办呢？继续跨。如果今天你谈了三个女朋友，结果发现除了花花肠子整点一夜情也没有什么，怎么办呢？继续找，直到找到收服你的。

所以其实我们在讲跨界的时候，对跨界有一个信心，就是跨界有一个很自然的合理的界限，这个界限要等你跨到某一个界才能感受到。我特别鼓励大学时代的年轻人多跨界，因为跨本身是改变你的管理能力的。你跨得多了，会发现一个奇妙的化学反应：干一件事情，花三个小时；干两件事情，花四个小时；干三件事情，花五个小时；干四件事情，花四个小时；干十件事情，花三个小时。为什么？跨到一定程度的时候，它们会互相发生效应。

第二点是个很好的问题。跨界要有重点，主导和不主导中间，的确是有一个资源分配的问题。我自己以前有这样的感受，跨界时若没有重点和载体，很多的跨也没有用，除了热闹没有别的。站在这个角度来说，跨界也要讲执行力，讲功利性，讲目标性。从效率的角度来说，有没有重点非常重要，事实上如果什么都是重点，那就没有重点了。

我觉得要有自己的中心，要有利益的让步，既包括物质的利益，也包括精神的利益。有重有轻，结构更加清晰了，办成事的可能性也就更大了。

问：我非常喜欢讲座的题目"从 0 到 1"，这是一个原创的过程，但在中国，该怎么应对铺天盖地的山寨？

袁岳：谢谢。真的有原创吗？美国人干的，其他国家的人真的从来没有干过吗？其实从人类知识的角度来说，原创根本不存在，甚至 0 这个东西也不代表原创，因为 0 之前还有 -1，水平线之下还有地下，所以并不那么绝对。人类的知识是累积，只是在哲学意义上的一种思考模式，只是说如果你创造的东西跟我们现在已经习惯的东西足够不一样的话，就会让我们觉得耳目一新。

但是过一段时间你会发现，我们还愿意走回去。比方说有了独生子女这个制度，你突然发现，过去我们习惯于尊敬老人，后来突然变得喜欢取悦孩子，但是取悦了一段时间以后，慢慢又觉得这个错了，然后要往回走，所以也有人说这世界本来就是循环。这其实是一种意识形态，是我们思考问题的方式。关于原创的这个逻辑在某些时候成立，但在某些时候不成立。千万不要以为美国人就不山寨了，美国人最早坐"五月花号"移民到新英格兰地区，一开始盖的工厂全都是山寨的，而且这山寨还避税了，因为英国离那儿很远，所以他们早期都不用交税。所以在水平低的某些阶段，能够山寨东西，被称作善于学习。模仿是人类学习的基本能力，是没有罪过的，但是模仿之后的超越能力才是关键。但更多的超越并不是绝对的原创，而是重构的。

真正的原创是做出了从来没有做过的事，这种事情我认为本来就是罕见的，不是人类生活的常规。所以从这个角度来说，尤其是商业的创造，其实是没有原创的。

今天我们看到的阿里巴巴，就是过去的产品批发市场的线上版，你还是可以看到以前的模式。认识到这点之后就不会因为没有原创而觉得愧疚。现在很多互联网公司都是从马云那儿山寨来的，但是做得比原版的好，是因为模仿之后不断重构，重构出来的很多部分已经超越原来的模板，所以它的商业效力和商业价值的产生率也许会更高。我们真正做的，可能就是从 1 到 2，从 2 到 3 的过程。

问：您觉得每个人都应该跨界吗？毕竟人的精力是有限的。

袁岳：这世界上的确需要跨界的人，也的确需要不跨界的人，比如陈景润这样的数学家。得有人钻牛角尖，钻到生活不能自理的程度，也要有人跨界，跨到正常人不敢跨的程度。这两种人，一个是横的，一个是竖的，其他的就是平庸的，但是平庸的是大部分人，也不钻那么深，也不跨那么远，小日子过过蛮开心的，这也好。最棒的生活就是心甘情愿的人生，你觉得跨着很有乐子，或者一根筋很有乐子，过着小日子很有乐子，我觉得都是好的。重要的在于，不妨在我们年轻的时候先试试，试完之后发现我这个人就是适合过庸俗小日子，那就很庸俗地快乐着，快乐还是最高的诉求。只是有些人从来没有体验过，一开始就在那儿安稳着，后来老羡慕这个羡慕那个，一辈子生活在遗憾里面，那就比较遗憾。

问：我觉得您身上很多地方像金庸笔下的韦小宝，从现代意义上看，他并不是一个负面人物，他是很好的外交官，是很好的跨界营销家。您怎么看待这个角色？

袁岳：你的话有一定的道理，我在九型人格里面是第七型人格主导，第七型人格就是多面的，喜欢跨界。很多人说到韦小宝，评价就是比较花心，另外就是比较玲珑。这个世界上的领导者分成五个类型，最多的类型就是润滑剂、跨界型的，这个比重最高，占43%。这些人的一个特点就是，不见得真的能把一件事情做得非常精，但是能够把很多做得精的人聚在一起干事。第二种占26%，叫多能型，能力挺强的，而且干什么事都很像那么回事。这两种人有点相近性，区别在于，跨界型没有一件事情做得特别长。

比如北大历史上最伟大的校长蔡元培，他是一个教育家，但他不是专业学习教育的，他最大的特点是兼容并蓄。我们现在的大学校长为什么不再像蔡元培那样了？你不是文科出身，就是理科出身，或者是工科出身，外语出身的天天搞国际化，法律出身的天天搞依法办事，一下就偏了。

第三个型号叫大先锋，占 16%。再后面的型号能够首创，有创意，能够想好主意，这种人占 15%。比例最小的叫大后盾，这种人最难得，默默地把一件事搞定。如果是一个大组织，这几个角色都要有。如果是小的创业，前两个类型能够在早期成功。所以从这个角度来说，韦小宝是创业者，他应该是第一型的。没有什么东西他特别能搞定的，但就是八面玲珑，什么人都喜欢他。

问：对大多数普通人来说，很重要的一环是跟对老板，选对合作伙伴，对于跟对人这件事，您有什么建议能给我们？

袁岳：其实选老大有两个方法，一个方式就是我认他做老大，他干错了我也跟他在一起。另外一种情况，你也不知道跟着这个老大对还是不对，暂时还没有感觉，但看看其他跟着他的人水平都不错，那就跟着算了。为什么上梁山的时候有群体效应？八十万禁军教头林冲都上去了，其他人再上去就心甘情愿了。

我们上了这么多年学，学校只做一件事情，消灭你的洞察力。我们学校提供的是平均主义教学，教科书一搬，没听之前还有一个问题，听完之后你连问题都没了，不是因为没有问题，是你发现只剩下问题，还不知道怎么问，因为老师的说法太糊涂了，糊涂得都不知道怎么问问题了。集体主义行动是大部分人干活的方式，真的靠眼光看问题的人是很少的。

我说的也是我自己的一个感受，一个人能够让其他人跟着，能凝聚别人，至少说明他能做一件不同常人的事。能凝聚别人的人，必能成常人不能成之事。普通人靠自己干，有凝聚力的人总能整几个人一起干。现在我们不缺获得信息的能力，但是人的凝聚力是个很稀缺的资源。所以如果一个人能够凝聚别人，在你自己没有发展的情况下，跟了这样的人，通常能做出不同一般的事。

林奕华 ▶

香港戏剧导演

为什么要把"四大名著"搬上舞台？

戏剧，其实很难用讲的，因为，打一开始对我来讲，戏剧最大的力量其实就是感受。如果没有一种能力可以让要传达的东西进入每一个台下观众心里的话，那么看戏和上课有什么分别呢？有观众说"看戏，也是一种学习"，不过，我觉得最好的学习并不是你把要学的东西看到了，然后把它拿回去，而是你得到了一颗种子，甚至你得到了一些空气，然后慢慢地在自己的情感世界里，长出了那些你觉得想要得到的东西。我觉得，这才是理想的学习。

我常常觉得人生最重要的学习不是学一些大家都懂的东西，而是学习怎么把大家都懂的东西放掉。所以，"失"一定是"得"的起点。我做戏剧，最大的启发来自于我是一个"失恋"的专家。人生当中如果没有各种各样的"失恋"的话，我今天不会站在这里跟大家分享戏剧对我的意义。

为什么我常常"失恋"呢？我觉得最重要的一个原因就是我长得不漂

亮。如果我长得很漂亮的话,我想大家对我的兴趣不管能维持多久,起码也许有机会去翻开目录。可是,当你的封面不是大家最想要的封面的时候,你的内文写了什么就显得不重要了。我的人生一直在写这本书的内容,可是我的封面没有改变,戏剧对我来讲最重要的一点就是反思、再反思,其实人的欲望是什么。

林奕华的《水浒传》

我在做"四大名著"《水浒传》第一部的时候,负责营销的制作经理来问我,这戏英文名字叫什么? 他们以为就用原来的翻译 Water Margins 就可以了。可是我想,这对大部分观众来讲没有意义,因为没有提供新的观点。我就回去想,《水浒传》对我来讲是什么? 就是 108 条好汉,这个 108 条好汉我要呈现在舞台上面,怎么呈现呢? 对不起,我们请不起 108 个演员。即便有 108 个人站在舞台上面,这么远的距离,观众也分不清楚是谁。所以我就给自己算了一算,108 就是 1 + 8,就是 9 个人,所以只要 9 个人就可以象征 108。当时我觉得自己很低能,可是后来我跟我编剧聊到这个意念,他才提到一件事情,他说在《易经》之中,9 根本就是"极阳",也就是说,从中国文化来讲,我通过直觉和创意,竟得到了一个既抽象又实在的解决方案。

但历史和文化又给了我下一个问题,我要自己去找一个答案:这 9 个男人接下来怎么呈现,让观众知道我的《水浒传》是怎样一部戏? 我在英文名字里面搭了一座桥,这个戏的英义名字叫做"What Is Man",什么是男人。因为原著中的英雄虽来自五湖四海,但共通点是他们都非常阳刚。于是我想通过在文字上读到阳刚,探索传统文化深层的中国男性不同面相。张孝全演《水浒传》的时候 22 岁,非常年轻,可是大家看他在《水浒传》里面的表现,你不会觉得他只有 22 岁。为什么呢? 等一下大家看了那个片段之后,可能会有各自的答案。因为浪子,必然要令自己觉得成熟,才能合理化自己的"浪漫/荡"行径。

108 条好汉都是被边缘化的男人，他们的价值随地位与权力被夺走而失去，所以必须要通过群策群力，把失去的自我重新建立起来，这是我看《水浒传》时觉得最最重要的核心主题。所以我并没有把原著情节还原在舞台上面，主要是，我觉得现代人也在经历他们感受到的事情，不见得说他们必须穿了古装，拿着刀上街，然后才见到江湖，也不见得说他们的失去价值一定是因为身处北宋或南宋，而是他们可以在自己的心情里面感受到一种割裂和拉扯。

林奕华的《西游记》

《西游记》给我最大的启发和灵感，不知道大家有没有这个经验，就是我们跟家人、最好的朋友去旅行的话，一定会吵架。不管你先前安排得怎么样，可是过程当中就是会发现对方做得不够好，比如说赶不上某一班飞机等等，总之在旅游过程当中发现了彼此一些事情，从而对别人、对自己都很失望。我觉得，唐三藏、孙悟空、猪八戒、沙悟净师徒四人取经从头吵到尾，未尝不是出于相同的情结。

因此想到，把这个故事变成现代人的情境，是 ok 的吗？最好玩的是，以古喻今，反问什么是现代人。现代人和古代人最不同的地方就是——对自我的渴求与求之不得。为什么这样说？因为我们相信任何事情我们都能做得到。现代是从什么时候开始的？当你觉得我不一定要臣服我的君主，我不一定要笃信我的宗教，我不一定要依赖神秘的力量，我信我自己就够了，因为我认为我能做得到。这就是人类发展到今天这时代，觉得自己无所不能的原因，你可以说是自信的条件增多了，导致越现代的人就越觉得所有东西我都是可以控制的，我要让它发生就发生，不让它发生它就不发生，因为我有高科技，我能掌握信息，我能设计自己。

但是，人到底还是人。人如果要把自己和别人当成手机控制，能做得到吗？可以，但控制不代表完全了解，因为我们总会基于某些原因而逃避面对自己。如果一个人不了解自己，要求别人了解他比了解自己更多，一个人作为他自己,最大的快乐是什么? 对很多人来讲,就是遇上最了解他的人,那就是最大的快乐。也就是说,你好像很主动地去找,事实上你不过是主动的被动。

对我来讲,跟《西游记》最相似的地方就是师徒四人找真经的时候,他们是非常被动的,因为他们根本不知道真经能不能拿到,里面有什么,对谁最有意义。可是他们把取经当作一个使命、一个任务去做。如果把这个放到现代人的生活当中,我们每天都在取经。我们有可能可以在你的朋友、同事,在你的领导、小孩身上取经,根本不用远征西天。可是有时候,你跟某个人要连接起来的那段路,也许比去西天更远。

所以,到底要不要去? 怎么去? 拿不拿得到? 我觉得那是现代舞台剧应该思考的种子,而并不是还原那个取经的经过。所以戏中出现的蜘蛛精、白骨精,全是人与人沟通出现问题时的妖魔鬼怪,不断见缝插针。人与人之间最大的情感障碍,就是对别人有要求、有期望,可是最后落空,变成徒劳的倦怠感。这种失落,是因为你错误地预期他能做到一些什么,而那恰恰又是你做不到的。因为如果两个人都可以做到,便是双方都在给予。可是当两个人都做不到,你就只能希望有人给你,以至于把期望寄托在别人身上,等待、预期,讲到最后还是回到"时间",为什么我们明明可以创造时间,可是我们又常常觉得时间让我们失落。

林奕华的《三国》

在做《三国》的时候,我最大的灵感,是有这么整整一百年,当中好像有不少的英雄人物都希望能够驾驭时间,因为如果他是那个可以光复汉室的人的话,他就赢得了时间。但是为什么这些青史留名的人,大多只能在过程中扮演过客,而没有赢得时间呢? 这是我对《三国》最感兴趣的地方,可是放到现在又会变成跟我们发生什么关系的主题呢?

我把《三国》放在一个历史课堂里面,所有学历史课的都是女学生。为什么有这个灵感呢? 因为《甄嬛传》的暴红,我看到《甄嬛传》里面的女人比男人更像男人，所以我想让女性当一次《三国》里面的男人。女性要学《三国》的男人，学什么呢？我读完了原著之后，我第一个问号是，为什么我读到的《三国》跟人家告诉我的《三国》有出入？我并没有读到多么出人意料的谋略，我没有看到很多的勾心斗角，就是有，我也觉得还蛮小儿科的。因为大部分的斗智、谋略，如果不是狂想，便来来去去只是把敌人引到前门去，然后到后门放火，或者把他们引到后门去，在前门放火，诸如此类重复很多遍。我觉得《三国》最珍贵的东西有两个：

一个是曹操、刘备、孙权、诸葛亮、周瑜这些人，他们在不同的立场，他们是对手，可是他们不是敌人。我觉得是对手、不是敌人这个关系很浪漫，因为他们还可以互相欣赏，不像皇后和华妃跟甄嬛，你必须死，而且死得更惨。所以现在的女性比起当年的英雄更刚硬。如果你真的从头到尾读一遍《三国》的话，你会发现原来这些铁铮铮的男子都很爱哭。我觉得在《三国》里面他们流的眼泪一定比甄嬛还要多。

第二件事情，我觉得放到现在来看也是非常有趣的，剧中有一句台词说："你想老师告诉你什么？"其实把这句话改成"你想历史告诉你什么"，也是非常有启发性的。历史到底是什么？过去了的事。可是，真的过去了吗？为什么我们常常要通过历史来寻找我们未来的方向？因为历史就是我们的老师，它之所以过去是因为时间一直还在往前走，它的那个过去没有让它变成一个死物，它其实还在流动。可是大部分人误以为历史已经变成化石，老师也是。今天当老师比以前当老师是越来越难了。因为老师一定要是懂得坚持的人，不然，教育传承便没有意义。我们常常会困扰"坚持"和"执著"这两个词语的分别，本质上面来讲，它们代表的含义是南辕北辙的，现代人拿着手机每分钟刷，这不是坚持。一直用着手机，不断地要在当中找到自己存在的人，其实是执著，因为他"没有"，"没有"的人是很执著的。

我们对失恋、失去一个职位、失去别人对自己的肯定，会感到恐惧不安，那是因为你害怕"没有"。如果你"有"的话，你就可以不计较了。执著跟计较是息息相关的。当你发现自己一直在碎碎念，觉得这是别人的责任，是别人抢了你的东西，你从头开始就已经"没有"了，只是你不察觉而已。而"坚持"是相反的，你是因为"有"，所以你才会坚持。很大程度上面，我们常常会被人尝试说服不要坚持、不如放弃，譬如说"还坚持干什么，现在都不是以前那样了，算了吧"，变相告诉你说，你最好跟我一样变得"没有"，或不相信"有"的可能。

所以有的人要坚持下去的一个动力是来自他真的感受到，他真的相信，他真的知道他的"有"是什么；相反的话，他就会因为不相信"有"的可能而变得非常执著。《三国》里面有一些执著的人，也有一些坚持的人。

林奕华的《红楼梦》

我在做《红楼梦》的时候，觉得这本小说非常接近我们现在每天的生活，因为它用梦作为主题。什么叫做"梦"？其实大家可以回去问问自己，你为什么会做梦？我们的梦全部都是来自我们的欠缺。如果我们现在非常快乐的话，理论上面来讲我们是不会做梦的，就是因为我们想要这个、想要那个，想发生这个、想发生那个，都没有发生，它们就压缩在我们的意识层里面，晚上用梦来告诉我们，原来我们现在的感受是这样的。所以平常在生活当中我们可能会对手机讲了很多东西，可是，我们真正要讲的在梦里面。梦是我们对自己最诚实的时候讲的话，而不是你在发手机里的任何一条"自说自话"。

所以我就想到，我要让观众在舞台上面看到梦。但是我也希望可以通过这个梦反射到原著和我们的关系，王熙凤的老公叫贾琏，贾琏是一个喜欢偷吃的男人，他的小三的光谱可以大到下人的老婆或者是王熙凤旁边一个陪嫁的丫鬟，还有远房亲戚，都可以。先不谈为什么贾琏要这么做，我们先来谈谈，如果王熙凤跟我们现代人有亲的话，那个亲或者接近之处到底在哪里？所以我想到，这部《红楼梦》我用原文的台词，可是我希望大家看到舞台上的人活在现代。

今天我们的观众在很大程度上就是剧里的王熙凤。我们的媒体就是给她打造大家看见的这个梦。梦很多时候告诉她必须以"买、吃、看"满足自己，可是有一天这个王熙凤是会自己醒过来的，因为她终于会明白一个事实，你再买、再吃，你都不会得到你最想要得到的东西，叫做爱。因为爱，已经不存在了，它是被欲望所毁灭了。

为什么要把"四大名著"搬上舞台？

我把"四大名著"搬上舞台，是希望能够跟大家分享我"失恋"的经验。我很想去"爱人"，可是，在很大程度上，不是很多人愿意接受我的"爱"。因为要接受我的"爱"，太难了。我为什么要想你想的东西，我为什么要关心你关心的东西，我为什么要对你感兴趣的东西感兴趣，那会令我觉得很累很辛苦。我就是想舒舒服服，简简单单，人家有什么我有什么，人家说什么我说什么，人家想什么我想什么，我只是想当一个普通人而已。可是，恰恰是，多数人希望自己似普通人般不用太"特别"，但他们羡慕的对象，往往却是"出人头地"，"与众不同"。那么，现实与梦想，主观与客观，哪一个"我"才是我最想做的"我"？"我希望一个人爱我或者接受我的爱"其实也是比喻，因为我想你爱我，不因为我长得像张孝全，或我拥有一张你可以一直刷的卡，而因为"我"是"我"，所以"你"爱"我"，那么，你爱的，其实是一个愿意改变的自己。

今天我找到了这样一个方式，就是创作戏剧，把我关心的、把我想到的拿出来，希望大家可以了解这些。可是，很难。因为更多人会说，你没有关心我，你没有站在我的立场想，你不知道我的需要，然后他会觉得你做的那些东西其实不是他要的，因为我可以给的内容满足不了大家的欲望，因为我的戏不会让观众很快觉得自我感觉很好。

我希望通过大家熟悉的故事，找到一些不同的角度，然后我们可以一起往前走。这些书，埋下了非常多跟我们生活有关的密码，这些密码其实都可以帮助我们脱离困住我们的现在，走向未来。对，它们是过去，可是它们有一些非常宝贵的东西可以帮助我们通向未来。

最后我想说的是，无论我们是面对听众、观众还是读者，他们都是人而已。而今天坐在这里的各位，我们都要承担一个共同命运，这个共同命运是什么？就是文化。导致我们今天的人有这么多问题、有这么多焦虑的，其实是历史。所以，如果我们都没有办法在历史当中去解开一些结的话，有可能我们只是继续在打结。我觉得戏剧就是解开结的一种方式，当然戏剧包罗万象，什么形式都可以有，我至少把它分成两种。一种是杀死时间，把过去、现在、未来都混在一起，到最后好像只是变成空气。还有一种叫做雕刻时间，就是你在过去、未来、现在当中做出一个属于你自己的肖像，然后这个肖像会帮助你去了解你自己，同时也可以让外面的人通过你怎么做这件事情得到一些启发，然后他也许可以有他自己的人生。我做的工作比较接近后者，我要掌握什么是时间。我觉得做媒体工作的每一位，关键其实不是票房，不是观众的爱好，因为再多的观众、再大的人口，他们通通离不开唯一一件事情，就是时间带给他们的困境和焦虑。每一个做媒体、做艺术的人都要解开这个名叫"时间"的大问号。

谢谢大家！

问&答

问：我是《红楼梦》的忠实粉丝，当然我说的是曹雪芹的原著。央视87版的《红楼梦》非常好，不光忠实于原著，也忠实于电视剧。我想听一下您对于87版《红楼梦》的看法和评价。

林奕华：我也是87版的粉丝，因为我跟《红楼梦》的缘分大概是从15岁开始的，我读到书是很巧合的，因为家里面有，更巧合的是简体字版。因为对这本书的兴趣让我学会了简体字。等到87版播出的时候，我记得香港一个比较弱势的电视台买了87版的版权，只有礼拜天会播，好像连播两集。其实我看到一半就去英国了，没有看到后面，所以我是很多年后才再看到。那时候对我来讲，这个87版跟我们香港一直以来看到的那些流行的版本相比，更注重一些生活细节，而并不是只有我们说的通俗情节。

如果说 87 版留下的最深刻的记忆是什么，我觉得是里面的那些歌，每首都会唱，每一首都很好听，现在偶尔还会拿出来唱。还有一个我觉得很有趣的，是它的结尾，因为它的结局不完全是原著中我们看到的结局。

问：现在您的剧团已经做成自己的品牌"非常林奕华"，到任何地方都会刮起文化旋风的感觉。能不能跟我们分享一下，您是从什么时候开始发现观众喜欢您的戏，开始有众多粉丝了？

林奕华：其实对我来讲，观众从来不是观众，观众对我来讲有点像是我的心，因为我觉得喜欢一个人，很多时候主要是因为他觉得被了解了，然后才会喜欢。我常常很抗拒去说一些大家想听的话，我比较喜欢讲一些大家不爱听的话。所以，常常造成我自己在创作或者票房上的压力。对于我的团队，很多时候我都怀有歉意，因为我的戏很大程度上来讲，不是甜的，它是苦的，可是大家更喜欢甜。但我还是坚持去相信一件事情，就是人不会只爱吃糖。

有分析说我的观众更多是年轻族群，其实不是因为他们的岁数年轻，而是他们有一些对自己未来的想象，而这个想象不只是说我要成为明星，我要成为成功人士，而是我要找到我自己，希望我可以活得不用迎合别人或者体制给我的一些设计。所以，做一个忠于自我的人，首先要发现自己。我的戏，都是在找寻自己的过程当中遇到一些困难。

所以，我觉得在某一个程度上面，当一个诚实的人是很痛苦的，当一个诚实的人也可能是很孤独的。卖票，很大程度上最难的是常常一张一张地卖，我的戏不是二十个人一起看的，因为这些戏做出来，是要你进了戏院之后自己跟自己聊天的。

最近我的一个戏，进来的观众真的是一个一个坐下来，然后把剧院大概填了三分之二，三分之一是空位子。可是，非常好玩的是，大部分时候大家把看戏当作娱乐的话，其实就是要停止跟自己互动，只是要参与那个舞台或者荧幕上面的热闹。我的戏绝对不热闹，它刚好相反，它制造出来的热闹，其实真正的目的不是让你从中得到一些自我肯定，是让你得到一些自我怀疑。所以，怎样的观众才会愿意花几百块，三个小时，在舞台下一直自我怀疑？我觉得其实就是那些很想通过问问题，来搞清楚自己是怎么一回事的人。大部分人希望得到的是答案，但是我提供的是一个问题之后再有一个问题，然后你可以把问题带回家。

刚刚大家看到王熙凤买东西的片段，按照一般排戏，理论上观众是看不懂的，因为台词跟她的行为分离，一个在古代，一个在现代。可是我这样做的原因是相信，如果每一个人有灵性的话，其实对自己的意识存在是有感觉的，就是他会知道自己是有意识层的。什么是意识层？先不要求这里要讲什么，你就看，在看的过程当中你也许会出神，恰恰是这个出神再回来的过程当中，你跟自己聊到天了。可是大部分时候，我们从小到大读书接受的教育不是这样的，因为打开课本第一件事就告诉你主旨是什么，意义是什么，把这个背了就好了。我做的戏剧是跟这个反着走的，我们从小学的东西，能不能把它丢掉，然后我们才有未来。因为对我来讲，未来不是我们熟悉的东西，未来是我们要去创造的东西。

所以，怎样才会创造你？就是你不要那么保守，你不要那么封闭，敢于触碰一些你自己身体里面没有去过的地方，就是你的意识。今天华人的创意，允许我说，非常被动的原因，不管是抄外国的、买外国的，还是抄自己的，最重要的原因就是：我们都只敢在自己最表层的意识上面溜冰，不敢往自己内心那个很深的地方挖掘。因为当一个人敢、两个人敢、十个人敢的时候，每个人都代表一种创意，只有他用自己的眼光看到那个世界并展示给我们看的时候，我们才会看到一个不一样的世界。

我举得最多的例子就是毕加索，他的画，应该说后半生画的那些画，其实根本就是他看见的那些东西，而不是那些东西长什么样子。他画的女人跟我们现实当中看到的女人是不一样的。可是为什么我们觉得毕加索珍贵呢？因为只有他才看见女人是这样的，所以只有他才画得出那样的女人。那个独特性恰恰是我们现在最恐惧的。当我们这么害怕别人跟自己不同，或者自己跟别人不同的时候，最大的悖论就是谈什么创意啊，所有的创意都要加引号的，就是卖钱的东西，而不是独特的，更不可能是原创的。

问：您的《红楼梦》里面写得非常多的，都是人生中最害怕做到的梦。想问问看，您最害怕做的梦是什么？

林奕华：我做的噩梦比较多，因为我是一个平常有很多焦虑的人，这些焦虑在生活当中被理智压下去了。我觉得大部分噩梦都是跟责任有关的，我想大家也有这个经验。你在生活当中觉得没有尽好的责任，就会在梦里面告诉你。我不打算分享细节了，在人生当中总会因为某些事情，而忽略了某些人，那就会变成一个罪恶感，那个罪恶感就体现在梦里面，你说提醒也好，惩罚也好，但我没有太被自己的梦吓到，因为我都理解为什么会这样。所以，我在做《红楼梦》的时候，真正开窍的，是突然之间想到我的噩梦，可是真正的梦对我来讲，是一种告诫，也是一种救赎。

所以我觉得，最好看的戏都是带着梦这样的性质，能够让你从中想到一些之前没有想到的。起码我自己会要求自己，让观众看到灵光，不能只让观众看到他们想看的。

问：您在您的作品当中揭示了很多人的内心情感，在一个一个地剖析问题的时候，您觉得对您解决自己的困惑或者焦虑，会不会有所帮助呢？

林奕华：这个问题非常有意思。各位，今天我原先想做一件事情，但是我忘了。我本来跟主持人说，希望大家进来之后就发给大家一张白纸，请大家把自己最近想的或者困扰你的问题写在纸上，等到结束的时候，打开看一看，是不是对这个问题有不同的看法，或者有没有回答一些之前你没有想到的答案。这是剧场很重要的一个功能。我发现我感兴趣的那些戏剧、电影，很多时候对我来讲都有一个作用，就是启发。启发就是改变的契机。

所以，我常常觉得很孤独的原因是，我觉得生活中大部分人很害怕改变，可是大家又一直说要改变，我没有办法解开这个迷思。很多人说要改变，可是大家又觉得，如果改变从自己开始的话，情愿不变。你要做创作，尤其戏剧，要怎么做呢？因为你希望观众看戏之后，会在生活当中找到一些实践的契机，可是后来发现，原来观众是来看这个演员的，诸如此类的都有。像刚刚说的，坚持。我觉得我就是一个手艺人。为什么？因为我觉得这些戏不能复制，不能说排成一百个版本到处都在演，对我来讲，不是这样的。因为每演一出，就是跟当下那些观众的对话。所以我觉得还是要跟着这个戏、生下这个戏的人跟观众互动。有时候一些演员不能来，我们换一些演员，其实都是有差别的，因为不是从原创的阶段就开始参与。所以我觉得这有一点像手工艺品。我还是觉得很幸运，这几年我们都有机会来到上海，能够接触到这么多的观众。其实我们的戏成本非常高，我还是觉得布景、灯光还是要坚持的。其实纯粹从一个在商言商的角度来讲，这种戏是带不走、带不动的。我们从香港、台湾两地到这边演出，动不动就有五十个人，都要差旅费，这么大的布景，可是我们坚持了起码有六七年了。我也不敢说接下来一定还会是这样子，因为总有一天，我想讲的，我想做的，快不过现在这个时间的话，我也要面临被时间淘汰。

所以，我觉得有非常多的因素，可是那些因素永远都大不过时间。目前我做的是在跟时间角力，我希望尽量懂得它，以至于可以把它拉到我这边来，让我的观众可以同样在我的戏里面找到他们想要的时间观，这是我尝试在做的，可是非常难。

应启明

上海广播电视台纪实
频道艺术总监

发现与表达： 纪录片选题策划与制作

今天分享的题目叫做"发现与表达"，这个题目比较大，从何讲起呢？

正好一小时之前我看到这样一个微信视频。一个盲人在马路上面乞讨，写了一个牌子"我是盲人，请照顾我"。但是来来去去的路人很少给予施舍。后来过来一个漂亮女人，写了几个字放在他边上，就有很多路人给他钱。盲人问她，你帮我做了什么事，效果不一样。这个女士说："我跟你做了一样的事，但用了不一样的语言。"牌子上面写的是："今天真是一个好日子，但我看不见。"

这个视频给我很多的启发。第一，从我们做电视的角度来讲，这个场景，盲人在乞讨，其实路人一看都明白，他写的"我是盲人，请照顾我"，这话等于白说。类似纪录片，画面能讲清楚的，你不要喋喋不休地重复。第二，从传播效果来讲，"我是盲人，请照顾我"，是单向的。而"今天真是一个好日子"，是跟路人有关系的。重要的是后面一句话，"我跟你做了一样的事，但用了不一样的语言"，表达了这样一个观点：我们每个人是否应该改变我们的语言，然后改变我们的生活。我始终觉得，我们的语言由于受种种因素影响，很粗暴，需要改变。

这个视频只有两分钟，但无论是作为一个微电影，还是作为一个案例，编导的眼光有高于我们的地方，所以我用来破这个题"发现与表达"。

做纪录片，有人是重发现，认为只要发现，无需表达，所以常说纪录片只是纪录某一群人的生存状态，我只纪录，不表达。另一种观点是把表达看得最重要，类似一种宏大叙事，把自己的或者官方的想法，反复灌输给你，疏忽纪录本身。我个人的观点是发现和表达是需要兼而有之的。

多年之前听到过一个笑话。在一个国际学校，一天老师提出："请大家就粮食短缺问题发表自己的观点。"首先朝鲜学生说"什么是粮食"，接着美国学生说"什么是短缺"，再接下来一群中国学生说"什么是自己的观点"。这个笑话是用来讲中国人自嘲的，但我觉得提出了一个严肃的问题。中国人不仅仅是长期受文化和教育的影响，相对来说自己的观点比较少，即使有也不大敢于表达，或是不善于表达。而从纪录片来讲，我认为恰恰是要表达的，应该表达自己的见解。纪录片人，既是一个手艺人，也应该是思考者和表达者。

讲"发现"，首先要发现人物，发现故事，发现细节，然后去发现这个故事用怎样的纪录方法最合适。最关键的，是要有一个独特的视角去发现这故事独特的内涵。怎样去发现，可以不拘形式，更多是一种讨论。讨论几个很简单的问题：我为什么要拍这个片子？是什么东西打动了我？是什么东西让我冲动？这个故事可以呈现哪几个主题方向？哪个主题是更好的、更独特的？通过讨论，可能你会否定自己，感觉这个选题没有多大意思，也可能对这个事情有越来越大的兴趣。做好片子，最起码你要有兴趣，如果没有兴趣，即使技巧高一点，要完成非常好的节目是很难的。

说"表达"，人们常说纪录片很真实，很客观，其实也是很主观的。这个主观就是表达，但不是用喋喋不休的方式讲出来，而是通过对素材的梳理取舍，通过叙事的结构排列，把想表达的集中放大，让观众领悟。

中国有一句名言："横看成岭侧成峰"，同样一件事物站在不同的角度去观察，发现的东西是不一样的，结论也是不一样的。这就是视角。多角度去观察事物，多角度地思考问题。最简单的方法是需要有想象力，也需要换位思考，甚至反向思维，更多地想一下，拍摄对象处在特定的环境里面，这样做的原因是什么？合理性又是什么？我们喜欢用"眼见为实"，认为自己看到的就是真实的。其实很多人看到的不一定真实，你看不到的不一定不存在。因为我们长期受思维模式的影响，判断事情往往非黑即白，容易形成简单的嫉恶如仇的语言系统，纪录片创作应该避免这样不成熟的心理，而努力去发现并表达你独特的观察与见解。

我跟大家分享三个不同纪录形式的纪录片。八十年代，我还不懂纪录片，电视上看到一部美国纪录片《齿间有缝的女人》。题材很小，专门找那些齿间有缝的女人，探讨齿间有缝的特征对她们意味着什么。其实这个问题很简单，按照常识来讲，也就是遗传，生活中也无碍。但这涉及一个问题，齿间有缝的人比较少，在社会上会不会有一些心理压力？她们自己怎样看待这个问题？拍摄手法也很简单，绝大部分用采访。问的问题也比较简单，你是怎样看待齿间有缝的？对你是不是有影响？如果我们用常规思路来做这个节目，往往会探讨齿间有缝美不美，会不会在求职求学路上碰到什么障碍，甚至会介绍现在有什么技术可以解决，比如把两个门牙敲掉，重新种两个牙齿，肯定漂亮。但人家棋高一着，通过大量采访删选，形成并表达了这样几个观点：一，这是我家族的标志，我引以为豪。二，这是我区别于其他人的特征，我之所以为我。

这部片子让我感动，促使我喜欢上了纪录片。因为它不是简单探讨齿间有缝好不好，而是通过独特的视角，表达了一个人如何对待父母给你的与生俱来的东西，怎样顺应自然的态度，以及特征、个性与美的关系。这种以采访为主的纪录片叫做真实电影，始于上世纪六十年代。

第二个例子是八年前纪实频道做过一个卖唱的片子，当时有人觉得调子比较灰。讨论的时候，编导的角度是重纪录：纪录这群人的生存状态，在上海这么光鲜的城市背后，还有这样一群弱势群体。我当时提出，我们怎样看这些卖唱的人，是很关键的。我认为卖唱跟一般乞讨不一样，因为他是有劳动付出的。我不喜欢用纪录片人经常讲的一句话"人文关怀"，因为你是把自己的姿态位置抬得很高，你有点居高临下地去关怀人家。重要的是怎样找到拍摄对象的闪光点，值得你佩服、值得你尊敬的东西，你看到了，拍出来，那一定是好片子。比如卖唱，乞讨对中国人来讲是很丢面子的，那么这个过程当中他内心有挣扎吗？他的家人是怎样的态度？有冲突吗？有压力吗？这个过程当中他们失去了什么？找到了什么？我最希望看到，他们在卖唱过程中找到自身的价值和尊严。

后来这个片子确实往这个方向拍了，一个主人公讲了一句让我印象很深的话："我卖唱，但把这乞讨的牌子扔了，这个城市的人看我不一样，我看这个城市也不一样。"这台词是编剧编也编不出来的，纪录片的魅力有时候就在这地方。结果这片子在国际上面获了好几个奖。如果我们仅仅关心他们艰难的生活，城管对他们的粗暴，要得到国际认可是很难的。同样的东西，不同的人看的角度不一样，但是哪一种取向好？哪一种是真正有情怀的？简单地说就是你这个价值走向，往哪儿做？我的经验是，这是需要跟更多人一起讨论，不断完善的。好的纪录片主题也不是单一的。这部纪录片重纪录，没有解说词，流派属于五十年代后期出现的直接电影。

我再讲一个形式，我们平时做得比较多的，综合元素放在一起的，有解说、音乐、效果、画面，也有部分采访，对解说词很重视。我们中国叫做专题，国际上面叫做"格里尔逊模式"，这个形式在上世纪二十年代就出现了。好几年前，我们频道做了一个《我的宝贝》，讲述的是一位单亲母亲，带着一个脑瘫的十六岁大女儿和七岁患了唐氏综合征的小女儿的故事。

拍什么呢？我们比较容易想到的，讲这样一个家庭生活的艰难，母亲的含辛茹苦，最后体现出伟大的母爱。这都是容易想到的。但我觉得不够。因为当时我们讨论的时候已经拍了一些素材，发现得唐氏综合征的小女儿，有一点意思。为什么有意思？她虽然智障，但是情商不低的，有时显得更可爱。她更单纯，没有心机，感情的表达更加直接。她也不知道姐姐可能永远讲不了话，但她每天都教姐姐说话，让姐姐试着说"妈妈"。从这里看得出她对母亲、对姐姐的感情。母亲付出的回报也就在这里了，这个片子也是在国际上获奖的。

三部片子，三种不同的纪录方式，都能拍出好片子。说明没有最高级的，只有最合适的纪录方式。

我们中国纪录片的优势在什么地方？优势在题材，在现实题材。空间上中国国土辽阔，但各地发展极不平衡，人在流动中，一定会有许多矛盾冲突，就会有故事。时间上我国正处于快速发展变动的时代，人物命运变化特别大，戏剧性故事也特别多，所以会出现更多适合纪录片的现实题材。因此，中国现实社会中有更多的矛盾，更多的故事，更多打动人的力量。目前我们经常拍摄底层的人和生活，但我认为我们没有必要把社会现实中非常不好的东西都集中拿出来，倒不是说一定要正面报道，而是要发现人们身上闪光的东西，这是推动中国社会前进的力量，是真正打动人的所在，而不是苦难本身。在创作中发现希望、勇气和向上的力量，在人们和命运抗衡的过程当中，把人性宝贵的东西发掘出来，是纪录片应有的常识和态度。

举一个例子，现在拍医患关系，如果就讲医患关系紧张，我兴趣不大。因为这不能简单地讲医生不好，也不能简单地讲病人的不理智。我倒很想有专业追求又有良心的医生，面对晚期癌症病人，专业上要求他去探索攻克科学难关，而良知又告诉他，这种治疗会增加病人痛苦，而且挽救不了病人的生命。医生内心有过怎样的挣扎，而对癌症病人，最后他真正需要的是什么？如果拍得好的话，会是非常棒的节目。

对于纪录片而言，发现是基础，没有发现好的故事，没有独特的视角，不可能成为一部好的纪录片。表达是关键，是判定一部纪录片好坏的标准。有再先进的理念、先进的思想，你硬找一些画面贴，肯定不是好的纪录片，而是得有一个好的故事载体，结论要观众自己来得出。表达的方式有直白的、夹叙夹议的和蕴含在故事内的，我喜欢后者。好的表达，是让观众能够通过声音、画面的叙事结构自然得出结论。在这里要注重细节，同时，素材最好来自多元。我们在拍《长征》的时候就有一个遗憾，素材来源比较单一。长征涉及国共两方，如果能把双方的档案和人员采访都整合好，这个片子一定不一样，一定更接近历史真实，而且让观众有更多思考。但面对多元素材的时候要认真进行甄别，逻辑保持一致。

好的纪录片如何表现？拍摄纪录片犹如写文章，从评奖的角度来说，要求单刀直入，开头第一分钟就要抓人眼球，第一画面，或声音，或叙事点，要出人意料。我以前做过一个片子《毛泽东在陕北》，前面五六秒没有任何声音，突然爆发出一个清唱的《东方红》的声音，但不是现在《东方红》的词。这种熟悉与陌生中的冲击，引发了观众的好奇心，吸引人。中间把要表达的内容讲明白，做扎实。又要简练，最高境界是把某一个镜头拿掉，不影响观众的理解，就应拿掉。最后结尾干净利落，戛然而止，千万不要让人家感觉怎么还没有结束，而是要让人家觉得"啊，结束了"，但仔细想来，觉得片子有道理、高明。做的方法有很多，我的经验是先请有经验却没有介入制作的人来看。投入制作时间长，一定会有感情，难以舍弃。旁观者没有这种拍摄感情，就会冷静，什么东西要，什么是多余的，很清楚，很客观。

什么是好的纪录片？通俗地说，看的时候轻松，看完不轻松，这是最高境界。看的时候让人家很愉悦地看完，看完以后不轻松，或感动，或感悟，或有联想。重要的一个标准是编导用独特的视角对社会、历史或人物进行的观察与思考，融入有力的叙事中。做纪录片，我认为是需要努力的，是需要努力学习的。不是每个人都有机会通过节目表达自己的思考和见解，纪录片是一个机会，这是值得珍惜的。

真实、良知、理性，这依旧是我们当今社会最稀缺的价值。关注现实、关注社会、关注民众，这依旧是我们纪录片人神圣的责任。有发现、有思考、有表达，这依旧是纪录片最显著的精神特征。

小辰 ▶

资深电视人

二十年后的今天，我想重新策划《智力大冲浪》

昨天晚上看了应启明老师的讲课，觉得今天好像有点开不了口，因为他准备充分，而相较之下，我今天只能自由发挥了。

1994 年，当时台里要改革，搞制片人制度，大家竞聘上岗，我就是当时竞聘的制片人，创办了《智力大冲浪》。当时有《快乐大转盘》这样一个竞技类的节目，也有《欢乐大世界》、《大舞台》这样的综艺类的节目，所以我们想在夹缝里做一个和别人不一样的节目，就想出了一个智力节目。

现在也有人问我《智力大冲浪》算是一个什么样的节目，如果用现在的概念来定性的话，它是智力节目还是综艺节目？其实我们的定位是益智类综艺节目，全涵盖了。我们说是益智节目，但和别的益智节目有点不同。例如，《开心辞典》的主持人只是坐在那里口头问问题，然后让你说答案，而我们所有的题目都是用小品来表演的。当时的小品非常非常综艺，甚至有一点无厘头，但正是小品为我们赢得了很多的观众和收视率。现在很多问题拿出来,我都不知道是真的还是假的,我觉得要是现在把我们的小品放在网上,点击率肯定也很高。当时有人问我,《智力大冲浪》能做几年,我说大概三年吧,虽说当时的竞争不如现在这样激烈,但我们一直很有忧患意识,想着怎样能够让节目常办常新,于是我们就是边做边不断地策划新的小栏目,我们的十多个小栏目就是这样不断想出来的。

比如说《幸运13》,当时家里装了个卫星电视,无意中看到一个日本的小节目,采访两个明星,把他们放到宾馆里,想了 10 个数字让明星来猜,就是一个小活动。我觉得不错,就在组里跟大家讨论,经过激烈争论,最后定下 13 个数字,有人说 13 不吉利,我们就叫它《幸运13》。这个节目就是这么开会讨论出来的,也产生了周冠军、月冠军、总冠军的模式。我觉得《智力大冲浪》比较红火的一个原因是让观众全情投入。这个"全情投入"有两个概念,一个是我们这个节目基本上是没有明星的,就把老百姓观众请到现场,让他们参与节目,还有一个是电视机前的观众也在投入,参与回答问题。比如《幸运13》,当时很多人也是拿出笔和纸,看看自己的能耐。

《姜胡同话》其实也很好玩。当时是怎么策划这个节目的呢?我看过一个台湾的节目叫《打破砂锅问到底》,其实这个形式滑稽戏也经常有。我们就想用这个形式来讲一些有文化内涵的东西,慢慢做出了《姜胡同话》。比如第一期讲唐明皇到底爱不爱杨贵妃,当然爱了,怎么不爱。可为什么后来又爱上梅妃呢?又说是不爱了。还有关于西施、范蠡,说西施是傍大款的,范蠡是搞阴谋的,反正蛮颠覆的。最后就是历史里的故事说是就是,不是也是,说不是就不是,是也不是。正好引用了当时历史剧的东西,我觉得用这种"捣糨糊"的方式讲一些历史上有文化含量的东西,这就是《姜胡同话》的内核。

《百年不倒问》是 2000 年跨世纪的时候加入的新元素,讲百年来的各种知识。编导阿东动了很多脑子,在那个时候的技术条件下,拍出很多含金量很高的小品,即使现在看也很有意思。

《COPY 不走样》最初并不是我们原创,也是借鉴了别的节目。记得当初看了一档台湾的节目，觉得蛮好的，就在他们的基础上做成了我们的《COPY 不走样》，后来听说实际上是东视的某个节目先做了这个，但是他们反响不大。直到我们做了以后反响非常好，就变成了是我们原创的。他们说根本不是原创的，是他们先做的，但没人理他们，我今天可以为他们澄清一下。

另外我们还有《GO GO STUDY》《QMTV》《冲浪一家门》《碰碰响》等等，可能有些上海观众现在还有印象。

说到这里，我想问在座的各位，作为 SMG 的员工，时隔二十年以后，你们如果还想开类似《智力大冲浪》这样的节目，有可能吗？为什么？

观众一：可能开不出来，因为现在受众的观赏心理发生了变化，现在的社会不一定要看这样的节目。一是节奏感要比较强。这里原有一点戏剧的表演，情感需要时间去展开，但现在的观众却喜欢有冲击力、很强烈的东西，慢慢展开他们就没有耐心去看。二是观众的参与感、参与方式与过去不一样。在过去，如果打个电话进节目就会把自己放到当下情景中去，也就是参与了，但现在因为受到选秀节目的影响，他需要依托表演才能参与到节目中去。

观众二：我觉得可以的。我有一个同事去了央视 2 套做《是真的吗》，就是演小品的形式，和黄西的脱口秀差不多。黄西说着像刘仪伟一样很差的普通话，反而让人注意到。关于参与性，通过后续的自黑和吐槽会吸引年轻观众。只是可能要求更加高一点，包装手段要强一点。

关于这个问题，我的答案是，如果现在再办这样的节目，第一要素是什么？就是对领导的说服力。你说通领导就对了。领导说有可能，就有可能。如果领导说现在《智力大冲浪》不行了，那就是不行了。其实，现在纵观各地卫视，类似的益智综艺节目好像不多，那我们有没有可能做出和别人不一样的、和以前不一样的益智综艺类节目？我觉得这是一个话题，可以供大家回去考虑。

第二，就是领导的判断力，这一点非常重要。判断一个节目好还是不好，领导要有慧眼识才的能力。一眼看出这是个好苗子，然后再去发展。比如《舞林大会》，那时候在台里九楼看片时看到一个国外的节目《与星共舞》，看完以后，我对田明说，田总，我觉得这个节目可以做。当我从九楼下到大堂，田明的电话就来了，他说小辰老师你觉得可以做的话，我就让节目研发部把带子给你，开始做做看嘛。那时候研发部给了我一个家用带，我就在办公室里看。最初，打电话给各种各样的明星，没有人理我们，我们觉得做不下去了。因为明星过来做一个访谈，终究是光鲜亮丽的比较好，来跳舞得从头学，没有可能。当我们做不下去的时候，田明又说，实在不行就做主持人吧，我就不相信主持人搞不好，应该是有收视率的。这就是领导的慧眼，他定了方向之后，我们就开始做主持人版的《舞林大会》。当然，后来主持人版打响了之后，明星就好请多了。演播室做完了以后，领导又说复赛要到剧场卖票。我想不可能啊，田总就说可以的，硬逼着把这个节目越做越大，有了后面的模式。所以，我觉得领导的判断力是很重要的。

第三就是群策群力。在节目组里，每个人都要对制片人大胆说出自己的想法。也许一个小点子会不断碰出火花。制片人通过把火花搜集起来，变成一个有逻辑的、在电视里呈现的东西，这个碰撞非常重要。不过首要的还是敢于把自己没有成熟的想法大胆说出来。《智力大冲浪》所有的编导和主持人都非常努力，非常想把事情做好。比如说，开会讨论，某个人提出选题是"帽子"，大家就会想办法搜罗各方面关于帽子的东西，同心协力地去完成。因为大家都觉得自己是《智力大冲浪》的人，荣辱与共的意识非常浓。

包括《舞林大会》，人最多的时候编导也不超过五个人，和现在动辄百人的大团队是没法比的。但五个人的团队发挥的力量是很大的，每个人都想把自己的节目做得比上一期更好，比别人更好，这就是一个很大的凝聚力。我希望每个编导都能往这方面努力，不要考虑自己的得失。如果没有这些编导，《智力大冲浪》不会做到这个样子。还有就是我们的主持人，我们的小品都是主持人现场发挥的。那时候稿子很简单，就是角色定位写好，现场他们自己发挥。他们越演越来劲，就有了后来的《智力大冲浪》。所以说同心协力、富有创造力的编导团队，和我们各具特色、古灵精怪的主持人，是我的两大法宝。如果没有他们，就没有《智力大冲浪》。

问&答

问：您会不会觉得现在小品类的节目越来越不流行了？很多电视台除了大型节目，其他类型近两年好像都不是特别火，是什么原因？是因为当时那个时代流行小品吗？

小辰：是的。之所以小品流行是因为我们一直放小品，所以小品就流行了。如果现在一直说选秀，选秀也就流行了。但在这种情况下，我们再拍小品说不定也是独树一帜。我们私下闲聊的时候，觉得现在外来节目比较多，自创的节目确实比较少。我比较荣幸，那个时候竞争比较少，比较容易出得来。但现在竞争太多，信息量太大，要想脱颖而出，确实需要有更多的实力。

问：《智力大冲浪》推出了好些主持人，但之后好像就没有出过什么主持群了，您怎么看？

小辰：两方面，一个是节目养人。如果是一个好的节目，这个主持人又和节目很贴，节目火了，主持人也就火了。另一方面，是人养节目。一个好的主持人会带动节目，观众也会因为是某主持人而收看节目。这是相辅相成的，好的节目带出好的主持人，好的主持人能回过来给节目带来收视。

问：当时《智力大冲浪》的主持群应该说是上海最成功的主持群了。现在人们关注的大都是湖南的主持群，您怎么看待这个问题？

小辰：《快乐大本营》这些人和我们有一个共同点，一切都是默契使然。他们吃喝拉撒睡都在一起的，彼此之间接下来要说什么话，大家心里很清楚，也知道会拿什么话回应。最讨厌的主持群就是春节晚会或者国庆晚会上的，那不能叫主持群，就是每人一句的串联词，就像是三句半。其实春晚有一次就出洋相了，就是这个三句半没有说好，有人抢了，有人没接上。这不叫群体主持，真的很没有意思，这和湖南的主持群是没法比的。如果有好的主持人，也有好的节目来依托的话，是可以的。比如那时候的林栋甫，我顶了好长时间的压力，所有人都不看好。但是我说，所有的人都可以复制，但林栋甫不能。我就是要造就一个不能复制的人。为了他，想出《姜胡同话》。《姜胡同话》红了以后，林栋甫出去就不得了了。为了拉近主持人和观众之间的距离，我们想出了把摄像机放在一个面包车里进行偷拍，然后主持人再出其不意地出现在受访人面前。这个节目在电视里播出之后，观众会觉得主持人和他亲近了好多。

问：小辰老师有没有想过重出江湖呢？

小辰：不，那绝对不可能了，现在依然出现在节目上做嘉宾已经挺好了，我已经退出江湖，笑看江湖风云。

问：现在很多节目是买国外的模式宝典，按照模式宝典做节目。你们当时做《智力大冲浪》的时候，脚本提纲多细？或者你们有没有做类似的工作？文字多吗？

小辰：没有。那时候《智力大冲浪》主持人很简单，就几个题目，观众怎么回答都是未知数，所以要求主持人灵活应变，不能写好稿子让他们说。还有现在老是说 bible、rundown，一个节目这个 rundown 就是一大叠，很浪费纸的。一个 rundown 下来以后横看竖看，看也看不懂，领导说这个地方改一个时间点，又是一大堆那个东西。其实我后来做大节目的时候，想按照我自己的想法，123456 齐了就可以了。现在的 rundown 分工很细致，这很科学，但是我比较老土，看不来，所以应该淘汰了。

王小龙 ▶

新闻高级编辑，纪
录片导演

不想做工匠的大师不是好厨子：影像叙事的规则和策略

职业尊严和素养

任何一个职业要维持下去，要有所进步、有所发展，恐怕首先有赖于从业者的自尊。这个尊严是什么？我们看到一些民间手艺人当街剪纸、捏泥人，我想围观的人没有谁会蠢到在一旁指指点点。卖肉的人都有尊严，你要称一斤肉，他一刀下去，你就不要多话了，还在那挑三拣四，兴许他就不卖给你了。外科医生是有尊严的，有谁会在手术室跟外科医生讲这个肠子剪短了，多剪一寸呢？假如我和别人合作，问摄影师光圈、焦距什么的，这个恐怕就叫犯规。我想大家都有这个体会，你面对外行的责难、非难，总是有点恼火吧？但是你有一点心虚，为什么？这个心虚恐怕就是我们自己做得不职业、不专业。

我希望各位平时在工作当中都是有尊严的，这种尊严建立在专业上。

专业让你可以用鄙视的眼光看待不专业，直到把业余行为看到床底下去，看到下水道去。可是，我们够职业、够专业吗？

看电视真的让人百感交集。哎呦，这可真业余啊。大部分毫无道理的接点都直戳我的肋骨。看来是怎么做都有理由吧，这个世界的种种理论、说法多到足够支撑任何一种胡作非为，业余行为都可以找到需要的理论拐杖。只要到现场，你天天可以看到，他都不知道自己是干什么的。

（播放视频）

片尾摇篮里孩子坐起来发出咿呀声音，简直是神来之笔。当然这个短片有很多好的地方，选择演员，调整演员的状态，都做得很好。作者当时是电影学院的学生，要想从这样的孩子的活里挑出毛病不大可能，起码技术上不会犯规。我们每个人每天处理素材，大概都会碰到人的行走，我看到电视上大部分行走不是走过去而是一路摔过去的。等会儿我们再看一遍，不要说一个女孩的行走，后来一群女孩，后来老头老太加入进来，这个步子的节奏和左右脚都不会搞错。连这个都没有做对过，怎么剪辑？什么叫专业，尊严在哪里？基本的东西一点不能错吧。

职业素养，底线就是你必须做好你不想做的事。到国外去旅游，比如在伦敦，看到人家赶马车，感觉人家的工作真有趣，可是，如果你的工作就是干这个的，就知道太无趣了。但是你得做好，这是职业。

线性叙事和非线性操作

影像叙事，是线性叙事，所有的事实、情感、表现和强调，都在时间流动当中发生。哲学上面有一个命题，叫"不能两次趟过同一条河"，这个在影像叙事上是直接证明了。对这个问题，要理解的话，我觉得过去比现在容易。

为什么？现在进入了非线性的时代，这个时代有无限方便的地方、好的地方。我跟学院毕业生说，你问你爸爸借十万买一个电脑，再买一个单反，你就可以创业了，先从什么婚庆啊资料啊做起，慢慢来，一点点积累。

这是我们当年无论如何想不到的，根本没有想到过会有这一天。

林旭东老师有次说："每个月都有一些孩子拿来纪录片给我看，我现在干脆拒绝了，因为其中大部分影像叙事都乱七八糟，根本讲不清楚。"他说的大概就是线性叙事的概念问题。

现在学院里已经没有对编机了，专业学习的时候就习惯在非线上拖来拖去，在非线的场地上面玩出来的人，要他很好地了解线性叙事是怎么回事，大概有点困难。因为非线太方便了。

所谓线性叙事，就是按线性时间的顺序，哪一个先说，哪一个后说。影像叙事上的语无伦次，大概首先就是先先后后的顺序没搞明白。排序是有讲究的，其中有影像语言的语法问题，当然也有一些技术处理问题。

通常拍一个手艺人在捏面人，先拍带环境的全景，马路对面有一个手艺人，接下来你过去，拍他的手和未成形的面人的特写，拍那个老人聚精会神的神态，让他脸上每一条皱纹都开始说话。这三个镜头怎么排列？不一样的顺序获得的效果和视觉冲击力也是不一样的。我不能说定一个规则，什么情况下一二三，什么情况下三二一。因为对象不同，因为这组画面的所处位置不同。

影像语言

我知道我们这个行业，很多年轻人加入进来，是因为文笔不错，在学校里写东西很好。我不否认，文字表述也是这个行业应有的能力之一。但我们有时候会误会"影像语言"这四个字，误认为影像语言和文字语言是一个道理。我们经常套用语文的概念，其实差别太大了。工作了一段时间以后，我才意识到我的文字能力妨碍了我进一步掌握影像语言的使用。

语文的基本单位是字词句篇，影像叙事的基本单位是什么？一个镜头？一个镜头就是一个单位？那就有问题了。我至少看过两部电影，从头到尾就一个镜头，俄罗斯有一部，意大利有一部。当然这是比较极端的例子。你说什么是它的基本单位？影像叙事的基本单位是时间，一分一秒走过去的时间，这是它的基本单位。

还有时态。我认为影像叙事只有一种时态，现在进行时态。对影像叙事来说，不存在什么过去时态和将来时态。两千年、两百年、二十年、两天前的事，都要作为当下来表现。这不仅是因为我们需要让人有身临其境的感受，还因为影像的事实就是这样。

说那么多影像叙事，不过是理念和概念问题。实际操作起来，就十二个字，先先后后、长长短短、多多少少。先后是排序，长短是找到合适的长度和节奏，多少就是详略。大部分剪辑的问题，都是这十二个字的问题，不，六个字。

影像表现

你不会仅仅只是说事吧？影像叙事的两大成分，除了叙事还有表现。我们的电视行业有一个通病，叙事有余而表现不足。光忙着说事，不会强调和渲染。大概是我们中国人的事情比较复杂，旁生枝节又能扯出好多。我们忙着把这个事说清楚，那个事说清楚。我们中国人的人际关系太复杂了，事情也很复杂，结果 100% 的片长，90% 以上在说事，表现的空间就没有了。

真正血腥的屠杀在影像中不会只杀一刀、只开一枪的。真正精彩的进球，不会只进一次的。怎么解释？比如说球赛直播，很漂亮的进球，物理上、线性时间上踢进了五六个，可是所有人都知道只进了一个，为什么？我们看到银幕上一个人被打了好多枪，可是我们知道其实就一枪。你没有觉得奇怪，不是打了好几枪吗，怎么头上只有一个洞？

黑白片《39 级台阶》和后来的翻拍版，有一组两个镜头是一样的，一个人莫名其妙地缠进一件阴谋里，被追杀，他沿着狭长的楼梯往天台奔去，一脚把门踢开，阳光进来，然后反打，对面高处俯拍天台，门被踢开，他冲出来了。门开了几次？胶片上是两次，但是所有观众都知道就开了一次。观众的理解力是电影工业、是影像叙事进步的全部依据和全部动力。

电影史上有一个很出名的实验：中年男人看东西的画面，什么表情？没有表情。看着这瓶水，没有表情。然后在这个镜头后面剪一朵正在怒放的鲜花，观众觉得他爱生活、爱美；剪一个摇篮里的婴儿，观众感到他脸上散发着慈祥的光芒；如果剪了一个女人在对面洗澡，观众会认为这个男人的表情太下流了。

平行剪辑

平行剪辑直到今天还是重要的叙述手段，它对一件事情质的强化、对观众的感染程度，作用常常超出我们的理解。

平行，就是"话分两头"。我们见过很多平行的结构方法。纪录片《邬老板的世界杯》中间有一段平行剪辑，邬老板被凤凰卫视请到北京去录像，从他坐飞机过去，直到喜滋滋地拿了人生第一次稿费回来，包括他在录像棚里，现场制片人员怎么教育他，告诉他应该怎么表现。与之平行的是，他老婆开着车骂骂咧咧的画面，她认为被当地黑了，把她厂房封了，不打招呼就卖了。后期的时候，我说如果平行剪会很有意思，同事说："王老师，我刚学会走，你就让我跑。"跑得很好啊。这确实是他第一次剪纪录片，试试看嘛，一晚上过去，第二天中午去看，他剪得正起劲呢。你不起劲，观众怎么会有劲？

平行剪辑有规则，每一单元要相对完整地表现一个环节。然后，要留一点悬念。还有一些技术要求，比如平行的两者之间戏剧动作和影像元素的相似性、关联性。北京的钢琴键盘上的手和上海的电脑键盘上的手，这两个对接，很自然。平行双方的第一个回合，你得交代清楚环境和人物，比如衣服的颜色。张三穿着蓝衣服，李四穿着白衣服，接下来就好办了，剪过去哪怕带着衣服一个角，人家也能明白，这是张三还是李四。要有特征。

现场如何操作

我们到现场拍片子，如果是纪录片，纪实的，三步走吧。

第一步，我们叫做主镜头。拍多长？拍到你带着耳机能听清楚他们在说什么事。你们可以去观察一下，最复杂的事情也不会超过七八分钟的，后面说的都是补充和重复。你觉得你听清楚了，你可以把机器往前移，或者扛在肩上。

第二步，拍主要人物。双方、三方，拍他们说话和不说话的神态，过肩和不过肩的镜头。他不说话你也要拍，我们常常需要这样的反应镜头。

第三步才是其他人，围观的，相关的物件等等。

这样做起码有一个好处，哪怕吵完七分钟就散了，你也把主镜头拍下来了，有了主要事实和情景。

一个有经验的摄影师不需要导演说什么，按这个规则来拍。移动和调整当中机器是不会关的，录下完整的声音。剪辑时你就有两种选择，第一种可以剪得像故事片一样，全中近特，多机位。我以前就这样，炫技，告诉人家我也会的。但是现在就会计较，怎么回事，不就是一个单机吗，怎么出来十几个机位？这个问题很危险，其实是开始怀疑真的还是假的，因为你剪得太漂亮了。

那就把主镜头一刀剪上去。好的，可是，你敢吗？

炫技容易，放弃这些技巧是不容易的。两者，一个更专业，一个貌似业余，而且特别粗糙，你比较一下，都有得有失。当你剪得很光滑的时候，一句废话没有，你要当心了，你在失去现场感，在失去生活本身的质感和弹性。

真实感是无可替代的。我可能失去的是什么？告诉人家我多么有水平，这很重要吗？对于纪录片人来说，对象永远比我重要。我们在现场能做到只关注对方，但是后期会忍不住，会觉得自己很重要。

两部被低估的纪录片

我已经讲到纪录片了。因为是纪录片人，大家肯定希望我说说。好吧，我们先看一部《欢乐颂》，剪了一点，三五分钟。

（播放视频：记录在火车站前广场上等待回家的人们，这是一个新年的前几夜。火车载着满满当当的归乡人驶离上海，背景响起《欢乐颂》。）

为什么说这个片子有价值？我们去拍的动机，不在于它的新闻性。春运还是新闻吗？当时的一个想法就是，这是世界奇观啊，全世界哪一个火车站像中国北上广的火车站这样每年春运来一遭的？不是拍春运买不着票，不是这个意思，你得记录下来，这是你的责任。

这个片子是一种状态跟一个过程的结合。摄制组兵分两路，一组去广场，白天晚上拍。另外一组到一个工地，拍民工干活，像平常一样地干活，直到小年夜，包工头给他们结账。一定要有钱的往来，递钱接钱的情景，然后跟着他们到火车站，两组会合。

前辈说，过程是纪录片，状态也是纪录片，春运期间火车站的状态是一种特殊的状态，不一般的状态。我们有一些预判，这时候你带着机器去拍他们，不仅因为他们来自底层，并不在乎被拍，而且是因为他们马上就要回家了，普遍情绪很好，没有人会拒绝你。

我们再看另外一个，《穷海》。

（播放视频）

这有一个背景，当时海上有一些小岛，事实上岛上的人已经不多了。上世纪八十年代他们都曾富过，今天你去岛上看，很多盖了一半的房子，或者盖完没有装修的。八十年代他们有过一些钱，靠水产生活。由于近海污染、过度捕捞，鱼越来越少。当时的政策是撤小岛、建大岛，东极岛所有人口都撤到沈家门来。政府赎买木船，比如说一万一条，我给你一万，这个船我们收了。你去拍，上来就知道这个船要拆掉的，但是亲眼看到还是难过的，曾经在风浪里出没的渔船，最后被一块块砸掉。倒是没想到变化那么快，东极现在又在发展旅游，中央台刚播的《第三极》说的就是东极岛。

特地挑这两部片子，是因为我觉得它们被低估和遮蔽了。人常常不明白那些写实的、散发着难闻气味的、令人很难平心静气的片子，诗意何在。你们体会一下，这就是诗意，纪录片的诗意。

蒋为民 ▶

资深媒体人，时任上海翡翠东方传播有限公司高级副总裁

传统媒体人转型之跌宕起伏

跌宕起伏之电视时代

说到这个题目，其实也是有点标题党的嫌疑，其实没有那么跌宕起伏。

1994年，我从局里到台里面做节目，做编导，跟着应启明老师做文化专题《今日印象》；1996年，我做完纪录片《长征·世纪丰碑》以后，被升职为社教中心制片人，负责一个大专题节目《大上海》；之后我来到了新闻中心，接手一个报道节目，叫做《新闻观察》。这个节目是当时在国内仅次于《新闻调查》的一个新闻杂志评论类的节目，当时的一批编导，现在有很多都在各个岗位上担任领导。

2001年我在做台长助理的时候，朱咏雷台长给了我两个频道筹备的机会。一个是今天的纪实频道，一个是生活时尚频道。我内心非常热爱纪录片,不想做生活时尚频道的总监。但朱台长半开玩笑地说,频道总监中只有你一个是女生,所以只有你去做吃喝玩乐的节目。在做这个频道之前,没有人相信我能够理解"时尚"两个字的,因为我太不时尚了! 是从那个时候开始,学习什么叫做时尚。

2003 年我们生活时尚在整个 SMG 做了第一家公司化运营的频道,而且这个公司化运营是非常彻底的,我们连薪酬体系也是重新设计的。我们的薪酬体系跟集团里面所有其他的部门都不一样,用了计点法的公司计酬方式做的。

2004 年底去美国待了一年,学习和考察,调整和思考。回来到了东方卫视,2006 年我和戴钟伟一起做第三届《我型我秀》。当时选秀类的节目在荧屏大战,周五有三档同类节目,《超级女声》、《我型我秀》、《梦想中国》,几乎踩在同一时间段里,当时我们认为肯定要做黄继光了,但是,在我们的顽强奋战之下,团队非常给力,当年节目影响力是不输给"超女"的,收视率是"型秀"有史以来最高的一次,也诞生了像师洋那样没有声线但有粉丝的怪咖。

东方卫视后两年不太顺利,我们在三年里面改版了若干次。2008 年汶川大地震,东方卫视凭借着新闻力量,终于有了一次长足的爆发,我们在汶川大地震时的表现是非常好的。连续 16 天的直播当中,一直保持着省级卫视第二名的收视率。东方卫视的新闻,在全国的观众心目当中有非常高的地位。

跌宕起伏之网络时代

其实在做《我型我秀》那一年,我已经慢慢开始有了对互联网的了解。2008、2009 年就启动了一些新的想法,当然也有很多变故,爸爸去世了,突然就激发了我对于生命和家庭的严肃思考,由此开始考虑后半生怎么走自己的职业道路。当时,土豆网的管理层盛情邀请,在他们的互联网梦想的感染下,我打算试一下。心想:如果互联网的人敢要我,我为什么不敢去呢？

不过，转型的第一天我就觉得非常失落。第一天上班，拎着大包小包，从苏州河边那条很长很狭窄的小道走到土豆网的时候，我发现门口是没有人迎接我的。到了门口，门牌也没有，一扇黑色大门紧闭着。前台在二楼，按一下门铃，才有人从二楼下来给你开门。进去一股仓库的霉味，举目望去，一群人低着头不知道在干什么。

当我了解到这个平台上做的事情以后，还是挺兴奋的，同时发现这个舞台提供给我的空间大过我的能力了。当时我在土豆干的活，相当于我们 SMG 四个副总裁加起来那么多，包括内容的版权采购，加上平台编辑部、所有自制出品的节目、全平台 UGC 的审核以及 PR 等等。当然自制是非常少的。我离开东方卫视的时候，手里面掌管的经费应该是两个亿左右，但是我在土豆第一年只有 1700 万，这么大的平台全部内容经费只有 1700 万，我一下子觉得不会做了。而且，我没有版权合作的经验，也没有在一个视频网站做过管理，我不知道一个内容从用户上传以后，一直到发布给另外一个用户看，中间的流程是怎样走的，完全不清楚。

土豆是一个 UGC 的网站，用户自发上传视频到这个网站上面。在 2005 年 4 月份的时候，其实跟美国 YouTube 几乎同一个月上线。当年我之所以蛮热爱土豆的，是因为觉得中国人终于有机会跟美国人在同一个水平线上做媒体了，虽然它当时还不能被称为媒体。在土豆的两年，我做了很多大胆的尝试，试图让它变得像媒体那样有主流的影响力，也产生了几个很成功的案例。今年"唯众传媒"为腾讯做了《你正常吗》，一炮而红，其实早在 2009 年，我就找到唯众为土豆做了第一档互联网自制综艺，获了一堆国内外的奖项。

离开土豆网以后，我跟几个朋友一起联合创办了一个网站，个性化的电商网站，叫做 T 恤汇。我在 SMG 的很多老同事、老朋友在推广方面帮过我的忙。所以当时这个网站不怎么样，但推广做得有声有色的。我们傍了很多大款，像《爱情公寓》第三季里，曾小贤就穿了我们提供的 T 恤。当年，我们拜访了二十多家投资方，但是他们没有投一分钱。我们烧光自己的钱之后,就惨淡收场了。T 恤汇其实是一个错误的名称,我们不是做T 恤的,T 恤是我们想做的第一批产品。那一年凡客发动了 T 恤大战,我们很不幸挤入了这场大战。我们一叫 T 恤汇之后,别人认为我们是做 T恤的,实际上我们可以做 T 恤,也可以做其他个性化服饰。我们的平台上,你可以上传所有你设计的图案,别人用了你的图案你就能赚钱。而任何一个其他人,可以用你的图案自己设计自己的 T 恤,他也可以用你设计的图案在网上零成本开店,他卖给别人衣服的同时,可以分成给他的设计师,同时自己赚钱,是非常前沿、好玩的商业模式。

但当我们跟投资方介绍的时候,投资方会问两个问题:第一,在国外有没有同类的网站?多大规模?第二,我们以前在国内投过同类的个性化电商,没有一家赚钱的,你们怎么保证赚钱?这两个问题问出来以后,我们基本哑口无言,回答很无力。导致后来很快关门收场的还有一个原因是,我们的核心创业团队当中,没有一个人是做技术和产品的,我们的技术、产品人员是花钱雇来的,这样就变成你要开一个饭店,但厨师是高薪请来的。后来我去了 CMC,自己做了甲方的时候,终于知道为什么投资方不给这个项目投钱了。

如果坚持两年会不会好呢?其实坚持两年也不会好。我们的错误在于不应该在中国的市场上搭建一个做平台的网站,我们做一个 APP 就可以了,发展那些设计师,打造用设计师群体聚集设计图案的品牌,然后直接服务于商用,用这个点做或许更好。

我在 CMC 的时候主要负责行业基础研究,基本上研究的行业是我所熟悉的,在线视频,包括三网融合阶段的互联网电视这一块,这是花了最大的精力做研究,当时也看过不少案例。金融数据是我看的另外一个领域。主题公园这个领域,主要是研究中途岛项目。还有孵化器,我们曾经想要不要投资一些内容产业的孵化器。影视投资也涉足了一段时间,还专门有一段时间研究了纪录片投融资。在 CMC 两年,贡献不多,但学到东西不少。从投资者角度,比较完整地了解了传媒产业的产业链,尤其是互联网视频行业。

现在我在 CMC 投资的翡翠东方 TVBC 工作，我干的活就是用全媒体思维方式制作和推广节目，为电视台和视频网站提供内容。开玩笑说，是从云端落入了小煤窑，干起了最苦的内容制作。

今年我们用很少的人力做了三个项目，其中有一个是跟我们 SMG 合作的《盛女，为爱作战》，其他两个是跟网站合作的。之所以说是全媒体思维下的节目制作与推广，因为我们在《盛女，为爱作战》节目全过程的项目设计当中，渗透了很多互联网的想法在里面，尤其是后端的推广怎么跟社交媒体上的网友互动。因为现在 TVBC 是没有平台的，所以我很像你们当中一个独立制作人的角色，但我们需要打通所有的平台。我的好处在于，我在互联网网站待过，我知道他们的战略、策略，也知道他们的出身，也对电视台比较熟悉。在离开 SMG 到土豆的时候，跟全国各大卫视都有过不同程度的版权合作，从这个角度来说，我觉得现在的活还是蛮有意思的。我可以把所有学到的东西用到节目内容当中，在推广中植入全网思维。

这就是我跌宕起伏的媒体生涯。下面和大家分享一下我在其中学到的和悟到的一些亲身体会。大的方面分为：什么是互联网精神，什么是市场竞争，什么是职场，什么是创业。

网络猛于虎，娱乐猛于虎

回顾起来，大概在 2010 年 9 月份的时候，我还在土豆网工作。有一次我们自己制作娱乐资讯，就是这一张截图，我当时已经被自己的发现震撼了。2010 年 9 月份的时候，很多人并没有意识到视频网站多凶猛的时候，这里面媒体 logo 当中，其实电视台已经很少了，大部分是视频网站的 logo，这里我们很幸运地看到星尚的 logo，因为它比较市场化。

出现在这样一个重要的娱乐新闻发布会的现场，足以证明网络媒体已经非常活跃了。说实话，土豆网这些做内容的人，他们的工作量是我们电视台一个娱乐记者的 2.5 倍，人是很少，钱也不那么多，但你可以看出他们的冲劲已经出现了。还有就是娱乐的地盘是大家蜂拥而至的地方。"网络猛于虎,娱乐猛于虎",就是这两点,从 2010 年到 2014 年,还是这两个现象。大家在很明显地感受到这两股力量,不管是对大家的冲击,还是激荡,还是启示。

整个 2011 年我都在观察全媒体的环境。我做了这样一个对比,那时候全媒体化的信息渠道和接收方式非常明显,几乎所有的人从他起床到睡觉,没有人离得开网络的。当时微博很红,还是以网络 PC 端为主。但是这个形势的发展如此之快,到了 2014 年,移动互联网的时代已经全面来到了。视频网站的信息,大家如果关心数据也应该知道,去年下半年到今年上半年发布的数据,所有的视频网站,移动端上线的人数和数量、时间已经超过了 PC 终端。其实我们都说,不知道视频网站的赢利在哪一天会实现,就是因为技术的发展和移动互联网时代的到来,没有来得及挣钱,移动互联网已经到了。不管优酷还是土豆,还是我们知道的其他视频网站,最后也变成了一个个 APP。未来虽然叫做融合,但是这个融合应该还是基于更大的网络运营商的平台,哪一个运营商平台最大,就是谁的天下。你想,有手机的人多还是有电脑的人多?

现在投资界有一个不成文的约定,我们投资的所有项目,如果没有在移动互联网上面布局,我们就不一定会投,所以,这就是我们在这个时代里看到的。

互联网时代和自媒体趋势

YouTube 是我去了土豆以后才知道的视频网站,相当于美国的土豆,都是由用户上传视频,在网站上自由分享。2012 年时的一些数据已经非常惊人了。上传视频的总时长,每分钟达到 60 小时,也就是说每秒上传到 YouTube 的视频,总时长每秒钟有一小时。一个月上传的视频比美国三大电视网 60 年内制作的视频还要多。这是用户上传的数据。介绍这些数据是因为以前我们在电视台接受数据的定式思维,就是收视率。我们的数字概念除了收视率就是播出时段，还有分钟收视率，还有每分钟的流向，其他维度的数据就没有了。

所有用户，在一天中观看的视频超过 40 亿个。每个月访问 YouTube 的唯一身份用户超过 8 个亿，2011 年时，YouTube 的全年观看次数就已经超过一万亿次。

互动怎么样呢？社交媒体上面，在 Facebook 上面观看的 YouTube 视频时长达 500 年，完全靠 Facebook 互动的，都是短视频为主的。至少在 2012 年我们研究 YouTube 的时候是不赢利的，但它是有巨大收入份额和巨大用户规模的一个平台，全世界所有的自制、UGC、用户上传视频的网站，没有一家比 YouTube 大的。在中国，因为我们本身没有视频文化的基因，因为我们有政策的限制等多重因素，所以中国 UGC 的视频网站都走得不好，就很快转型为把用户上传内容和专业的内容结合起来的路线，走了一个不伦不类的路线。

这也是我学到的东西，因为大家都是做电视的，所以我专门拿了两个跟电视有一点关系的例子跟大家分享。Maker Studios 是一个很伟大的自制视频的新传媒公司，原来就是美国的几个"播客"自己制作视频放到 YouTube 上面，成为红人以后，他们成立了一家公司。除了自己上传和制作大量好玩的音乐视频以外，还帮助其他的用户制作和上传视频，他们帮助这些用户去提高在 YouTube 上面的流量，用这个方式跟 YouTube 达成一个合作，就是在 YouTube 上面开了几百个频道，YouTube 说你给我带来流量，我跟你分享广告收入。同时，他们也跟用户再分成，根据各种情况，分成的比例从三成到七成。他们在全国设置了很多网点，提供设备和制作，还是那些有才艺的网友的经纪人，是非常新型的互联网传媒公司。

这个公司手里的资源，一个是广告客户，但更是那些能够做自制视频的"播客"，美国的"叫兽易小星"们，有很多这样的易小星。他们现在有一个很大的金主，时代华纳在 2012 年投资了他们以后，迪士尼又收购了他们，这个只有 5 年历史的公司在财务上也实现了巨大的成功。这样一个公司，在中国却没有同样的成功模式，也很难有。在我的理解当中，目前中国的视频网站还是 1.5 时代的模式,没有做到真正 2.0 时代的模式。我觉得,移动互联网时代的到来,才有可能真正让自媒体或者让 2.0 模式的媒体应运而生。

用户为中心 & 极致执行

我现在做节目的时候,经常会提很多问题给自己。其中一个最重要的问题是,观众为什么要看你这个节目?

网络强调用户中心,任何新产品都先在站内做测试,让自己的员工去试用,反馈回来。互联网公司有一个团队专门做用户体验,还有一个团队专门先于用户做研发。其实电视也可以啊,比如说我做节目模式,还是生产为中心,不是用户为中心,我们是否可以从有大数据的地方挖掘大家的需求,然后倒过来找需要的内容,而不是先找一堆内容,花很多钱做测试。我感觉,整个生产组织的流程跟你需要的收视率这个目标之间是倒错的。领导永远是要先于观众审片的,所有的传统媒体,包括报纸的总编辑审大样,都是一种精英办报和精英办台的思维,但互联网不是,这是很大的基因上面的差别。

"极致执行"这一条是来自腾讯的互联网精神解释。互联网精神并没有标准的定义,但是我感觉他们这几点是所有互联网企业都会放进去的。比如说用户为中心,或者以用户为朋友,或者说速度、细节,你永远会看到这些词的,只是不同的表述而已。其实我觉得这不是互联网精神,这是当今或者即将成为当今的时代精神了。每一个行业可能都会面临,如果这个企业不具备这些基因,或者这个人不具备这些基因,都将很难生存。这是我通过这些年跌宕起伏的经历所体会到的。

市场时时都在变化

现在回忆,在土豆网每三个月,相当于我在 SMG 的一年,每个季度相当于一年。我记得我当时很不屑于土豆网没有完整的年度规划、五年规划之类，CEO说我们没有三年规划，说我们有一年就不错了，我们一般是有一季度的规划。我当时带着浓烈的精英意识，感觉他们很不规范。后来我发现是我错了，不是他们错了。我进去的时候他们才第四年，真的处于草创阶段，他们不能有规划，因为他们不知道身边的这些企业在怎么做，所处行业的信号是什么。要随时随地知道别人在做什么，他们国外的同行在做什么，YouTube在做什么，HULU在做什么，这个行业当中更重要的是要知道用户喜欢什么，随时在调整，规划也是随时调整的。

比如第一年有1700万预算，第二年上半年说我们有7000万的预算，要大力投资版权，要正版化，到了下半年，这个预算突破一个亿，说因为版权涨价了，我们要随时做好调整。这样一种灵活性和这样一种激烈竞争带来的是，你必须要追求自己成长的速度。

当然SMG变化也很快，这一次做《盛女，为爱作战》的项目，到总编室做了一次观众测试，这个观众测试的体系非常了不起。我们当年做星尚频道的时候，花了20万，请尼尔森做了一个关于媒体品牌和媒体内容的市场调研。今天这件事是我们总编室在做，这是一种变化，当然时间长了一点，这样的变化在网络可能发生得更快。我去土豆的时候，他们从来没有做过网络直播，大概两个月以后就把技术开发出来了，半年以后就可以做到像台里一样延时直播。

竞争与合作并存

市场在我的理解中就是竞争与合作。相对来说，只有卫视之间的竞争才是真正基于全国市场的竞争，当然也是在各种规范和中国比较特殊的媒体格局下面所谓的竞争，但仍然是相对真实的竞争。其他频道的竞争，我觉得是保护大于竞争的。合作层面上，大家没有太大需求的。没有竞争，就没有合作。这两种关系看上去是对立的，但是同时并存的。

但不可盲目竞争。好比我们做T恤汇，我们当时的策略是错误的策略,当时的一群人也是错误的一群人。我觉得这个东西,你不亲身尝试和体验,是得不出结论的。有策略地竞争这件事情,在体制内需要认真思考,除了努力工作以外,需要学会有策略地竞争,哪怕一部作品拿出去在频道里面播出,也存在和同时段其他节目的竞争。所有的策略都是选择,要学会选择。

还有一点,就是做好持久竞争的准备。市场永不停歇,现在 IT 行业英年早逝的人很多,这真的是一个竞争非常激烈的领域。强大的体力和脑力是竞争中需要同时具备的,还有毅力和恒心。

企业基因太重要了

我现在跟很多人交流的时候,发现很多差别不在于年龄,而在于那些人——在哪一个行业工作,在哪里工作,会表现出他们对这个社会和时代的不同理解。很多人离开工作以后会呈现出很活跃和自由的状态,一旦进入工作状态,会戴上一个面具,这就是企业赋予的,其实这也是蛮有意思的地方。互联网公司不一样,内外比较一致。

2010 年的时候,我们讨论过土豆的公司文化是什么样的。土豆以前只有一句口号,"每个人都是生活的导演"。我们公司内部有一个涂鸦的特色,每个人可以随便在办公室墙上涂画,乱七八糟。当时进去特别不喜欢这样的办公室氛围,我跟老板提出强烈的抗议,我说不允许每个人在墙上乱涂。他问为什么,说我们就是自由的空间,就可以乱涂的。老板没有自己的办公室,在一个大空间内,桌子正对着大家,没有任何护栏,他会把两条腿搁在桌子上面,拿一个电脑办公。土豆是这样一个公司文化,其实是挺散漫的。网络公司的公司文化千奇百怪,你看得到阿里巴巴是武侠文化。阿里巴巴的愿景很奇怪,要持续发展 102 年。土豆也很奇怪,有一个"黑就是黑,白就是白"的价值观。我当时说,其实有很多灰色地带,老板说不可以,黑就是黑,白就是白,这是非常技术和产品的思路,又很互联网的语言。其实,原意就是要实事求是,但他们不会用"实事求是"四个字，因为不够特别。

职场中要了解自己的价值

以前我从来没有考虑过"职场法则"的问题，现在思考过了。在任何一家公司打工，那里就是职场，最重要的一条是：你要掂量一下你这个人的价格和你为这个公司贡献的价值是否一致。我觉得你们可以从现在开始就关心这个问题，两边平衡了就对了。不管是 SMG 未来的发展，还是你们将来在职场上各种各样的可能性，这是非常现实和有意义的问题。在职场中，能够把自己的价值提升到最大化的时候，也就是你价格最高的时候。

在职场中，其他问题都不那么重要。

下面说一些创业心得。SMG 好像也有一些同事出去创业，我也在观察他们的经历，很好奇。创业成功是有偶然性的，在偶然和必然之间，需要的是热爱。

我其实一直在注意从传统企业去视频网站的这些人。我是第一个从电视台跑到视频网站做首席内容官的人，一不小心就成了先烈。刘春在我之后去了搜狐视频，做首席内容官，还有马东。这两个人，在他们上任之后我都去拜访过，刘春已经是两度转型了，现在还没有成功，还在这个过程中。马东，现在还不错。大家知道吗，马东其实是计算机专业毕业的，他去爱奇艺的时候，他们 CEO 说，我之所以选择这个人，是因为他学过高等数学，我不能跟没有学过高等数学的人共事，呵呵。

在产品和需求之间要善于发现

我在创业时犯了一个错误，贪大求多。但凡大机构里面出去创业的人，很容易犯这样的错误。他们不会只选择一个产品，一定会觉得自己能力很强，我以前在这个公司管过什么，比如说管制作、发行，同时管什么，所以我新建一个公司，这些部门都要有，没有问题，我会管理的。但没有用，创业企业不是管理出来的，其实是你找到了一个别人真正的需求以后，你去适应和满足这个需求。

在试错中保持乐观

创业就要在不断的试错中保持乐观。我没有坚持创业，我不敢坚持，我觉得中年人创业有非常大的毛病，杂念很多。我创业的时候给自己限定好，我只试一年。我上有老，下有小，我创业倒是很开心，老的、小的怎么办？我没有收入，他们的生活品质如何保证？所以我觉得要创业就趁早。中年创业的时候，希望在某一个点上面有非常专业的把握，不是想象自己有这个能力去创业就行的。

我在到 CMC 之前，很庆幸有创业团队融资的经历，我大概知道投资方会怎么想。但我同时也会知道，那个创业团队会怎么忽悠我，因为我们当时就是这样忽悠别人的。我也知道从什么角度判断他们早期的团队可能存在一些什么样的问题，除了书本知识以外，我的这点经历会有助于我的判断。创业不怕失败，重点在于你有没有把创业定义为自己人生的一种生活方式，还是说作为一段经历，你要从中学到什么。一定要学到什么，如果没有学到，就不要收手。

最后一点心得就是这句话："梦想还是要有的，万一实现了呢。"尽管我已经被现实打得头破血流，跌宕起伏，但是我觉得梦想还是要有的。以我这个年龄，其实我内心还是有一点小小的梦想，但因为这个梦想可能比较幼稚，就不说出来了。

问 & 答

问：您现在回到电视内容制作这一块，但是您又特别喜欢网络的这种形式，包括这种渠道，不知道在您今后的工作中，这两块怎么结合？

蒋为民：我现在不能算纯粹的电视内容的供应商，我们有一个项目，跟腾讯联合投资制作的网络节目，叫做《实习也疯狂》。我们把它定义为一个比较适合互联网播出的情景喜剧类的真人秀。我所谓的全媒体思维下的节目制作与推广，首先因为 TVBC 是要做内容的公司，没有平台，必须做内容，我在那边给自己的定位以及公司给我的定位，是发展非影视剧类型的内容，首先肯定要基于公司大的战略定位去制作内容，但是我又不甘心只是完成制作的部分。我在最初设计节目的时候，是作为一个全网推广的项目做的。我们现在跟一般的节目制作公司不一样的是，我们投资不大，没有像灿星那样的定位，有巨额投资砸钱做一线卫视要的节目，但所有的思维，包括我管理节目的方式，包括我们在合作的过程当中对那些细节的设计，包括我自己在整个节目的制作和推广同步的过程当中，你会看到一些不同于电视节目的成分。像"国际中华小姐"选拔，当时也是跟腾讯合作的，选手的视频全部通过微视上传到视频网站上面，然后通过视频网站这样一个平台来做推广和互动。《盛女，为爱作战》，放在电视台播，但也在爱奇艺播出，同时也跟世纪佳缘这样一个婚恋机构进行全面互动，不完全是一个小小的节目制作的概念了。

问：我现在在媒资中心，想请您谈谈，您对现在的受众怎么看？现在 SMG 版权中心也在做版权的深度开发，想看一下我们对原有的资源该做怎样的包装，或者说怎样迎合现在受众的口味，做出他们需要的产品。这是我们现在比较发愁的，想借鉴一下您的经验。

蒋为民：版权库和媒资中心很早就力求成为 SMG 版权库的中心，跟各个平台打通。其实首先要问自己一个问题，到底谁是你的用户？媒资中心也好，版权中心也好，一直没有解决一个问题，到底谁是你们的用户？有的时候你们把 SMG 内部这些频道的编导作为你们的用户，有的时候你们把所有观众作为你们的用户，有的时候你们想把企业用户作为用户，一直不确定。

其实不在乎有什么资源，所有的互联网创业几乎都是从没有资源开始的，但一定要知道自己想服务于什么人。我举一个例子，最近我们做的《实习也疯狂》，有一个网上很火的避孕套的品牌植入，叫大象。据说创始人跟女朋友谈恋爱的时候，觉得避孕套不好用，立志开发一种好用的避孕套，用来自己谈恋爱。因为产品和营销做得好，就拿到一笔投资，现在做得很好。我觉得他们的思维很好玩。不管卖牛肉面的，还是做避孕套的，因为知道用户是谁，知道服务于谁，就有了一个做产品的基础。建议媒资中心不要奢望在非赢利部分去赢利，但赢利部分要精准地找到用户。

王韧 ▶

王韧工作室导演，
撰稿人

我对电视语言的认知和方法

电视人是干什么的

我讲什么，这是一个选择，很难。当然是因为可以讲的很多，比如讲采访、叙事、电视与文学，我难以选择，总是希望对人家有帮助，但我得根据条件，了解听众的需求是什么。这一定是多而杂的，有些是小众的题目，有些是条件不适宜讲的。今天的题目应该是：我对电视语言的认知和方法。有人问我，为什么取这个题目，是不是有要结束了的意思？我自己也感觉像行将就木时的告别演说。但一个好的电视节目应该永远是个性的，是作者个性化的表达，是作者内心世界的表露，我则是根据这段时间的所思所感，取了一个这样的题目。

我想讲一些最基础的、最基本的问题，都是我做电视的个人的心得，是书上没有的。我对电视语言的认知也是从这些问题开始的。我进台的

220

时候看过一本书，叫《开拍了》，很薄，很简单，两三位老同志同时向我推荐，讲的也是非常基础的东西。比如，它会告诉你演播室导播坐到导播席上要准备什么，现场拍摄要怎么叫口令，但它确实有用，至少它让我在想为什么老外要写这么一本书，它一定有道理。我就有心地试着在剪辑台、导播台上试用它那几条简单的规则，很管用，我与灯光、摄影间的关系顿时流畅起来。我发现简单的规则后面却有很好的道理。这两天，我一直沉浸在《冰心》的稿子里，我们发现的很多问题评论家都没有答案，更不会给你一条可以走通的路径。冰心太复杂了，不是我们印象中那样，只有一个"爱"。但写好冰心还是一个基本的法则，从一个基本的问题入手，就是冰心是谁，为什么她是冰心。一直到昨天晚上 11 点，我再不准备今天的讲课就要死人了，这时脑子里第一个跳出来的，还是《开拍了》这本书。

我想，基础的东西有一个特点，就是它不是现成的锦囊妙计，但它可以长久地引你思考，就像"你是谁"、"你从哪里来"这样的问题。《开拍了》也是。它自始至终讲的是你是谁，你要干什么，你在干什么，不断地用这些问题点醒你。我今天想模仿着问一个问题："做电视的人是干什么的？"就是用电视语言叙事的人。不管你是做纪录片、专题、栏目还是一台晚会，都一样。你是来叙事的。这个问题看似简单，却能引发你对语言风格、节目形态很多的思考和追求。如果我们把晚会仅看成表演，那你做出来就是唱堂会；如果不看成是表演，那么你的晚会就不一样了，所谓歌舞都是你叙事的元素，这个可以参阅今年 6 月份我创意构思的《因你而真》，也算是纪实频道的上星晚会。

再问一个简单的问题。电视是什么？电视对观众来说是电视机，用今天的话来说是一个终端，而对于我们从业者来说，是一种语言，一种视听语言，我们同样是把视听语言作为我们思想的表达工具。既然这是视听的语言，应该跟平时的语言有一样的功能。你的语言表达什么？你的语言表达你的思想、你的情感、你的故事和你要传递的道理，并且能说服人家，也就是说，你跟人家的沟通有效。

当我们把视觉和听觉的材料作为一种表达工具的时候，这工具就是语言，视听语言。做电视的就是用视听语言来叙事。晚会也要走叙事的路子，因为唱歌跳舞永远是拿别人的东西，没有叙事，不讲述自己的东西，怎么能在社会公器上播出？时间（央视金牌制作人）有一次问我，一部片子什么最值钱？客观还是主观？我说如果这个片子里的镜头是生命换来，那就客观值钱。他说你总是模棱两可，我告诉你，永远是主观最值钱，你没有主观，即使是用生命换来，也只是做了给后世留资料的工作罢了。所以叙事重要的是叙"思想"。今天大家来听课，我希望我们大家是同道，叙事的思想性不是个性的显摆，而是你的沟通要有价值，即使我们永远只能弘扬真善美，但我们仍然能传播新知，为社会文明进步努力。这是讲沟通要言之有物，但沟通还要言之流畅，这样的沟通才是有效沟通。

语言作为工具的时候很简单，就两大元素：听觉的元素和视觉的元素，视觉的元素是画面，听觉的元素就是声音。为什么视听语言这么重要？我们吃饭的工具。别忘了还是一种国际语言。我觉得比文字语言更高级。

关于画面我讲两点。

第一，字幕也是画面。画面上字幕的信息甚至能成为第二条叙事线。但是字幕要慎用，要方便观众阅读，就是你打了字幕也最好要配上声音。如果你真的是将字幕的表达作为并行的叙事线的话，那字幕也要留长一点，方便观众。不要随便舍弃视、听中的一样。我不太做没有解说的纪录片，不追求个人的风格，十八般武艺围绕着我说话，为了观众的收看和理解，这样的片子不"另类"。

其次，黑画面也是画面。有一次我在西藏亚东拍援藏干部，半夜了，正拍着，停电了，四周人的即时反应出来了，摄影师没有关机，最后我把这段黑画面在片中留了很长，因为停电时的实况声音，使这段黑画面有了足够的表现力，很真实。提出黑画面的问题是想说，视听语言给我们提供了无限的可能性，有些声音在具象的画面上未必有效，但你声画分离，放在黑画面上，却给了观众很大的空间。

现在常见的暗转的黑画面，是应该慎用的。暗转和叠化一样都要慎用，也就是尽量少用或不用。暗转是因为你脑力不够，对这门语言没掌握好，镜头无法接了，只能暗转。我总说，记住，所有的特技都是因为错误产生的，到今天已是为弥补我们语言能力不足在泛滥。优雅一点说，我们语言的力量不够。如果你要使自己的语言能力成长起来，请从今天开始，慎用暗转。只有当它们成为语言表意的符号，方才可用。比如表时间漫长的过程，你可以暗转过渡，比如表积淀你用叠化，可以。这就叫慎用。

电视是快餐，是快速消费品，很难成为经典，如果有经典，应该是电视的悲哀。只有好的纪录影像可另当别论，因为它有足够的时空价值。但你语言好，有自己的思想，那你拿出来的东西是可供阅读的"电视"，而这是需要你经过刻苦的。

我很较劲，可能也不够宽容，但我还是认为必须要严格地训练。这八年里，我们《大师》栏目做的集团特别节目《黄浦江》、《大转型》、《和谐之道》、世博会《志愿者》、《你可知 MACAU——澳门纪事》、《理想照耀中国》等等，都是五十分钟多部集的，改革开放三十年《我们的选择》是九集，中间没有一个镜头是暗转的。写一篇文章，不同的场景，你可以用文字交代，思想的递进和层次可以另起一行，换章节了就空一行或另起一页。在视听语言中，这场戏跟下面一场戏怎么接？你不懂就只能暗转，叫从头来过。电视语言中，空间的转换、层次、段落和章节的划分，说说也很简单，主要是靠景别和声音的变化，通过镜头长度的控制实现。

比如说，大全景后是一个特写就可以转场，反之特写后面接一个全景也能清晰地表达换行的要求。问题是镜头的长度怎么决定，留多长时间完全是你的经验，但是经验怎么来？要把它作为语言来训练、来琢磨，如果你前面叙事的信息量只能维持这个段落最后一个镜头四秒钟情绪饱满度，而你给观众却留了五秒钟的空间，那么就拖沓了。前面是一个特写，后一个镜头就应该全景起笔，如果是特写接特写，景别上仍然要有差别，如大特，或色彩上有差异，如用不同的色块形成反差。也可以用声音，通过有声与无声、音乐与实况声的对比实现转场、换行。

　　总之，我们可以用景别、声音、颜色还有镜头的长短，做到换行、换章节和空间的跳跃，达到电视的流畅。这就是"言之流畅"。如果前面整个段落里你的信息量足够大，有足够的张力，那收尾的镜头就可以留到足够的长度。谁能够在段落之间留上一个二十秒的全景而不让观众感到拖沓？镜头的长短要得当。怎么做到？我想，你先要求自己在一部五十分钟的片子里做到没有一个暗转，从这里开始努力。这是从基础出发的训练，你去琢磨、去改进，因为不能暗转，我怎么接下去，怎么接得流畅呢？它会提升你整个语言使用的水平。这是一个既基本又综合性的要求。每次看到电视上不停地出现转黑，我就想，SMG 如果有五十个导演能做到一部实长五十分钟的片子——这样的片子一般是八百到九百个镜头——无一黑转，那上海电视台内容生产的能力就强大了。

　　生活中，我们可以采集的画面和声音丰富多彩，所以如果我们真的是合格的，走在正道上，做出来的片子一定也千差万别。哪怕在同一个格式里面，同一个模板当中，都可以做出个人的独特的审美和气质来，因为每个人对画面和声音的感知是不一样的。

　　回到开始的问题：做电视的人是什么样的人？是用画面和声音叙事的手艺人。当然，高级的手艺人应该是有思想的手艺人，这我是受时间的启发，是他对自己的要求，是他的倡导：要做一个有思想的手艺人。

　　在这样的基础上，我讲一讲什么是一个好的摄像，什么是一个好的灯光，什么是一个好的剪辑，什么是一个好的导演，我争取都用一句话来概括。其实这很难，一本书读成一张纸，是你牛！现在要把一本书、一个专业读成一句话，提炼成一个准绳，统领你的专业，自然不容易。希望等下我说完了，请大家想想，我总结的一句话有没有共同点。如果你能回答，今天的我就善莫大焉，因为说明我讲得好了，这个好就是对大家有用、能用了，至少你会从这个点上出发，自己思考探索。

　　成年人学习是不容易的。《大师》组成立的时候，80%的人是没有正儿八经做过电视的，都不是这个专业的，那该怎么办？那个时候我就用《邓小平》举例，讲请大家"跟着走"的道理。《邓小平》第三集从"文革"讲到改革开放即将开始的整个历程，结尾处讲到了邓小平登上了最高峰，崭新的历史将要展现，应该结束了，但它突然加了一个尾巴，解说词是这样的：一天，邓朴方问小平：长征的时候你在干什么？小平回答三个字——跟着走！全篇结束。我说这个片子的结尾很牛。这个闲笔讲的"跟着走"是一个真理，是你要想成功的真理。我跟新进来的大学生说，你要跟着走，但也要有主见。这不是卖乖，有主见也不是哗众取宠，"跟着走"是一个重要的学习方法，是成年人很重要的了解他人、学习新知、探索世界的方法，这是不容易的。从我个人来说，我是跟着时间走的。

什么是好的摄像

一个好的摄像用一句话四个字概括：运动到位。那么不动呢？就是运动速度为零嘛。画框没有动，也是运动，你要看得见。运动分为两种：看得见轨迹的和看不见轨迹的。景别的变化、推拉摇移跟，是看得见轨迹的运动；看不见轨迹的运动包括：机位、视角、借光、人物的能见度等。比如说机位，摄像在现场不仅要看，还要勤跑动，考虑机位放在哪里最好，需要想象的指引，也要靠手脚勤快实现。电视是个集体的活，需要导演和各工种的配合。但功夫在诗外。信息的捕捉、审美的情趣、性格的刻画或彰显，所有这一切取决于你的敏感和敏捷，敏感是感觉的灵敏，敏捷是手脚的灵活，这需要练。说到感觉是复杂的，心底越纯，感觉越好，赤子之心才有大感觉，有些大艺术家，你看他生活乱得一塌糊涂，但只要他才华横溢，光芒四射，那他心底一定有一块地方是最纯净的。别的我不好说，但我知道你要关心他人，关心社会，关心当下。

看不见的轨迹——光效。我以前拍纪录片的时候一直跟摄影师强调，拍纪录片谁给你补灯？所以我一直说借光，借光是指你通过移动，"借一步说话"，借到一束好光。光要符合人物条件，与环境要匹配，使你最低限度或者是最佳限度反映人物的个性，反映场景的真实信息，让你记录的信息流失最少。

还有一个看不见的运动——景别。你一定要把不同景别看成是运动的结果，虽然呈现在节目中，你看不见它调整的过程。有什么好处？有利于你思索，有利于你操作，有利于你跟摄像师沟通。比如，凡是移动的特写镜头，就会有一种抚摸感。1999年澳门回归，央视48小时直播，我负责一小时的历史总结篇——《百年回归路》。我很想在全片的结尾表达中国人在走过百年苦难的历史后，有一种追今抚昔的感慨。我能想到的是人民英雄纪念碑。但谁来拍？广场控制很严，天气等候多日也不见好转。但天助我，在评论部看见了哈兆铮，他原来是东方台的摄影师，广院毕业的，他也是《重逢的日子》《毛毛告状》的摄影师。我至今都怀念他，他已去世十年了，很年轻，性格脾气也好，不像我。我跟他说我们去拍人民英雄纪念碑吧，他问怎么拍，我说咱去抚摸纪念碑。他真的很牛，一听就明白。我们就是用云梯贴着纪念碑，大特写的移镜头表现。老天开眼，我们俩登上云梯，突然有一道冬日的阳光洒在纪念碑上。没有监视器，我就一只手扶着他后背，正面、反面、侧面，都是一遍过。两个人谁都没有要再来一遍的想法，都是干脆的。拍完了，太阳没有了。

比如连续三次推或拉，是排比。排比就是给你一种气势，没有具体的什么意思，它表情绪。全景、中景、近景、特写各有其表意的功能，要研究，"运动到位"这一条是很好的入手的地方。我们以内容为王，就一定要有人研究镜头的运动如何到位，要用得好。

我再说说《因你而真》，因为这台晚会是今年做的。人们在现场很感动，但呈现在屏幕上，没有现场感人，这是为什么？比如说，一位九十多岁的老人家，录像时只给了脸部的大特写，后期编辑时我们找不到合适的景别，只能直接用大特写，但这是很糟糕的。一个老人的信息是什么？就是一张脸一张老皮吗？他的形态在哪里？他的手在哪里？至少要给出他一个近景，所以大家对景别真的要思考，要研究不同景别。决定景别的两大要素是环境和人物，也就是你对环境和人物的理解，这个需要在实践中体会。最重要的还是刚才说的，你要关心他人，关心社会，关心当下，这样你才会懂人，才会懂得怎样表现人。

什么是好的灯光

一个好的灯光什么样？我们反向来思维，就是有所不亮。有所不亮就会有层次。但是有所不亮还得让人家看清楚暗部的细节，这是一个基本的标准。有所不亮就是有明暗，有明暗就是有对比，而且暗部有细节，高光部有层次，关键是光比。什么样的环境，什么样的人物个性，什么样的叙事风格，灯光的光比都是不一样的。一个人很丰满，五官很标准，仍然要有所不亮，只是他的光比更小一些，更柔一些，出来可能更青春一些，更靓丽一些。硬的、软的，大胆的、细腻的，明亮的、深沉的，跃动的、静谧的，甚至可以说是光效和影调决定了片子的风格。往深里说，属于审美的境界层了。

但是我想强调一句，好的光效一半还得靠好的摄影完成。不仅是摄像师在指挥灯光，或者导演指挥灯光，更重要的是摄像师的操控非常重要，他的光圈，他的电子光圈，在他的手里，那是实现光效最佳的最后一个手段。当然，还可以校色，这个不说了。

什么是好的剪辑

一个好的剪辑是干什么的？一句话——剪长短。一个好的剪辑就是将画面和声音的长短剪得得当。剪辑剪两样东西，画面和声音。不能忘了声音。剪辑时要有声画分离的感觉，有声画分离的敏感。剪画面首先是对画面作选择，蒙太奇是不同的画面的组接，那你就得选了。选画面靠什么？靠你对镜头语义的理解和对叙事主体的理解，当你把两者综合起来的时候，就靠你的联想力了。从 A 你能联想到 B，重要的是你能从 A 一把联想到 Z，那你剪出来的东西就是不一般了。

选择以后，剪辑就是剪长短了。长短是什么，是节奏，如果电视能够称得上艺术的话，某种意义上也可以说是一种节奏的艺术。动感也是一种节奏。运动到位也是节奏到位。我们要懂得内动与外动，镜头本身的运动是外动，被摄体的运动是内动，动感是片子张力重要来源之一，也是叙事很重要的推力。外动是弥补内动的不足，因为被摄体不动，所以你要推拉摇移，但这种运动方式一定要用得精，慎重。剪辑的快切，一秒钟一个，九帧七帧甚至三帧嚓嚓地快切，也是外力使出的动感。这都要在一个结构中使用，也就是有整体构思地使用。整体构思地运用，一个剪辑能够把一个定镜头剪出二十秒长，又能把画面剪成三帧短，不仅长短得当，位置也恰到好处，我赞颂他为有导演意识的剪辑。关于人物动作点的剪辑，一般是找最高点与最低点，或者说一高一低，一开一合的极点。

剪接是选择，长短在心里，功夫在诗外。我给大家看一段视频，晚会《因你而真》的总片头，两分半钟，没有一个特技，却能动人。但当时很多人反对，哪里有这么长的晚会片头？陈梁和干超开最后的协调会时，还有人反对。我也懒得说明。我的晚会是叙事。这是广电总局表彰优秀纪录片的活动，一共有二十七部优秀纪录片受表彰。这样的晚会开头当然应该从每部纪录片中选出三四个镜头，做一个片头，像一个帽子把整台晚会罩住。这想也不用想的。

我们现在剪接的水平或者对镜头认知的水平，对画面和声音的认知水平太差了，差到什么程度？良莠不辨。当我找来一个剪片头的小伙子，憋了几天，来跟我说，这个片头没法做的。这个音乐也不是晚会片头的音乐，这段音乐是从刘湲的"民族抒情组曲"中，和录音师陈建强花了一个通宵选出来的，当然不止这一段，一共是七段。这是我为整台晚会准备的音乐形象。后来我只能请徐冠群帮忙，我告诉他，只能用这个音乐，每部片子必须有镜头，怎么剪？我不知道了。他选好镜头后也是用了一个通宵。

那天早上，已临近彩排了，干超来问我，片头剪好了吗？大概是因为反对的人太多了，他压力也大了。我说不知道，昨天晚上我走的时候，徐冠群剪了十秒钟。我说早上来听说剪好了，结果我陪干超到机房看到了。看完他一言不发，很激动。请大家看看这个片头。

剪接者用他所选择的镜头，通过镜头的长短和声效的变化，当然还有音乐的烘托，表达了这个民族的各色人等在不同境况中的生存状态，是一个民族的生命感,且丰富多彩。你看他镜头微微的动感与人物的举手投足,有一种生命徐徐的甜润的感觉,也有悲痛沧桑的感觉,不管是人物的神情,还是光影的移动,都有生命感的提示。这既是想象力也是情感的张力。这样一台晚会放上这个片头,是对得起一台国家级晚会的。多好的片子,扣住了生命感,我真的没有想到。真是功夫在诗外。这不是一天两天的事情,真的是要磨练出来的,还要你热爱它。

最后再说一遍,剪辑是干什么的,选镜头,剪长短。一个好的剪辑,就是把画面和声音在我们的心里有序地排列起来,流泻出来。这就是多年来和我合作的同事常说的一句话,叫言之流畅。我进台的时候对自己有一个告诫,叫"对得起观众"。如何对得起?就两条,一是言之有物,二是言之流畅。你没有东西,讲得又疙疙瘩瘩,怎么对得起观众?那是电视垃圾。言之有物,那就得说到导演了。

先停顿一下,回到我开头讲的,我上面给出的这三条标准有什么特点?不是从概念出发的,而是从操作出发的。这就是说,电视永远首先是一个实践的问题,操作的问题,而不会首先是一个概念的问题,理论的问题。

这里面有一个基础工作没有讲,就是画面和声音的采集。采集里面太多的道道,只讲一点,就是要尊重你正在采集和将要采集和已经采集来的画面和声音,把它视作一种生命感的东西,特别是常常被你忽略的声音,你要慎用,要爱护,要保存好。电视语言作为一种与生活比较贴近的视听语言,声音部分一般可分为三类:实况声(多为自然声)、效果声(多创作者人为)和音乐。注意,声音也是有景别的,作为特写的要求纯。声音还有一种特殊的声音——无声。和黑画面一样,无声也是最难使用的,我们做过好几个地方是没有声音的,停顿几秒有讲究。声音放在这个位置上和放在后面的位置上,提前三秒钟或者提前三帧,感染力完全不一样。

我们要锻炼对声音的敏感,感受声音的魅力。声音的感染力另有一功。我给大家看一段我们《大师》栏目《朱维铮》的视频,这里面的声音是我们的导演在不同的场合采集来的，有的是专业的录音机，有的甚至是一般的录音笔，有的是课堂讲课的声音，正好六分钟。靠声音的对比转场，这是结尾部分，每一句话跟全篇都有照应，但都是用他的原话，这个很难。背景声、人声、效果声乃至音乐的运用，能看出导演的手艺和技术的成熟。

我们对声音要重视。声音与画面同等重要。没有高低之分。有时听觉比视觉要求更高，只是电视机的接收不行，但我们自己不能没有要求。某种意义上，没有实况声，你的电视语言就是方言，就是汉语。电视新闻有没有实况声（背景声）可以同样是一个分野，早年搞纪录片，陈汉元把有没有实况声看作你是不是国际语言的一个标准。

简单地讲了关于好的灯光、摄影、剪辑的标准，都是一言以蔽之，用一句话基本概括了好的摄像、好的灯光、好的剪辑。其实摄影、灯光、剪辑，真的都是一本厚厚的书，但我以为都可以归到我总结的点上。上海电视台的老灯光科科长，在复旦讲灯光学的，他有那么厚厚的一本书，我用我的"有所不亮"无一例外地例证了，其实这也是他教我的，是这本书启发我的。电视台还有个老同志，曾在现场对我说过，统统打亮很容易，但要不亮就难了。镜头"运动到位"也是这样，是和很多好的摄影师合作以后总结出来的。这些都是书本上没有的。电视首先是一个实践的问题，操作的问题，而不会首先是概念、理论的问题。我们是手艺人，我只是从我自己的工作经验里面，提炼出这些东西来。不是从概念出发的总结，而是一种操作性的准则、准绳、理念，是思考和努力向前走的一个方向。

什么是好的导演

最后，我们来讲讲一个好的导演是什么样的。我认为一个好的导演是最能反省自己的。一个好导演的标准比较复杂，说穿了，我到现在还没有一句话能概括，这个也不丢人，我坦诚地告诉大家，提出这个问题，大家一起想，可能更有劲些。

导演是干什么的？他永远是导心中的东西的，这一点或许很少有自觉的，或许你还不清楚，但客观上就是如此。这是最大的前提。这个命题提出来你会谦卑，你会虚心讨教，你会拿来，你会抓取种种，最后有序地排列起来。文章是立身之本，文章本身不立身，是文中的思想立身，作家是作思想，方块字谁都会写，但你没有自己独到的思想，没有独到的内心感受和丰富的感情世界，你就不可能是作家。有文采无思想，就不可能流传。叙事的节奏是你心里的节奏，作品的情感是你内心的情感，一部片子，一台晚会，是这样，而不是那样，都得归功或归罪于你内心的世界。所以导演的内心世界一定要丰富。

但是作为一个个人，你又是极为有限的，可以说，你是一无所有的。一部好的纪录片，它张扬什么，褒贬什么，它要流布的思想、理念、意念从哪里来？导演永远导心中的东西，你心里的东西又从何而来？都是我们采集来的。刚才我们讲到电视语言就是画面和声音组成的语言，你都是采集来的，但你为什么要采集这个声音、这个画面，而不是那个声音、那个画面？因为你有个方向，而决定方向的是什么，是你的思想认知和你的良知。一部优秀的纪录片，一台精彩的晚会，你都是拿来的，但为什么它又会成为你的作品呢？凭什么成为你的作品呢？就是因为它们都是通过你的思想认知和你的良知，有选择地拿来的，又在心中酝酿成熟而流泻出来。所以，当你在前期策划的时候，你在采集思想，确立方向，丰富自己；当你在拍摄的时候，你仍然在调查研究，修正自己，提高自己，以自己的德才学识带领摄制组朝你的目标走去；到了后期，你要协调诸工种，完成你的方向，实现你心中的那部片子、那台晚会。这个时候，你其实就是一个大公司的 CEO，你统领的千军万马就是无数的画面和声音，你调动它们，将它们列队布阵，或委婉，或奔腾，或柔美，或阳刚。如果你还具有点国际性，那不就是一个跨国公司的 CEO 吗？

好导演是什么样的？好导演是关心他人的，关心当下的。你如果为自己做，就是小范围的玩玩，喜欢卡拉 OK，我喜欢剪接，我搞江南神曲，用新闻编笑话，博大家笑一下，在网络上一传，这不是导演，导演一定是为天下的。我一直说纪录片导演没有什么东西，他靠两条，眼睛毒，心地善。

眼睛毒，能够看到解读眼前的事情，用在恰当的位置上。但同时他心地善，有良知。良知是什么？很简单，就是你与人为善。比如说你做一个节目，你很渴望这个节目让你的孩子也看，这个节目有良知，你是有良知的导演。如果这个节目你都不想让你的孩子看，就不是有良知的导演。良知怎么来衡量呢？还是要关心他人。作为一个好的导演，一定要确立关心他人的思想。做《大师》这个节目之初，我们确立了一个目标：做百年中国历史中为苦难的民族想了一点问题、出了一点主意、做了一点事情，并把这三个"一点"坚守了一生的人。以此告诉中国的知识分子，告诉读书人，做这样的人是值得的。我们要为他们做目前中国最好的人物传记片。虽然这仅仅是向他们投去尊敬的一瞥，再多我们做不了，却要让大家看后觉得做这样的人是有价值的，因为在今天的社会里还有人在向他们表达尊敬。

一个好的导演还要对生活、对新知有敏感的素质。导演工作是传播，是沟通，如果我们确立了传播新知为目标，用沟通的理念和思维来做时下的一些节目，会是什么味道？我们现在关心大片，什么是大片？我说一分钟也可以是大片。如果你的片子内含着人的个性的健康，启蒙着个性健康发展，马克思所说人的充分自由的发展，这就是立言了。要关心中国人怎样在目前的环境下站立起来，意在为我们的同类身心健康服务。钱堆起来的多不是大片。

有这个理念，你真的传播了一种新知，那一分钟也可以是大片。文艺复兴，废除神权，发现了人，可见人的重要。你写出了人，写出了人的一种情感，引起共鸣，写出了人的新知，写出了大家都能获得某种解放的真理（简单的道理），你即使只有一分钟，又怎么不是大片！百年中国，我们挣扎着，要把专制王权剔除出去，但几千年养成的人则难以改变。所以革命变成了城头变幻大王旗。我们脱离了神权的枷锁，中世纪烦琐的经验哲学是枷锁，结果我们又投入了知识的枷锁。今天我们中国的传播者、接受者普遍没有自觉地意识到为人的解放而工作。马克思说"人的全面发展"，鲁迅说"立人"，这是他 1907 年提出的，今天我们立起来了吗？

人的完善背后是什么？是人的健康，终极目标还是人本身，而不是知识的本身，而不是官制的本身。你要追求真正关心人怎样在自己的生存环境中站立起来，有益于大多数成为比较健康的人，而不是像王韧这样的病夫，那就是立德了。

问 & 答

问：我觉得大多数的编导在制作纪录片时都有歌功颂德的问题，我们怎么修正和避免呢？

王韧：这倒真是难。我改这个毛病是从认识时间开始的。当时我觉得他电视语言的境界很高，心向往之。但你根本不知道差异在哪里。1996 年举办全国人物短片大赛，我送的《费达生》他认为很好，要在《东方之子》播出，叫我去北京修改。但怎么改？他叫了他的剪辑王强。王强后来是水均益的《世界》栏目的总编导。他一看我的稿子就嚷：这是电视稿子吗？这是人话吗？这一棍敲得不轻。但真正的觉悟是与时间交往多年后的事。"假大空"就不是人话，同时认识到"假大空"是一个语言系统，对一个民族的危害是深刻的。假话不绝才假货盛行。我对自己语言的改造是很长的过程，是三省吾身的过程。

早年读西方引进的《传播学》，认为电视有两个功能，一个是沟通，一个是保障。保障的事我们做不了，那我们就专注于沟通。什么是保障？以前有句话叫"资本主义腐而不朽"。意思是它本质上是腐败的，但就是生命常在。谁在保障？它的意思，媒体是重要的原因。简单说一个例子，越战是谁打败的？是《纽约时报》打败的，是索尔兹伯格。到了河内，看到前线战争的残酷和美国兵的死亡，文章出来了，美国反战情绪立刻起来，总统是要选的，只能顺民意，约翰逊就承诺撤军。谁把尼克松拉下台？去年"深喉"死了，没有《华盛顿邮报》哪来"深喉"？

"保障"的功能我放弃了，我进电视台时，就想好了我就做"沟通"，沟通不同地域、不同阶层、不同人群，甚至不同个体间的了解和理解。歌颂真善美和歌功颂德全都混淆了，写出来的也就是好人好事表扬稿。这是个大题目，今天说不了很多，但我可以提供一个技术上的方法给你：尽量不要写你的主观评论，而是努力想办法用细节、用白描来写人和事，恪守这一条可以从技术上、从操作上或者从工具论上帮你解决这个问题。

问：您讲到做纪录片要关心人，如果我的片子里关心的人是您认为不重要、没有打动您的人，那您怎么评判我的片子？

王韧：关心人不仅仅是指关心片子中的主人公，是你关心和他们类似的人。《东方直播室》是我创办的，当时有一个孤儿院的选题，"抱一抱孩子"，我们一直在找。这里不得不说一个前辈——王文黎。当时我们的编导在选孩子，在挑这个孩子、挑那个孩子，抱的孩子都是漂亮的孩子，要做节目，电视现场直播。但有一天早上四点，王文黎同样出现在孤儿院，她不是来选孩子的，在观察，她一声不响。你抱出来的孩子还得放回去，回去之后他怎么办？那些还没有被抱出来的孩子又怎么办？要关心所有的孤儿！王文黎做到了。她做了一个节目，《洋夫人在孤儿院》拍领事馆夫人和一些女专家们到孤儿院做义工，她们专拣有残缺的、被大家忽略的、没有被抱出去的孩子抱。我以为这种真正关心他人的节目，才是大节目。她还拍过《孤女初雪》的纪录片。有机会我专门讲一讲王文黎片中的人文精神，那是真的。

王文黎退休了，最后一部片子《妓女改造》，但没有做出来她就离休了。她花了两年时间拍素材，为什么不做完？在她离开台里后，我多次听到王文黎最后一个节目失败了的说法，似乎她晚节不保。但后来她告诉我，南京东路这一带当年红灯区遗迹都在，老奶奶还在，但他们的后代都不知道，生活在一起的家人也不知道，她们过得很幸福，我为什么要挖疮疤？为了歌颂，值得吗？人是最重要的。另外，她发现整个改造过程很大程度上有"左"的过激行为对她们的伤害，如果对这次伤害的回忆是第三次伤害的话，她选择放下。这就叫关心人，而不顾她自己最后的一个句号有没有画圆。有意思的是，她也和我一样，很怀念哈兆铮，他给她拍了《毛毛告状》，她说起他像说自己的孩子。这个拍了《毛毛告状》的老纪录片导演，在我眼里是一个伟大的导演。

问：您觉得决定一部片子是否成功最重要的因素是什么？

王韧：一部片子成功与否，要看人是否活了。人是否鲜活？是否有个性？以前有人问我，中国最美乡村系列片该怎么拍？拍一百集，如果只有历史和风景，到最后一部记不住，雷同。只有每一个片子都抓住当地的人，把人写活，写出个性，写出特点，把他的思想认知写出来。因为有了"人"才美，而不是只有历史，只有风景。文化就在人的举手投足间。人非常重要。但写人是高精尖的手艺活，要不断积累。《史记》为什么牛？因为司马迁以独立的个性，把一部历史写成了一个个人物的传记，生动，否则历史就变成了薄薄的一个表。比方说项羽，中国人能记住他的个性。而且写人有一个好处，使你读到的历史文化是有质感的。那个时候的人跟我们今天有什么区别？心理是一样的。所以不管做什么片子，必须从人出发，回到人。如果没有人，只剩下空泛的概念和事情，不成为故事，也不会好看好听。

中国的农耕社会的改造很艰难，中国现代化是人的现代化，这些都是大主题，电视台的大主题。要做"人"的文章，鲁迅在 1907 年提出"立人"，到今天人立起来了吗？人没有立起来，所有的革命都是城头变幻大王旗。所以《大师》做到严复，他是中国第一个看到君主制弊端、第一个表述一切弊端"归狱于君主"和王权专制的人，但他坚决反对革命，因为他知道只有渐变才行之有效，否则吃亏的只是老百姓。

倪晓明 ▶

原 SMG 新闻中心
主任

我对传统媒体创新的一些思考

电视现在还行，再过十年会怎样？现在的年轻人离电视越来越远，电视还有未来吗？好，今天我们就选择这个话题来讨论，如何吸引年轻人关注电视？

传统电视媒体如何吸引逐渐流失的年轻观众？

2013 年初，韩正书记在媒体调研时，曾经说过一段有意思的话，大意是我们媒体人在这个房间忙乎，而年轻人不过来，他们都待在另一个房间。领导感到传统媒体的渠道变弱了，年轻人大都活跃在网上，他担心主流的声音传递不到年轻人那里。所以现在上上下下都在强调进行全媒体转型，或者构建自己的新媒体平台，或者在别的新媒体平台上进行内容的集成分发，尽可能让年轻人听到主流声音，让年轻人接受。这个做法是有道理的,多平台传播肯定比单平台传播要强很多,但这样做的隐患是电视台的影响力可能会日趋式微,既然在互联网上可以随时看你的节目,那为什么还要定时定点来等着看你的节目呢?所以电视台要研究的是有什么办法让年轻人关注电视,回到电视。这就需要我们创新思维,创新思维的第一步就是要提出问题:年轻人在哪个时间段可能会看电视?他们要看什么样的电视节目?

下面,我举个广播的例子,可能对大家会有所启示。广播新闻中心在2012年改版时,开出了一档为的哥的姐服务的新节目,初衷很简单,晚上10点,大部分听众都在看电视,上网,此时最有可能听广播的是出租车驾驶员,这个时段他们的生意也淡一些,有时间听节目并和我们互动。做这档节目,我们认定有三个好处:一是的哥的姐很辛苦,我们应该关心他们,彼此之间感情连通以后,他们就会成为我们的忠实听众;二是他们穿行在上海街头巷尾,是城市的瞭望哨,他们能向我们提供最迅捷的信息;三是申城有五万辆出租车,出租车一天上下客几十批,因为他们大都会锁定我们频率,无形中就为我们做了免费广告。事实正是如此,节目推出后,许多的哥的姐成了我们的忠实听众,有不少听众是在出租车上听到我们的节目后,开始关注我们频率的。由此可见,了解受众需求,形成感情共鸣,研制出的节目才能抓住人心。

我们现在来分析85后这一代,他们有哪些时间可能会来看电视?

现在是互联网时代,年轻人的生活和网络密不可分。人群越年轻,与网络的联系越紧密,70后在工作中学会上网,80后在学习中学会上网,90后在生活中学会上网。这意味着什么?如果70、80后学会的算技能的话,那90后上网就是一种习惯,一种生活方式了,习惯有多难改变啊。但是,再怎么难我们也要去做,因为这关系到我们电视台的未来。我们下面把研究的人群定位在30岁以下,简称85后。先来分析85后群体有可能收看电视的时间段。这个群体步入社会不满10年,白天要学习工作,晚上通常和小伙伴们在一起,回到家也要晚上10点了,如果我们有足够吸引他们的节目,那他们看电视的时间可能就在晚上10点到午夜1点,这3

个小时是他们看电视的黄金时间段。但我们现在的这个时间段大都是重播节目，二轮剧，没有找准年轻人的特点来设计节目，年轻人感到电视对他们可有可无，渐渐就和电视疏远了。这里有个例子来佐证年轻人并非是电视的绝缘体，前两年广电总局出一规定，卫视的综艺节目必须在晚上10点后播，由于播出方节目制作精良，不断推陈出新，吸引了很多年轻人观看，造就了娱乐一代。这也说明，只要做出他们喜欢的节目，85后群体一定会关注电视。如果我们把晚10点到1点作为年轻人的黄金时间段，制作播出他们感兴趣的节目，从各个不同侧面来关心他们，我想，双方的距离一定会缩短，他们看电视的习惯也会慢慢养成。确定了时间段，接着要研究的是他们要看什么样的节目。

比如说我们的新闻节目：我们能否在深夜设计一档具有互联网特质的新闻节目，版面新闻不以领导大小或不以主编认定的重要程度来排列，而以互联网点击量多少来排列，当天网友热议的话题可作为焦点来讨论。比如，前一阵西安医生在手术室自拍事件，被网友群情声讨，感到医生这么做太过，但等到处理意见出来后，网上舆论又慢慢转向了。像这样的热门话题就有很大讨论空间，假如有识之士能一起参与讨论的话，对年轻人提高观察力和思辨力是种帮助，因为年轻人看问题有时候会比较片面，表述观点会比较偏激。如果直播，还能加入互动元素，这对年轻人的吸引力更大了。

比如说我们的财经节目：85后伴随互联网一起成长，他们中很多人都有创业的冲动，但我们的财经节目很少关注到这点。一般财经节目关注成功者居多，但成功者毕竟是少数。套着一句"幸福的家庭都是相似的，不幸的家庭各有各的不幸"的话说，成功者的类型都是相似的，失败者的故事各有各的不同。财经能否为创业失败者做档节目，定位在年轻群体，年轻人创业的很多，失败的也很多，而且失败的原因林林总总。由失败者来讲述他们的故事，请大家给他会诊，替他寻求帮助，如果环节设置得好，会是一档别具一格的创新节目，因为谈失败的教训远比成功的经验更容易让人记住，我们可不可以试着去做一做？

比如生活类、服务类的节目：现在年轻人喜欢旅游，喜欢户外活动。每逢周末，两三天的旅游线是很受青睐的。新闻综合频道《长三角周报》曾做过尝试，专门介绍双休日的长三角旅游圈。如果我们在深夜时段，开出这么一档旅游节目：足尖上的江南，我们出去看什么，玩什么；舌尖上的江南，我们出去吃什么；指尖上的江南，各处都有能工巧匠，手工艺品，我们可以带点什么回去。再加上周到的服务信息，个性化的提示，肯定会受到年轻人的欢迎。另外，星尚频道的《人气美食》蛮有人气，85 后群体在网上晒吃晒喝，不亦乐乎，我们可不可以因势利导，在午夜段重播《人气美食》？或者单为年轻人开个美食节目？

比如我们的影视剧节目：现在 SMG 在影视剧方面的投入是比较大的，在这方面我们有不少资源可以利用，比如在我们的投拍剧里，可不可以联动电视剧组办一个演员选秀节目，剧组可拿出几个次要角色进行选秀。早些年有不少演员都是到社会上选的，著名演员潘虹，当年是农场连队的财务，上影厂来选演员，她在一旁看热闹，却被无心插柳选上了。我们能不能也到民众中去选演员？让这成为一个可以持续聚焦的热点，选的时候是热点，演的时候是热点，电视剧上演时还是热点，成为热点人物后，上我们的电视节目还是热点。当然，能不能成功和我们的节目策划有很大关系，但至少这种类型的节目是值得去做的。比如炫动，可否在 10 点以后播放热门动漫，使之成为动漫迷入睡前的牵挂？

对于谁来做这些类型的节目，我有个建议，可不可以让年轻人来担纲？因为年轻人互相最了解彼此的需求。具体做法有三种：一是频道内部挖潜，根据频道特点，选用年轻编导进行重点攻关；二是如果频道感到人手不足，台里能不能成立特别节目部，集中一批有想法、有冲劲的年轻人创新午夜时段电视节目；三是和社会公司合作，通过招标来寻求合作方。我曾把打造午夜时段的想法和一个广告公司老总谈过，他说，年轻人资源优质，好的节目，我们肯定会投放。

这个时间段对地面频道是个机会，每个频道推出一档类似的节目，就会形成组合效应，就会有意想不到的收获。电视和年轻人的关系也是这样，今天我们关心他们，明天他们才会关心电视。

传统电视的创新之道：开创性、坚韧性、可操作性

我们现在一般理解的创新是什么呢？我认为创新就是人家没做的你去做了，人家做到一点你做到两点，所谓人无我有，人有我优。在没有路的地方开出一条路是创新，把一条路拓宽是创新，把道路封闭起来变成快速路，或在路上再架条高架路，也都是创新。上世纪九十年代，市委书记黄菊提出，上海的改革和发展要坚持三性统一，一个是开创性，一个是坚韧性，还有一个就是可操作性。我感到这三性统一，可以用来指导我们的电视创新工作。第一个开创性，是指思维模式要突破框框，解决问题要有新思路、新办法；第二个坚韧性，是指探索过程要坚忍不拔，围绕目标要知难而进、绝不放弃；第三个可操作性，是指执行层面要切合实际，具体操作要切实可行、扎实有效。面对互联网的如山压力，我们必须创新思维，冷静分析我们的长处和短处，去寻找我们要开创的那个点在哪里。

还是举例说明吧。2011年，我调到广播去工作，那时广播在新媒体冲击下，收听份额逐年下降，领导希望我们能尽快想出办法，止住下滑态势。这之前，我很少听广播，对广播知之甚少，为了尽快融入这个团队，我老老实实连着听了几天广播，发现我们990频率太慢了，和听众距离太远了，主要表现在录播比直播多，重播比首播多，单向传播多，互动交流少，而新媒体的特质恰恰相反。其实广播具有新媒体的部分特点，处于直播状态下，它可以比新媒体更快，它和听众的交流也很方便，甚至更有亲近感。于是，我们广播2011年5月的改版，由每天仅2小时的直播，一下子增加到每天17个小时的直播，与听友的互动交流几乎贯穿于各档节目。广播变快了，变亲近了，听众很快就回来了。这说明一个道理，创新贵在知己知彼，扬长避短，传统电视和广播的传播渠道不如新媒体，但是内容生产的优势在我这边，更多的开创性工作要围绕内容展开。

新闻综合频道是全国数一数二的强势地面频道，观众的忠诚度比较

高。我们在研究频道创新工作时,特别强调的是版面的稳定和节目的创优,其实,对节目的优化过程就是一个创新过程。《防务新时空》改版,无论是板块的设计还是包装的精到,都有创新的实践。《非常惠生活》和《少年爱迪生》屡有新创意。这些节目因为稳定,观众好记;因为创新,观众感觉新鲜。所以可以开创的点处处存在,一个小小的改变都可能是大大的创新。

创新除了开创性,坚韧性也很重要。

同样举个例子,我们来回顾一下《新闻坊》的创办过程。当时六点半《新闻报道》收视率很高,有十五个点左右。在它之前的时间段,我们尝试做过多种类型的节目,但最多只有一两个点的收视点,说明绝大多数观众是从六点半开始开机的。那么,能不能让开机时间提前半小时呢?我们想到了开设《新闻坊》这个节目,最初是两个人在弄堂口说新闻,开始挺新鲜,收视率也有所提升,但时间长了,因为过于单调,观众又撤了。怎么办?把节目撤下是最省心的,反正是试验么。讨论下来,大家感到还是要坚持一下,毕竟方向是对的。这时我们想到了区县有线台记者,请他们做新闻坊记者,讲述身边人、身边事。这一招走活了一盘棋,新版《新闻坊》就这样做起来了,收视率节节攀升,最高时达到八点几。当时为培养这支采访队伍,《新闻坊》团队做了大量艰苦工作,可以说,这个时段的开出,就是凭借员工们开创时的冲劲和坚持不懈的韧劲。所以,坚韧性系之事业成败,它需要两方面努力,一是开创者自身的探索和坚守,二是决策者的支持和宽容。回到第一个话题,如果确定要为年轻人打造深夜时段节目,年轻编导要有开创性思路和坚韧性准备,上级领导要给支持、给时间。好在那不是传统意义的黄金段,让年轻人去做点改变是值得的。

最后来谈谈可操作性。

创新思路要落到实处,选择的路径要切合实际,采取的措施要具备可操作性,否则创新就会失败。2006 年时,新闻中心曾经做了一个青藏铁路通车的《巅峰之旅》大直播,当时有个大胆设想,计划 7 月 1 号通车那天,以纳木措湖为背景,组织一场大型交响音乐会,为青藏铁路通车添上绚烂一笔。娱乐频道导演们也很激动，都要做。但是后来发现不行，高原地带少氧，管乐成很大问题，虽然想法很好，可操作性不行，一个看似很好的创意胎死腹中。再比如，电台推出《直通990》后，很受欢迎。上海的福利彩票看中了这个节目，它愿意每天拿出2000元，用来帮助那些需要帮助的人。这应该是件好事，但我们最后还是拒绝了。为什么？帮助要有个标准，谁最需要，谁最困难，我们就应该给谁。如果这档节目接进的电话都是诉苦的，会给听众一个什么样的印象？创新是个系统工程，有时它是没有先例可循的，所以，可操作性变得尤其重要，创新要有胆有识，更要有办法。就像《新闻坊》，想到借用区县的力量，就使节目有了强大的可操作性。

开创性是创新思维的核心，坚韧性是一以贯之的态度，可操作性是切实可行的措施，这三者紧密结合，才能形成电视创新的有效途径。如今和网络相比，电视平台变弱了，那么，有什么办法可以改变这一情况？数字机顶盒会不会是我们的机会？它会不会让收看电视的通道更自由、更快捷？比如，记者拍到了一条突发新闻，按常规制作流程，要等到有新闻档期时才能播出。今后可能不同了，新闻做好马上就能上线，大家可以随时收看。这个开创性在于打开了频道的空间，打破了板块式结构，呈现出流水式结构的特色。借助数字机顶盒，我们还能收集到各类数据，及时掌握观众的收视习惯，并根据观众喜好，设制个性化家庭首页，进行节目的个性化推送等等。我甚至还想，百视通机顶盒不能只定位于家庭娱乐中心，它应该加入到上海智慧城市的建设中，成为智能机顶盒，即家庭的智能管家，它可以满足家庭的各种需求。比如，老年社会临近，老年人可通过机顶盒与社区食堂连线，直接点餐；年轻人也能用手机与机顶盒连线，直接知晓家里老人与孩子的情况等等。如果能够成为上海智慧城市建设的一个组成部分，这个终端的作用是其他机顶盒难以企及的。

上面所讲只是我一时所感，也许还没讲到点子上，但希望大家欣赏我的勇气。这里，我送给大家两句诗，毛主席写的，冷眼向洋看世界，热风吹雨洒江天。前一句讲的是观察世界要冷静，后一句讲的是改变世界要热情。对于我们电视人来说,面对新媒体压力,我们不要乱了方寸,既要看到困难一面,也要看到优势一面。向死而生,过于悲壮;不忘初心,才是我们真正的态度。未来有无限可能性,面对未来,创新是我们的动力,不放弃是我们的精神。

王海滨 ▶

原《直通990》总
监，现任阿基米德
CEO

正能量，还要接地气：《直通990》创新经验分享

今天讲的是《直通990》的一个特别节目的制作，我们叫"社区大讨论"。我的讲述主要还是广播语言，因为我是一个地地道道的广播人。非常感谢总编室的老师帮我起了一个题目叫"正能量，还要接地气"，正能量再接地气，容易呈现一种至上而下的反响，希望今天除了正能量，除了接地气以外，还能引起一点小小的共鸣。

什么是"社区大讨论"？

我们一共做了十期，一期是一小时，也就是十个小时，我从中截出来三到五分钟的片断。先给大家听一下，因为很多人没有听过，直观地感受一下它是一个什么状态的节目，或者说是一个什么状态的内容。

（播放音频）

其实比这个还要激烈的还有，吵到我们有一场大讨论的时候，没有办法了，现场停了三次。但是这个冲突不是设计的，因为是真正的当事双方面临的问题，现场是什么样的情况，播出基本就是什么样的状况。这个是每期大讨论所呈现的真实的场景。

现场人员的设定是这样的，每一场大讨论是两百个人，这两百个人一定是这一事件当事方的所有相关人。比如说旧区改造，这里面涉及几百户人家，大概几千人。如果问有没有什么挑选的标准，我们没有任何的标准，希望正方反方都来。每次讨论有不同的场景，有的是在一个剧场的临时舞台上，还有在会场里面，还有在教室里面，原则上所有到场的市民跟主持人之间的距离是在两米到两米以内的距离，换句话说，每个人都可以随时站起来说话，而不是上面有一个舞台，距离很远的样子。

另外，我们做了一个角色的安排，就是在每个区讨论的时候，安排了三个主持人坐在观众里面。因此，他们在观众里面表达的时候，感觉更多考虑了观众的意见，所以现场非常火爆。比如说，卖带鱼、青菜、豆腐的小摊贩坐一边，他们的正对面就坐着他们那个街道城管大队的大队长。那个大队长说，这人我已经罚了他几次了，卖带鱼的说我很老实的，我在马路上摆过摊，但不让摆就不摆。现场的群众居然会哄那个城管，说这个城管天天不管事，导致我们的现场一片混乱等等。

选题来源于真实

十场大讨论的选题，我们做了精心的安排和准备，主旨就是希望能够呈现真实的社会矛盾的焦点。事实上我们前期在进行选题搜集和判断的时候，曾经做过关键词的梳理，然后交给地方政府，就是上海的街镇，然后在反馈的选题当中进行挑选。原则上，第一，它是真实的矛盾，第二，它必须是当地政府困惑的、无法解决的矛盾。

比如说老城区改造如何实现共议共管共治。这个区域原来乱得一塌糊涂，乱停车，包括卖菜的，一片混乱，最后当地政府决定拿出几百万给小区造围墙，给它圈起来，然后确定好居民小区生活需要的各自的点在哪里，这原本是非常好的事。但是随即矛盾来了。矛盾是健身点安在谁家的楼下比较好，垃圾房造在谁家的门口比较好，这个小区的停车点修在谁家的门口比较好。在现场我们看到坚决反对在楼下建健身点的叔叔，我问那个叔叔，你为什么不同意建健身点，离你家很近，你可以出来健身。他说不行。为什么呢？因为他们活动声音太大了，没办法睡觉。我们现场问健身的那几个阿姨为什么要叫，她说跳舞的都是老阿姨、老叔叔，耳朵不行了，一定要叫的。这种交流是从来没有过的，现场氛围也很好。

关于广场舞究竟怎么管的话题，也很有代表性。

比如闵行区政府对一百个广场进行了修建，平整了地面，加了灯光，考虑到广场舞声音太响的问题，统一安装了限制分贝的音响。这个看起来特别好。闵行区广电局有一个专门的广场管理办公室，这个办公室平时没有什么事情做，自从闵行区一百个广场改造以后，这个办公室就开始每天接待无数的投诉。投诉什么呢？就是原来跳广场舞扰民的时候，老百姓还可以提提抗议，现在政府挂了个牌子，广场舞变得合法了，广场环境一团糟。其实我们在开始讨论之前，没有预设任何的选题、答案或者导向。讨论十分钟后，我们就发现了一个重要问题：广场是谁的？我不知道在座的有人知道吗，广场是谁的？这是一个非常纠结的问题。至少老百姓认为广场是政府的，但是实际上广场是市民的。政府是一个服务的行为，道路不好，政府当然要修，灯光不好，当然要点亮。服务行为完成了，接下来大家认为，包括政府都认为，我下一步是不是要把它管理得更好。其实不是的，我们讨论当中，有很多在现场的跳广场舞的人也很委屈："我们都跳得很好的，为什么还要这样？"其实我们发现政府漏了一件事，在这么长的讨论当中，大家都会意识到，应该通过广场舞的协会组织来完成这样的管理。

还有小车流动摊贩也是一样的，马路边到处是卖菜的，导致整个街道环境非常差，城管天天赶来赶去赶不走。结果政府搞了一块空地，号召小摊小贩在这里卖菜吧，接下来又产生一个重大的问题，小摊贩不进去。一个月 50 块钱管理费，他不进去，在外面冒着被城管抓一次罚款 50 块钱的风险，他在外面天天东奔西跑。我们问他为什么不进去，他说我进去没有问题，但是进去之后我的青菜卖不掉。为什么卖不掉？因为当地的老百姓习惯在家门口买菜，为什么还要跑到菜场买呢？但同时抱怨最大的也是老百姓，认为这些小摊贩把家门口弄得乱七八糟。有一个老百姓站出来说了一句话，说我就知道一件事，怎么管我不知道，但是如果在任上的人管不了，那就换人吧。

类似这样的讨论，给了我们特别多的启发。包括开发商承诺的小区班车能取消吗？关于小区班车的讨论，我们发现一个很重要的点。我们平时经常说社会缺乏法律意识，丧失了契约精神，但我们十场讨论之后发现，这个社会的法律意识正在快速增强。这场讨论的对象是一个八千人的小区，每年大概出十多万的费用开一辆小区班车，但这个小区班车到现在为止乘坐人数不到八十人。后来他们开会，打算取消这个小区班车，造成业主到物业那里抗议，到现在还是解决不了。我们去讨论的时候，一个很文静的女士站起来说了一句话："在我当年购房的时候，你的广告里面写着有小区班车，请问你需不需要履行你的法律承诺？我们签的是合同。"换句话说，在今天的法制社会，哪怕只有一个人乘坐，这个小区班车也得开，不能因为怎么怎么样就否定一个人的合法权益。

其实问题在于，当大部分人的公共利益和个体的合法权益发生冲突的时候，怎么办？这是我们在讨论过程中发现的特别有意思的、有共性的问题。停车也是这样，这个小区里面停车停不下，要占用更多的步行道，但这样的话，这个小区的老人晚上出来散步怎么办呢？这个问题我们在策划选题的时候，是很难考虑到的。这些问题真实地发生在我们身边，真实地发生在每个小区，停车的问题、物业费到底该不该涨的问题……全都在深刻地影响着我们的生活，怎么办？

真实呈现社会问题

十期大讨论，我们每一期都刻意地告诉所有参与节目的主持人，千万不要在现场形成答案，千万不要在现场作出判断，到底谁对谁错。为什么？我们想呈现这种特别交织状态的社会矛盾。其实我们在讨论过程中发现，市民虽然确实会关注娱乐，会关注真人秀，但他真的更关注身边这些具体问题到底该怎么处理。而且我们发现，我们身边真的缺乏两个东西：一个是议事的平台，还有一个叫议事的规则。美国有一个罗伯特议事规则，山东有一个萝卜青菜规则，上海吴桥有一个叫周周会，但是这个两千四百万人口的城市，目前为止没有一个我们公认的议事平台。

我们每次录制的时间差不多是一个小时十分钟到十五分钟，之所以这么录制，是担心现场会吵起来，会有人说出特别过激的话，我们可以做一些剪辑。后来发现，我们这一小时几乎是原貌呈现整个大讨论的状态，就是想告诉大家，告诉每一个个体，告诉每一个管理者，去真实地判断我们今天这个社会，基层社会治理的难点。

我自己录了十期节目，回去再听这些节目，在某一个瞬间会产生一种深深的悲哀，就是在中国这么一个特大城市，以前所谈的公民教育、公民理念、公民素养，恐怕都是在一个很浅很浅的层次上。所以，当这些节目播出以后，引起了非常大的反响。甚至有人向我们投诉，说败坏了他们的小区形象等等，因为录制过程中他们的激动、他们的愤慨导致自己都忽视了自己的行为。但是在这些节目播出过程中，我们也收到了一些委办局领导的短信，说非常感谢。我们呈现的是他们没有管好的东西，你管得这么乱七八糟的，还要感谢我们，为什么？因为只要你听了这个节目，你就能意识到我们面对的这个城市的管理，真的没有想象中那么简单。自上而下，原来上面的人永远在想一件事，我政策给你制定得那么完善，我权力给你下放得那么彻底，你为什么还没有管好？下面执行的说，给你们这么大的权力，给你们这么多人这么多钱，你们制定的这些政策为什么这么烂？老百姓想，这么一个先进的城市，这么多高素质的官员，为什么解决不了我这么一个问题？当然上面还在考虑，为什么我们上海就搞不好居民议事机制……事实上十场大讨论之后，每个人心中都有自己的答案，尽管我们十期播出都没有形成答案，但是每个听到的人，一定是听到了自己想要听到的答案。他们的感谢不过是感谢了我们的呈现，这种呈现是对他们最好的支持。

一定要有产品意识

我一直对我的团队说，今天我们做节目，要有一定的产品意识，所谓产品意识就是得定义好我们到底想做什么，做的这个东西在做完以后能不能和初衷完全一样。在整个"社区大讨论"当中，我们有很多考虑，比如说如何把握时代的脉动。我们在《直通990》节目中差不多每天接几十个听众的电话，我们每天会生成三个案例，到目前为止，《直通990》已经播出四年，一年365天，大家可以想象我们手里有多少案例。我们以文字形式存档的案例有六百余万字，这些案例是我们对上海城市建设、管理治理当中可能出现的缝隙和漏洞的讨论。正是这种积累，让我们发现这个城市可能存在的问题。这个问题实际上是我们的环境，我们的小环境，当然还有大背景，这个大背景也就是说随着整个社会的发展，GDP 的考核可能会相对越来越淡化，社会治理可能会提到议事日程上。在这个过程中，媒体应该说什么？刚才的音频中，大家可能听到一句话："业委会为什么组建不起来？"我们去讨论的这个小区是一个别墅区，组建了几年了，就是建不起一个业委会。我们去讨论的时候才知道，这个小区 95% 的都是违法建筑，当时我在场上说了一句话："我这时候明白了，原来我们在跟一群违法分子讨论。"当时哄堂大笑。如果政府来说这句话的话，可能效果完全不一样了。换句话说，媒体可以呈现什么？我觉得我们媒体呈现的可能是一个桥梁，可能是一种平台，这个平台是一个呈现的平台。我们在多大程度上能把社会的真实面呈现给这个社会，呈现给这个城市的管理者，这就是真正的真人秀。它是可以把握到时代脉动的一个真人秀。我不是来帮你解决问题的，但我是来帮你呈现问题的。这一点非常非常重要，当然这当中还有责任，这个责任实际上就是整个媒体的使命感。到今天为止，如果我们依然无法有效地讨论一个媒体应该承担的时代责任，无法具备一种使命感，那么我们可能很难真正地触动时代的脉动。

另外一个是环节的设置，从一个产品的角度来讲，我觉得我们意识形态产品有一个很大的特点，就是随意性或者随机性。我们在讨论一个点子的时候，说这个点子非常棒，确定之后就开始制作，制作过程当中我们不断地有激情碰撞，说可以加上这个元素，可以这么做那么做。就是说我们定好出发点，等回来的时候，已经不是那个当初的状态，可能才意识到做错了。一开始我们定义"社区大讨论"这个产品的时候，遇到了非常大的阻力，当我们把这些选题摊给这个街道的主任、那个镇的镇长的时候，我记得有一个领导跟我讲："你让我弄两百个人，还弄当事人，就这个我们到现在解决不了的事，你拉到现场，讨论完了你跑掉了，我们跑不掉怎么办？"这是非常真实的担心。我当时跟他讲了一句话，我说，你放心，我肯定搞得定。

其实是非常难的。有街道问，你们讨论讨论我们做得好的地方行吗？不一定要到这个地方来讲我的坏。还好我们坚持住了，我们要求必须在无解的状态下去呈现一种讨论状态。我在现场真实讨论的时候也有人在指责，说你们不知道在讨论什么东西，说了半天不知道说的什么，然后有人起身就走了。我们有压力，压力非常大。当我们第一季的五期播出之后，我们收到了街镇的感谢信还有电话，我们随即也收到了参与过的街镇的邀请，去那边讨论更为尖锐的问题。大家意识到，我们真的是一个平台。

媒体有非常好的优势。我邀请的参与的主持人当中有一位叫海波，是我的亲弟弟，双胞胎。因为讨论的问题矛盾很胶着，台下的参与者坐在那边很不开心，但他们看到我们俩在台上出现的时候，他们就迅速地掏出手机在那边拍照。那个感觉是看猴戏，现场的气氛就会缓和很多。我发现媒体在呈现社会矛盾的时候，尝试去解决矛盾的时候，我们受到的否定或质疑其实没有那么大。因为第一，你是第三方，也不是当事人，第二，他其实不是期望你来解决问题的，他是期望你来面对问题。这给我们非常大的空间。我们怎么去做这件事情？怎么去保证我们的制作环节能够按照我们的设想走下去？在整个设计过程中，包括设计的环节，这种不解的状态，在讨论的过程中会非常艰难，因为你觉得会把控不住。但是还好，我们坚持下来了。

然后不得不谈的还有一个播出环节。我们到今天为止依然认为，第一季播出的时候效果没有第二季的效果好。总结经验，我们第二季播出的时候非常讲究。第一，我们录制、剪辑完以后，记者根据这一小时的报道，剪出一个精彩集锦，在当天的早新闻播出，并预告在今天的9点将会播出这一集的大讨论。9点的节目播完之后，我们会预告今天的12点《市民与社会》会针对这个话题进行讨论，如果你对这个事件有想法，可以打电话表达你的意见。同时，我们在《文汇报》也会有一个相当大篇幅的文字呈现。这一连串的多点并发、立体传播，让我们尝到了甜头。我们也很想加入一些电视的元素，可以想象现场的电视画面感，真的很好看。

关于下一季怎么做，我们已经有一些设想。目前，闵行区、徐汇区、闸北区在积极地配合我们，寻找可能有解的社会矛盾的焦点。我们已经开过几轮会议，可能近期也会录制。我们希望能呈现新一轮的2.0版本的"社区大讨论"。最后补充一点，如今所有的媒体形态，评价、沟通、分享可能是每一个内容产品必须要具备的功能。已经不是你想不想具备的问题，而可能是生存的必要要素了。如果在内容的制作过程中不能有评价、沟通和分享的话，它的价值就会降低很多。我们希望这种互动、沟通、分享，能有不一样的内容呈现。

总有那么一天，你会在阳光里浸润生长
——"咖啡学校"一年志

上海广播电视台总编室主任助理　孙　侃

2015 年 12 月 25 日，雾罩浦江，霾锁申城，PM2.5 持续爆表……

记得小时候也经常迎着朝雾出门，那时的自己心里明白，只要太阳照常升起，很快是能云开雾散的。 如今，面对空气重度污染的指数，尽管我有时候也会流露出雾散霾不散的无奈，但是自己的心里却照样明白，那份拨"霾"见日的勇气还是要在的。

庆幸的是，有这么一群人，跟我一样，始终心存着对阳光的坚守与期盼。 12 月 25 日这一天，他们就怀揣各自梦想，穿越层层霾雾，如约出现在今年最后一场"咖啡学校"的讲座现场，当天的主题是"2016 海外培训班提案辅导"。 我回想着，类似这样以创新的名义相聚，在"咖啡学校"开始运营以来的一年多时间里，几乎每周都会发生，而且从未间断。 在日益浮躁化的时代，是什么样的凝聚力让大家心甘情愿地浸润于此？ 在传统媒体"融合转型"的当下，上海广播电视台着力打造"咖啡学校"的战略意义又在哪里？

——"咖啡学校是跟咖啡有关的吗？"

——"咖啡学校是专门学习咖啡知识的地方吗？"

——"咖啡学校是咖啡达人的俱乐部吗？"

第一次听说"咖啡学校"的朋友，也许脑海中都会冒出上述这样的问题，而每一次以"咖啡学校"的名义邀请各路主讲嘉宾之初，我们或多或少也要面对他们的疑惑。正常情况下，我的回答是，"咖啡学校"的创办理念脱胎于美国硅谷的"车库咖啡"。当时无论是苹果、谷歌，还是亚马逊、惠普，一直到 Facebook 等，众多互联网创业成功者大都先在一个车库里研发、磨合、成型乃至发布产品，进而名扬天下。在那一场创业浪潮中，车库因低成本、便利性、开放性、兼容性等优势成为老美的"创客空间"。受此启发，我们也期望把"咖啡学校"打造成类似的"创客空间"，我们的记者导演们都可以在这里找到创新的点子，形成创意的计划，甚至获得心仪的投资（特指频道负责人和广告赞助商的青睐）。但是在我的内心，其实还有另一个答案，那就是"咖啡"一词象征着某种"快感"，无论是生理上的还是心理上的，它能给人带去额外的愉悦，也能让人保持情绪的兴奋，只要你更主动、够投入。

2014 年 9 月 4 日，我们的"咖啡学校"正式开学了。在开学典礼上，上海广播电视台艺术总监陈雨人先生给这一新推出的学习型项目率先定了基调，他说："既然是学校，学什么？我想过，无非两种：道和术。从做电视的角度来讲，技巧非常重要。但是真正做出好的节目，最后你胜过其他人的，一定不是技巧，而是另外一个东西，或者姑且称之为'道'。我们这个'咖啡学校'就是一所既讲专业电视技巧，也讲宽泛人文情怀和价值观的学校。"对此，我们都很认同，且通过每一个主题的策划，每一位嘉宾的邀约，以及每一场讲座的组织，"咖啡学校"也希望每一个参与者都能自由地选择学习内容，自由地发挥个人潜质，不为功名利禄所左右，而是为各自心灵的成长腾出自由滋养的空间。

一、"咖啡学校"是年轻创意人汇聚的"同学会"

有一个数字必须提及：近五年里，通过上海广播电视台"千金买创意"活动征集到的节目创意提案已超过 1600 个，这相当于每个工作日都能收获一个创意，或许最终并不是每一个创意都能孵化成播出的节目，但是这却反映出上海广电人的创新激情。

在我自己的印象中，就曾有过一位来自台集团所属媒资中心的男孩，因为喜欢电视，积极参与"千金买创意"活动，并很快以某个创意提案脱颖而出，但是因其从未制作过节目，缺乏实战经验，所以一直无法实现他的电视梦。然而这位男孩没有气馁，反而干脆提出申请，直接转至电视节目的一线制作部门，从零开始学习，通过不懈努力，其作品也于今年如愿获得了中国新闻奖的至高荣誉。

类似这样的奋斗故事，我相信在我们身边还有很多。这些年轻创意人平时大都散布在台集团内部的各个频道与部门，原本相互之间也不容易相识，但当"咖啡学校"的集结号角吹响之时，共同的兴趣与爱好，让他们汇聚于此。在每一次创新分享会上，大家就像久别重逢的老友，并以创新的名义构建出一个特殊的"同学会"。

二、"咖啡学校"是上海媒体人之间的"朋友圈"

"咖啡学校"在上海广播电视台这样一家中国传媒行业的"巨无霸"里应运而生，新闻、娱乐、财经、体育、影视剧、纪录片……这里的节目类型几乎包罗万象。说实话，在上海，你还真找不到第二个能够短时间内汇聚如此多媒体记者、电视导演和名嘴主播的共享社交平台。我们有线下讲座、视频和音频实时记录，线上微信公号发布推广等多种类型的学习分享渠道，这无疑成为我们"咖啡学校"独一无二的稀缺优势。

如果受邀嘉宾是首次造访上海，自然陌生感在所难免，但是我们的"咖啡学校"可以为他迅速聚集一批倾听者，甚至仰慕者，让他第一时间感受这座城及城里的人的"温度"。今年受邀前来的台湾名嘴梁赫群先生、时尚自媒体大V"黎贝卡"，以及日本动漫音乐剧先锋人物松田诚先生，都是第一次与上海媒体人亲密接触，但是在讲座之后他们纷纷表示，这里没有生拉硬拽的听众，也没有以八卦采访为诉求的"狗仔队"，这里唯有好学专注的创意人。

还有一些受邀的主讲嘉宾，他们就生活在上海，对于这座城及城里的人已有很多亲近感，甚至也曾因为多次出现在聚光灯下，而结交了不少上海媒体圈的朋友，"咖啡学校"正好为其提供了与老友重逢的机会。2015 年 11 月底，当我第一次接通"金牌编剧"王丽萍老师的电话时，快人快语的她几乎是第一时间就欣然应允，她说："上海广播电视台有我太多熟识的领导与好友，你们的邀请，我一定会来。"这也让我想起在策划执行"咖啡学校"开篇主题"我们的大师"时，应启明、小辰和王小龙等老师们的讲座现场，几乎坐满了他们的好友、同事、徒弟、合作伙伴乃至忠实粉丝的身影。因为作品丰富、知名度高，在媒体圈里拥趸无数，因此讲座现场自然变成了实实在在的"老友记"。后来有一位朋友告诉我，在小辰老师的讲座结束后，关于《智力大冲浪》是否还会重出江湖的话题，一直在朋友圈里持续发酵，并再次引发一大批怀旧观众的互动讨论。其中就有这样一段感慨："没错儿，我就是小辰老师口中的那个人，每周都守在电视机前，在《真真假假》中绞尽脑汁，在《街头福星》中羡慕上镜的路人，在《姜胡同话》中吐槽林某某的矫情发音，在《7878 奖平方》里和选手一同苦思冥想……时代变了，人也变了，谁也不知道在如今模式购买的大潮里，重启这个带给我们诸多回忆、承载我们诸多青春的节目是否还能重现当年的辉煌……一切，都只是糨糊后话了。"我想，这或许就是"咖啡学校"的魅力所在。在这个平台上，我们可以围绕邀请到的某一位共同欣赏的人物或设定好的某一个共同关注的话题，与主讲嘉宾进行多渠道的共享互动、启发创新。"咖啡学校"就是一个真实存在的"朋友圈"，亲切地拉近了主讲嘉宾与媒体人之间的距离。

三、"咖啡学校"是一个能够共赢共存的"工作群"

也有朋友会问我："咖啡学校挑选主讲嘉宾的标准是什么？""邀请嘉宾的诉求点主要有哪些？"我给予的回答通常是："有需求，可共赢。"这里提及的"需求"当然是指双方共有的。 因为我相信作为年轻的媒体人是有不断学习、渴求知识的冲动与需求，而每一位主讲嘉宾的专业学识、人生历练都会带来创作上的新启发；我也相信在社交媒体发达的今天，媒体人的话语权会更独立、更多元，一些主讲嘉宾们自然会珍惜与"媒体圈"打交道的机会。 一旦双方的资源能够找到融合点，发挥出各自的优势，合作共赢就能收到奇效。

不得不说，在今年策划的"与新同行"系列主题讲座上，来自腾讯、阿里、百度等互联网界的资深专家与大佬们，就新媒体产品的研发思路、开发手段、市场拓展等各种内容，进行了颇具深度的分享，对我们这些传统媒体行业里的电视人真是启发良多。 从实际效果来看，在讲座之后，各种合作项目的洽谈随即展开，并进而陆续落到了实处。刚刚收官并在不同渠道获得好评的"SMG智造·主播读书计划"，其创意就来自于腾讯的一场分享会，在后续策划上，腾讯的合作伙伴也给予我们很大的支持；百度的数据搜索引擎，也创新了传统新闻节目的制作手段，并迅速在各类新闻节目中得以应用。 而阿里巴巴在商业数据领域的优势，更已深度融合在第一财经的新媒体产品中。

归根结底，我们的"咖啡学校"营造的就是这样一种业务交流的创意空间，我们不追求参与人数的多与寡，但是我们愿意争做台内外各种合作项目的"助推器"；我们相信人才需要日积月累的培养，但是我们更希望每一次讲座分享能够落到实处。

四、"咖啡学校"是一个挑战极致创意的"跨界园"

曾经来"咖啡学校"分享《繁花》创作经验的著名作家金宇澄先生说过："生活永远走在最前面，自有其规则"，这是何其有道理的一句话啊！ 我们的生活是如此丰富、多元、有色彩，而对于每一位创意人来说，任何文艺创作假使离开"接地气"的生活，也是很难取得影响力的。 因此，"咖啡学校"会积极推出不少跨界讲座，包括美食、旅行、音乐、电影甚至文学等。 关于"跨界"的概念，曾以"名嘴来了"系列受邀做客"咖啡学校"的袁岳先生如是说："跨界既是一种给我们带来极大乐趣的方式，也是一种实现自我目标的方式。我们在跨界中间，更容易形成更加独特性的目标，也更加有机会整合到差异性的资源，并帮助我们实现这样的目标。"

从这个角度来看，我们的创新基石确实需要一些更深层次的丰富养分。去年，我们邀请到新一届茅盾文学奖得主格非老师来"咖啡学校"主讲"司马迁的遗产"，香港知名文化人、戏剧导演林奕华先生主讲"他心目中的中国四大名著"，每一场都是盛况空前，反响热烈。我想，这一方面再次印证了跨界学习的独特魅力，另一方面，也在年轻人群体当中重塑了创新学习的氛围。关于"什么才是理想的学习"，林奕华先生在"咖啡学校"里所表达的观点是："最好的学习并不是你把学的东西看到了，然后把它拿回去，而是你得到一颗种子，甚至你得到一些空气，然后慢慢地在你自己的情感世界里面，长出了那些你觉得你想得到的东西。我觉得，这才是理想的学习。"

文艺作品的创作，归根结底是艺术的创作，而艺术，是无界限的。"咖啡学校"没有那么多条条框框，也没有那么多考核标准。我们的目标，就是提供丰富的选择，听众们可以根据自己的时间安排以及喜好需求，在一个轻松的氛围进行一场头脑的按摩，在放松之余激发灵感。因此，"咖啡学校"的主题可以专业严肃，也可以文艺轻松，乃至参加蔡国强先生的"九级浪"个人作品回顾展等课外活动，都成为一道另类的学习风景。有一种说法，"艺术家是整个社会体系当中最具冲劲的实验者"，我们的"咖啡学校"正努力尝试其陆续推出的各项功能都不是单独割裂的，而是可以根据需求和主题有机排列组合，从而扮演不同的角色，承担不同的职能，创造出与众不同的强可塑性。

我们觉得，创新是长期思索、长期浸润并且广泛涉猎的结果，它不会是靠一两次培训就能奏效的，所以我们致力于长期制造浸润的环境。自创办之初，"咖啡学校"已策划了八大主题系列，举办了近五十场讲座，先后有五十余位嘉宾前来分享，更有超过两千位观众到场学习。

当然，我们的主题分享会也通过了番茄网进行内部直播，为那些不方便来到现场的同事们提供便利，实现了更好的"伴随"功用，我们相信会有更多的同路人与"咖啡学校"走在一起。

虽然我们的物理空间不算大，但是我们的合作空间可以很广大。我们愿意分享一二三，我们也愿意连接你我他。就像格非老师所言："在今天的社会生活中，仍然需要一种矫正的力量。我们的一言一行不仅仅关乎娱乐和趣味，也关乎良知，关乎是非，关乎世道人心。"我们也觉得"咖啡学校"就是这样一所在日趋娱乐化的时代，能够给予所有人警醒与关怀的学校，它可以让你学习到更多知识，帮你认识更多朋友，也可以教你正确的方法，助你找到创新的方向。我们坚信把这个人与那个人联系起来，一定能够产生全新的火花，创造出这样的邂逅，创新的种子也一定会发芽开花……

图书在版编目（CIP）数据

SMG 智造：咖啡学校的二十堂课/上海广播电视台总编室
编.—上海：上海三联书店,2017.3
ISBN 978-7-5426-5813-5

Ⅰ.①S… Ⅱ.①上… Ⅲ.①社会科学-文集 Ⅳ.①C53

中国版本图书馆 CIP 数据核字(2017)第 031178 号

SMG 智造：咖啡学校的二十堂课

编　　者 / 上海广播电视台总编室

责任编辑 / 吕　　晨
装帧设计 / 朱云雁
监　　制 / 李　敏
责任校对 / 徐敏力

出版发行 / 上海三联书店
　　　　　（201199)中国上海市都市路 4855 号 2 座 10 楼
网　　址 / www.sjpc1932.com
邮购电话 / 021-22895557
印　　刷 / 上海展强印刷有限公司

版　　次 / 2017 年 3 月第 1 版
印　　次 / 2017 年 3 月第 1 次印刷
开　　本 / 640×960　1/16
字　　数 / 220 千字
印　　张 / 17
书　　号 / ISBN 978-7-5426-5813-5/C·554
定　　价 / 48.00 元

敬启读者,如发现本书有印装质量问题,请与印刷厂联系 021-66510725